国家卫生健康委员会"十四五"规划教材

全国高等职业教育药品类专业第四轮规划教材

供药学、药物制剂技术、化学制药技术、中药制药技术、生物制药技术、药品生产技术等专业用

药品生产质量管理

第 4 版

主　编　张　静

副主编　陈　娟　牛小花

编　者（按姓氏笔画排序）

王丽杰（北京卫生职业学院）　　　　　　张　静（河北化工医药职业技术学院）

牛小花（重庆三峡医药高等专科学校）　　陈　娟（江苏省连云港中医药高等职业技术学校）

刘艺萍（重庆医药高等专科学校）　　　　陈彦蕊（河北化工医药职业技术学院）

李桥莉（赣南卫生健康职业学院）　　　　夏亚钊（菏泽医学专科学校）

人民卫生出版社

·北　京·

图书在版编目（CIP）数据

药品生产质量管理 / 张静主编 . -- 4 版 . -- 北京 ：人民卫生出版社，2025. 8. --（全国高等职业教育药品类专业第四轮规划教材）. -- ISBN 978-7-117-38000-3

I. F407. 763

中国国家版本馆 CIP 数据核字第 2025F4C792 号

| 人卫智网 | www.ipmph.com | 医学教育、学术、考试、健康，购书智慧智能综合服务平台 |
| 人卫官网 | www.pmph.com | 人卫官方资讯发布平台 |

药品生产质量管理
Yaopin Shengchan Zhiliang Guanli
第 4 版

主　　编：张　静
出版发行：人民卫生出版社（中继线 010-59780011）
地　　址：北京市朝阳区潘家园南里 19 号
邮　　编：100021
E - mail：pmph @ pmph.com
购书热线：010-59787592　010-59787584　010-65264830
印　　刷：三河市宏达印刷有限公司
经　　销：新华书店
开　　本：850×1168　1/16　　印张：17
字　　数：400 千字
版　　次：2009 年 1 月第 1 版　　2025 年 8 月第 4 版
印　　次：2025 年 8 月第 1 次印刷
标准书号：ISBN 978-7-117-38000-3
定　　价：59.00 元

打击盗版举报电话：**010-59787491**　**E-mail：WQ @ pmph.com**
质量问题联系电话：**010-59787234**　**E-mail：zhiliang @ pmph.com**
数字融合服务电话：**4001118166**　**E-mail：zengzhi @ pmph.com**

出版说明

近年来,我国职业教育在国家的高度重视和大力推动下已经进入高质量发展新阶段。从党的十八大报告强调"加快发展现代职业教育",到党的十九大报告强调"完善职业教育和培训体系,深化产教融合、校企合作",再到党的二十大报告强调"统筹职业教育、高等教育、继续教育协同创新,推进职普融通、产教融合、科教融汇,优化职业教育类型定位",这一系列重要论述不仅是对职业教育发展路径的精准把握,更是对构建中国特色现代职业教育体系、服务国家发展战略、促进经济社会高质量发展的全面部署,也为我们指明了新时代职业教育改革发展的方向和路径。

为全面贯彻国家教育方针,将现代职业教育发展理念融入教材建设全过程,人民卫生出版社经过广泛调研论证,启动了全国高等职业教育药品类专业第四轮规划教材的修订出版工作。

本套规划教材首版于 2009 年,分别于 2013 年、2017 年修订出版了第二轮、第三轮规划教材。本套教材在建设之初,根据行业标准和教育目标,制定了统一的指导性教学计划和教学大纲,规范了药品类专业的教学内容。这套规划教材不仅为高等职业教育药品类专业的学生提供了系统的理论知识,还帮助他们建立了扎实的专业技能基础。这套教材的不断修订完善,是我国职业教育体系不断完善和进步的一个缩影,对于我国高素质药品类专业技术技能型人才的培养起到了重要的推动作用。同时,本套教材也取得了诸多成绩,其中《基础化学》(第 3 版)、《天然药物学》(第 3 版)、《中药制剂技术》(第 3 版)等多本教材入选了"十四五"职业教育国家规划教材,《药物制剂技术》(第 3 版)荣获了首届全国教材建设奖一等奖,《药物分析》(第 3 版)荣获了首届全国教材建设奖二等奖。

第四轮规划教材主要依据教育部相关文件精神和职业教育教学实际需求,调整充实了教材品种,涵盖了药品类相关专业群的主要课程。全套教材为国家卫生健康委员会"十四五"规划教材,是"十四五"时期人民卫生出版社重点教材建设项目。本轮教材继续秉承"大力培养大国工匠、能工巧匠、高技能人才"的职教理念,结合国内药学类专业领域教育教学发展趋势,科学合理推进规划教材体系改革,重点突出如下特点:

1. 坚持立德树人,融入课程思政 高职院校人才培养事关大国工匠养成,事关实体经济发展,事关制造强国建设,要确保党的事业后继有人,必须把立德树人作为中心环节。本轮教材修订注重深入挖掘各门课程中蕴含的课程思政元素,通过实践案例、知识链接等内容,润物细无声地将思想政治工作贯穿教育教学全过程,使学生在掌握专业知识与技能的同时,树立起正确的世界观、人生观、价值观,增强社会责任感,坚定服务人民健康事业的理想信念。

2. 对接岗位需求,优化教材内容 根据各专业对应从业岗位的任职标准,优化教材内容,避免重要知识点的遗漏和不必要的交叉重复,保证教学内容的设计与职业标准精准对接,学校的人才培养与企业的岗位需求精准对接。根据岗位技能要求设计教学内容,增加实践教学内容的比重,设计贴近企业实际生产、管理、服务流程的实验、实训项目,提高学生的实践能力和解决问题的能力;部分教材采用基于工作过程的模块化结构,模拟真实工作场景,让学生在实践中学习和运用知识,提高实际操作能力。

3. **知识技能并重,实现课证融通**　本轮教材在编写队伍组建上,特别邀请了一大批具有丰富实践经验的行业专家,与从全国高职院校中遴选出的优秀师资共同合作编写,使教材内容紧密围绕岗位所需的知识、技能和素养要求展开。在教材内容设计方面,充分考虑职业资格证书的考试内容和要求,将相关知识点和技能点融入教材中,使学生在学习过程中能够掌握与岗位实际紧密相关的知识和技能,帮助学生在完成学业的同时获得相应的职业资格证书,使教材既可作为学历教育的教科书,又能作为岗位证书的培训用书。

4. **完善教材体系,优化编写模式**　本轮教材通过搭建主干知识、实验实训、数字资源的"教学立交桥",充分体现了现代高等职业教育的发展理念。强化"理实一体"的编写方式,并多配图表,让知识更加形象直观,便于教师讲授与学生理解。并通过丰富的栏目确保学生能够循序渐进地理解和掌握知识,如用"导学情景"引入概念,用"案例分析"结合实践,用"课堂活动"启发思考,用"知识链接"开阔视野,用"点滴积累"巩固考点,大大增加了教材的可读性。

5. **推进纸数融合,打造新形态精品教材**　为了适应新的教学模式的需要,通过在纸质教材中添加二维码的方式,融合多媒体元素,构建数字化平台,注重教材更新与迭代,将"线上""线下"教学有机融合,使学生能够随时随地进行扫码学习、在线测试、观看实验演示等,增强学习的互动性和趣味性,使抽象知识直观化、生动化,提高可理解性和学习效率。通过建设多元化学习路径,不断提升教材的质量和教学效果,为培养高素质技能型人才提供有力支持。

本套教材的编写过程中,全体编者以高度负责、严谨认真的态度为教材的编写工作付出了诸多心血,各参编院校为编写工作的顺利开展给予了大力支持,从而使本套教材得以高质量如期出版,在此对相关单位和各位专家表示诚挚的感谢!教材出版后,各位教师、学生在使用过程中,如发现问题请反馈给我们(发消息给"人卫药学"公众号),以便及时更正和修订完善。

人民卫生出版社

2024 年 11 月

前　言

为贯彻《国家职业教育改革实施方案》《国务院关于加快发展现代职业教育的决定》《国务院办公厅关于深化产教融合的若干意见》等一系列政策法规,适应新形势下全国高等职业教育药品类专业教育改革和发展的需要,聚焦专业特色,着力做好课程优化,力争教材能清晰地体现课程目标和教学体系,让学生在专业学习中将理论与实践结合,以实现培养高素质技术技能人才、能工巧匠和大国工匠的教育目标,我们对《药品生产质量管理》(第3版)进行了修订,以更好地满足新时期全国高等职业教育的需求。

《药品生产质量管理规范》(Good Manufacture Practice,GMP),是国家应用于制药行业的强制性标准,是药品生产和质量管理的基本准则,适用于药品制剂生产的全过程和原料药生产中影响成品质量的关键工序。要求药品生产企业应具备良好的生产厂房设备、合理的生产工艺和过程、完备的质量管理系统、严格的检测检验手段,以保证药品质量被生产出来,而不是被检测出来。

本教材以《药品生产质量管理规范》(2010年修订)和《药品GMP指南》(第2版)在药品生产企业岗位中的应用为指导思想,坚持理论知识"必需、够用、实用"的原则,按照药学、药物制剂技术、化学制药技术、中药制药技术、生物制药技术、药品生产技术等专业的培养目标和职业岗位的需求选取内容,突出知识的应用,强化职业技能的训练。

GMP是药品生产的基本准则,因此药品生产质量管理是全国高等职业教育药学、药物制剂技术、化学制药技术、中药制药技术、生物制药技术、药品生产技术等专业学生必修的一门重要的专业核心职业能力课程。本教材紧密结合GMP的要求,从药品生产企业的实际出发,将GMP法规中的主要条款应用、贯穿、渗透于药品生产企业生产的全过程中,将其核心内容进行提炼和编排,是GMP在药品生产中的具体要求和实际生产操作中的具体应用。本教材尽可能地涵盖药学类和药品生产技术类专业学生在药品生产企业中所需的主要技能和工作任务,力求反映GMP在药品生产企业具体应用的实际情况,达到与药品生产企业实际生产岗位的零距离对接,为学生就业并迅速胜任药品生产企业各岗位工作奠定坚实的基础。

按照人民卫生出版社关于加强教材建设的顶层设计,进一步优化教材主体框架设计,编写上坚持教材"三基""五性""三特定"的原则,紧密结合行业发展,补充重要新知识、新进展的编写要求,根据药学类和药品生产技术类专业的专业特点和药品生产企业岗位群的要求,结合几年来《药品生产质量管理规范》(2010年修订)的实施情况,将教材分为基础篇和岗位技能篇两大部分,上篇重点论述GMP的基础知识和基本技能,下篇重点论述生产管理岗位、质量控制岗位、质量管理岗位和物料与产品管理岗位必备的知识和技能。随着GMP在药品生产企业中的应用和实施,本版教材充实了大量的GMP在生产管理、质量管理等方面应用的案例。本版教材为新形态教材,配备有课件、习题、文件案例等数字化资源,使教材更加生动化。

　　本教材共十一章,第一、三章由张静编写,第二、九章由陈彦蕊编写,第四章由陈娟编写,第五、七章由夏亚钊编写,第六章由刘艺萍编写,第八章由李桥莉编写,第十章由王丽杰编写,第十一章由牛小花编写,教材每章都配备有课件供教师和学生学习使用,并配备有实训项目和目标检测题供学生训练和检测,各院校可结合自己的实训条件进行实训项目的取舍。

　　本书可作为全国高等职业教育药学、药物制剂技术、化学制药技术、中药制药技术、生物制药技术、药品生产技术等专业教学用教材,也可作为药品生产企业相关岗位的岗前培训和生产培训教材或参考书。

　　由于编者水平所限,书中的错误与不妥之处在所难免,敬请广大读者批评指正。

编　者

2025 年 5 月

目　录

第十章　质量管理岗位必备的知识与技能 　　　•　202

第十一章　物料与产品管理岗位必备的知识与技能　　　　　　232

上篇

基 础 篇

第一章　GMP 概述

ER 1-1

第一章
课件

导学情景

情景描述：

　　2018 年，全球多国药品监督管理机构相继发布通告，召回由某制药企业生产的抗高血压药缬沙坦（Valsartan）。调查发现，该企业生产的原料药中检出致癌物 N- 亚硝基二甲胺（NDMA）和 N- 亚硝基二乙胺（NDEA），杂质含量远超国际安全限值。此次事件导致全球数十个国家药品短缺，数百万患者面临潜在健康风险。

　　该事件促使药品监督管理机构紧急更新药品生产质量管理相关指南，强制要求药品全生命周期中亚硝胺杂质风险评估，并推动制药企业升级工艺监控技术。

学前导语：

　　《药品生产质量管理规范》(GMP) 是世界各国普遍采用的对药品生产全过程进行监督管理的法定技术规范，是保证药品质量和用药安全有效的可靠措施，是当今国际社会通行的药品生产和质量管理必须遵循的基本准则，是全面质量管理的重要组成部分。本章我们将带领同学们初步认识 GMP。

　　《药品生产质量管理规范》(GMP) 是药品生产和质量管理的基本准则，适用于药品制剂生产的全过程。GMP 以生产高质量的药品为目的，从原料投入到完成生产、包装、标示、贮存、销售等环节全过程实施标准而又规范的管理，在保证生产条件和环境的同时，重视生产和质量管理，并有组织地准确地对药品生产各环节进行检验和记录。世界卫生组织（World Health Organization, WHO）对制定和实行 GMP 制度的意义做过如下阐述："在药品生产中，为了保证使用者得到优质药品，实行全面质量管理极为重要。在生产为抢救生命或为恢复或为保持健康所需的药品时，不按准则而随意行事的操作方式是不允许的。要想对药品生产制定必要的准则，使药品质量能符合规定的要求，这无疑是不容易的。下面是我们推荐的为生产符合规定质量要求药品的规范。恪守这些规范的准则，加上从生产周期开始到终了的各种质量检验，将显著地有助于生产成批均匀一致的优质产品。"

第一节　GMP 简介

一、GMP 的产生与发展

（一）GMP 的产生

在美国首版的 GMP 批准以前，美国食品药品管理局（Food and Drug Administration，FDA）对药品生产和管理的监督尚处在"治标"的阶段，他们把注意力集中在药品的抽样检验上。当时，样品检验的结果是判别药品质量的唯一法定依据。样品按《美国药典》（United States Pharmacopeia，USP）和《国家处方集》的要求检验合格，即判合格；反之，则判为不合格。但美国 FDA 的官员在他们的监督管理实践中发现被抽检样品的结果并不都能真实地反映市场上药品实际的质量状况，被抽检样品的结果合格，其同批药品的质量在事实上可能不符合标准。美国 FDA 为此对一系列严重的药品投诉事件进行了详细的调查。调查结果表明，多数事故是由于药品生产中的交叉污染。为此美国坦普尔大学 6 名教授提出了最早的 GMP，仅作为 FDA 的内部文件。1961 年，发生了震惊世界的"反应停"事件。这是一次源于联邦德国、波及世界的 20 世纪最大的药物灾难：一种曾用于妊娠反应的药物——沙立度胺（又称反应停）导致了成千上万例畸形胎儿的药物灾难事件。这次灾难波及世界各地，受害者超过 15 000 人，日本迟至 1963 年才停止使用反应停，也导致了 1 000 例畸形婴儿的产生。

这场灾难虽没有波及美国，但在美国社会激起了公众对药品监督和药品法规的普遍重视，促使美国国会于 1962 年对《食品、药品和化妆品法》（1906 年版）进行了一次重大修改。对药品生产企业提出了 3 项要求：①要求药品生产企业对出厂的药品提供两种证明材料，不仅要证明药品是有效的，还要证明药品是安全的；②要求药品生产企业要向 FDA 报告药品的不良反应；③要求药品生产企业实施药品生产质量管理规范。美国 FDA 于 1963 年颁布了世界上第一部《药品生产质量管理规范》（GMP），药品生产企业如果没有实施 GMP，其产品不得出厂销售。如果药品生产企业没有按照 GMP 的要求组织生产，不管样品抽检是否合格，美国 FDA 都有权将这样生产出来的药品视作伪劣药品。GMP 的公布从这个意义上来说，是药品生产质量管理中"质量保证"概念的新的起点。

> **案例分析**
>
> **案例：** 1961 年，发生了震惊世界的"反应停"事件。美国为何幸免于难？
> **分析：** 美国 FDA 官员在审查此药时，发现该药缺乏美国药品监督管理法律法规所要求的足够的临床试验资料，如长期毒性试验报告，所以不批准其进口。

（二）GMP 的发展趋势

GMP 理论在此后多年的实践中经受了考验，获得了发展，它在药品生产和质量保证中的积极作用，逐渐被各国政府所接受。1969 年 WHO 向全世界推荐了 GMP，标志着 GMP 的理论和实践已经开始从一国走向世界。在此后的 30 多年内，世界很多国家、地区为了维护消费者的利益和提高本国药品在国际市场的竞争力,根据药品生产和质量管理的特殊要求以及本国的国情,分别制定了自己的GMP,推行GMP的热潮在全世界兴起。GMP的发展趋势可用以下几点加以概括,即GMP的国际化、标准化、动态化和质量环境管理一体化。目前GMP已成为国际上通用的药品生产质量管理的基本标准。各国的GMP均具有国际性的共同特点,即强调药品生产和质量的法治管理、强调生产人员的素质、强调全面质量管理、强调顾客至上。国际标准化组织(International Standards Organization,ISO)国际标准的推行实施,促进了GMP的发展,尤其是2000版的ISO9000族标准的影响,使GMP的理论和实践发生了质的飞跃,其质量原则和体系原则在GMP中得以贯彻,步入标准化轨道。GMP的动态化体现在质量管理体系的持续改进,包括厂房设施中的动态管理、生产过程中的动态验证及空气洁净度的动态监护等。ISO14000系列标准的发布,人类的环境意识进一步加强,其精髓渗入GMP中,促使质量环境一体化。

> **案例分析**

案例:以前的很长一段时间,我国医药产品出口多以原料药与简单医疗器械产品为主,化学制剂与中药制剂很难进入发达国家市场,结合现实状况思考我国为什么要实施GMP(2010年修订)。

分析:我国化学制剂和中药制剂药品生产企业通过实施GMP认证,在一定程度上促进了药品生产企业的结构调整和产业升级,抑制了低水平重复。尤其是GMP(2010年修订)基本框架与内容采用欧盟GMP文本,与美国GMP(cGMP)相近。因此,GMP(2010年修订)的实施,对我国制药企业的产品尤其是化学制剂与中药制剂质量为国际所认可,进入发达国家市场,起着非常重要的作用。

(三) 中国的 GMP

1982年由中国医药工业公司正式颁布医药行业的GMP,1988年由卫生部出台了第一个具有法律效力的GMP,1992年卫生部对GMP(1988年版)进行了修订。1998年国家药品监督管理局再次修订GMP,并于1999年6月18日以局令第9号颁布,1999年8月1日起正式实施。我国推行GMP认证,实行的是按剂型分阶段实施制度。具体实施为:①自1999年5月1日起,申请仿制药品的生产企业,必须取得相应剂型或车间的"药品GMP证书",国家药品监督管理部门方予以受理仿制申请;②粉针剂(含冻干粉针剂)、大容量注射剂和基因工程产品生产应在2000年底前符合GMP要求,通过GMP认证,小容量注射剂生产应在2002年底前符合GMP要求,通过GMP认证;③国家药品监督管理部门明确规定,自2004年7月1日起,凡未取得药品制剂或原料药GMP证书的生产企业,一律停止生产。截至2004年6月30日,国内实现了所有原料药和制剂均在符合GMP的条件下生产的目标。通过监督实施GMP认证,在一定程度上促进了药品生产企业的结构调整和产业升级,抑制了低水平重复,但是这并不能说明我国制药水平与国际制药接轨成功了。现行GMP为2010年修订,2011年1月17日由卫生部发布,2011年3月1日施行。GMP(2010年修订)共14章、313条,相对于1998年修订的GMP,篇幅大量增加,吸取国际先进经验,结合我国国情,按照"软件硬件并重"的原则,贯彻质量风险管理和药品生产全过程管理的理念,更加注重科学性,强调指导性和可操作性,达到了与世界卫生组织GMP的一致性要求。

二、GMP 的基本原则

GMP 的中心指导思想是任何药品质量形成是设计和生产出来的,而不是检验出来的。因此必须强调以预防为主,在生产过程中建立质量保证体系,实行全面质量保证,使全员积极参与全方位有计划有组织的活动,确保药品质量。GMP 的基本原则是:在药品生产的全过程中,以科学的方法和有效的措施对各项影响产品质量的因素加以全方位的控制,把可能对药品造成污染、混杂、差错的因素降到最低限度,确保生产出来的药品安全有效、稳定均一。实施 GMP 的基本控制要求有 6 个方面:

1. 训练有素的人员(包括生产操作人员、质量检验人员、管理人员)。
2. 合适的厂房、设施和设备。
3. 合格的物料(包括原料、辅料、包装材料等)。
4. 经过验证的生产方法。
5. 可靠的检验、监控手段。
6. 完善的售后服务。

实施 GMP 管理的总体原则:简单地说是全面管理和法治化管理的原则,具体地讲是一切影响产品质量的因素均应得到控制(有章可循);一切与生产相关的活动均应有文件程序为指令(照章办事);一切生产活动均应记录下来(有案可查)。这样的话就可以使药品生产企业的生产活动、质量管理活动处于持续受控的状态。

三、中国 GMP(2010 年修订)的特点

1. 强化了管理方面的要求

(1)提高了对人员的要求:将质量受权人与企业负责人、生产管理负责人、质量管理负责人一并列为药品生产企业的关键人员,并从学历、技术职称、工作经验等方面提高了对关键人员的资质要求。比如,对生产管理负责人和质量管理负责人的学历要求由大专以上提高到本科以上,规定需要具备的相关管理经验并明确了关键人员的职责。

(2)明确要求企业建立药品质量管理体系:质量管理体系是为实现质量管理目标、有效开展质量管理活动而建立的,是由组织机构、职责、程序、活动和资源等构成的完整系统。GMP(2010 年修订)在"总则"中增加了对企业建立质量管理体系的要求,以保证 GMP(2010 年修订)的有效执行。

(3)细化了对操作规程、生产记录等文件管理的要求:为规范文件体系的管理,增加指导性和可操作性,GMP(2010 年修订)分门别类对主要文件(如质量标准、生产工艺规程、批生产和批包装记录等)的编写、复制及发放提出了具体要求。

2. 提高了部分硬件要求

(1)调整了无菌制剂生产环境的洁净度要求:1998 年修订的 GMP,在无菌药品生产环境洁净度标准方面与 WHO 标准(1992 年修订)存在一定的差距,药品生产环境的无菌要求无法得到有效保

障。为确保无菌药品的质量安全,GMP(2010年修订)在无菌药品附录中采用了WHO和欧盟最新的A、B、C、D分级标准,对无菌药品生产的洁净度级别提出了具体要求;增加了在线监测的要求,特别对生产环境中悬浮微粒的静态、动态监测,对生产环境中的微生物和表面微生物的监测都作出了详细的规定。

(2)增加了对设备设施的要求:对厂房设施的生产区、仓储区、质量控制区和辅助区分别提出设计和布局的要求,对设备的设计和安装、维护和维修、使用、清洁及状态标志、校准等几个方面也都作出具体规定。这样无论是新建企业设计厂房还是现有企业改造车间,都应当考虑厂房布局的合理性和设备设施的匹配性。

3. 围绕质量风险管理增设了一系列新制度 质量风险管理是美国FDA和欧盟都在推动和实施的一种全新理念,GMP(2010年修订)引入了质量风险管理的概念,并相应增加了一系列新制度,如供应商的审计和批准、变更控制、偏差管理、超标调查、纠正和预防措施、持续稳定性考察计划、产品质量回顾分析等。这些制度分别从原辅料采购、生产工艺变更、操作中的偏差处理、发现问题的调查和纠正、上市后药品质量的持续监控等方面,对各个环节可能出现的风险进行管理和控制,促使生产企业建立相应的制度,及时发现影响药品质量的不安全因素,主动防范质量事故的发生。

4. 强调了与药品注册和药品召回等其他监督管理环节的有效衔接 药品的生产质量管理过程是对注册审批要求的贯彻和体现。GMP(2010年修订)在多个章节中都强调了生产要求与注册审批要求的一致性。如企业必须按注册批准的处方和工艺进行生产,按注册批准的质量标准和检验方法进行检验,采用注册批准的原辅料和与药品直接接触的包装材料的质量标准,其来源也必须与注册批准一致,只有符合注册批准各项要求的药品才可放行销售等。

GMP(2010年修订)还注重与《药品召回管理办法》的衔接,规定企业应当召回存在安全隐患的已上市药品,同时细化了召回的管理规定,要求企业建立产品召回系统,指定专人负责执行召回及协调相关工作,制订书面的召回处理操作规程等。

四、国际GMP介绍

自从1963年世界上第一部GMP诞生以来,已有100多个国家制定了各国的GMP,世界卫生组织也制定了GMP。20世纪70年代,欧美各国对静脉注射导致败血病案例的跟踪调查,促使了GMP验证内容的诞生,使药品质量迅速提高。

1. 美国的cGMP 美国的药品生产质量管理规范缩写为cGMP,"c"为当前的意思。美国的GMP在美国国内的实施和发展一直居世界领先地位。1963年首次颁布,1979年颁布修正版,增加了"验证"概念,1987年颁布了第3版cGMP。美国FDA的GMP法规有多个部分和更新,不同领域的GMP更新情况有所不同。对于药品生产领域,最新修订时间可追溯到2011年。其制定原则是:通用性,即适用于一切产品;灵活性,即只提出要达到的目标;明确性,即其用语不可模棱两可。美国严格执行GMP管理,在20世纪80年代后期加强关注、扩大监督和检查原料药生产的GMP要求,重视验证和原料药质量对制剂质量的影响,将GMP应用于包括研究开发、生产和销售的多个环节中。

美国 FDA 的 cGMP 检查

美国 FDA 的 cGMP 检查也就是我们国内所理解的 FDA 认证。美国 FDA 对药品在美国上市销售执行 cGMP 审查包括产品研发和生产两部分,企业首先应通过美国 FDA 的 cGMP 现场检查。含有新成分的处方药或非处方药,或者是复杂的医疗器械注册,必须按照规定向 FDA 提交此产品的成分检测报告,然后申请药品临床试验许可,在获此许可后进行临床试验并提供药品非临床安全性试验和临床试验报告,最后申请新药或新产品许可,FDA 对产品作出肯定的评估结果,会收到 FDA 局长就此产品签署的一封批准信,产品就可以在美国上市销售了。

2. **英国的 GMP** 因书面为橙色,逐渐被称为"橙色指南",1971 年发行第 1 版,1977 年发行第 2 版,1983 年发行第 3 版,2007 年发布新版"橙色指南"。英国 GMP 注重全面覆盖药品生产的各个环节,包括厂房设施、设备维护、人员培训等,确保所有参与方都能理解并遵守规定。

3. **欧洲自由贸易联盟的 GMP** 为了解决欧洲自由贸易联盟国家之间药品贸易中的非关税壁垒,促进成员国之间的药品贸易,欧洲自由贸易联盟中的 10 个国家于 1970 年签订了"互相承认质量检查的协定"。通过相互培训药品质量监督员,相互检查制药厂,增进相互信任,从而消除壁垒,促进贸易。欧洲自由贸易联盟为了统一标准,制定公布了多份 GMP 文件,每年召开学术会议,给 GMP 研究提供大量资料。

4. **日本的 GMP** 日本厚生省于 1980 年颁布了 GMP,规定各制药厂必须执行。日本 GMP 的特点是:①GMP 条款书写与其他国家不同,内容分为硬件、软件两大部分;②各药品生产企业均根据 GMP 要求,制订本厂的质量管理、生产管理和卫生管理文件,对卫生管理给予高度重视;③厚生省药务局每年都出版 GMP 解说,进行具体指导;④1987 年颁布了《医疗用汉方制剂制造管理和品质管理标准》(自主标准)。

5. **世界卫生组织的 GMP** 1969 年第二十二届世界卫生大会通过"关于药品生产质量管理规范"条文,并建议会员国采用,这是 WHO 的第 1 版 GMP。现行 WHO 的 GMP 为 2010 年修订版。新版增加不少内容,它不仅适用于药品生产企业,也适用于医院制剂室,采用 ISO9000 族的定义并提出质量管理的基本要求。

第二节　GMP 检查

GMP 检查是药品监督管理部门依据药品监管法律法规及有关规定对药品上市许可持有人、药品生产企业的 GMP 实施情况开展的监督检查活动，是药品生产监督管理的重要内容，也是确保药品安全性、有效性和质量可控性的重要管理手段。

2019 年 11 月 29 日，《国家药监局关于贯彻实施〈中华人民共和国药品管理法〉有关事项的公告》(2019 年第 103 号)中明确指出，自 2019 年 12 月 1 日起，取消药品 GMP 认证，不再受理 GMP 认证申请，不再发放药品 GMP 证书。2021 年 5 月 24 日，国家药监局发布《药品检查管理办法(试行)》，同时废止了原国家食品药品监督管理局 2011 年 8 月 2 日发布的《药品生产质量管理规范认证管理办法》，并于 2023 年 7 月对《药品检查管理办法(试行)》进行了修订。新的《药品检查管理办法(试行)》的实施，进一步规范了药品检查行为，细化了 GMP 检查的类别和评定标准，对药品上市许可持有人和药品生产企业的 GMP 符合性检查要求更加严格。

一、GMP 检查分类

根据检查性质和目的，药品的 GMP 检查主要分为许可检查、常规检查、有因检查。

(一) 许可检查

许可检查是药品监督管理部门在开展药品生产许可申请审查过程中，对申请人是否具备从事药品生产活动条件开展的检查。

药品检查管理办法规定，对于首次申请药品生产许可证的药品上市许可持有人和药品生产企业，要按照 GMP 有关内容开展现场检查；申请药品生产许可证重新发放的，结合企业遵守药品管理法律法规、GMP 和质量体系运行情况，根据风险管理原则进行审查，必要时可以开展 GMP 符合性检查；对于原址或者异地新建、改建、扩建车间或者生产线的，应当开展 GMP 符合性检查。

对于申请药品上市的，如果是未通过与生产该药品的生产条件相适应的 GMP 符合性检查的品种，应当进行上市前的 GMP 符合性检查。其中，拟生产药品需要进行药品注册现场核查的，可以同步开展药品注册现场核查和上市前的 GMP 符合性检查。

(二) 常规检查

常规检查是根据药品监督管理部门制订的年度检查计划，对药品上市许可持有人、药品生产企业实施 GMP 情况开展的监督检查。

药品监督管理部门一般根据药品品种、剂型、管制类别等特点，结合国家药品安全总体情况、药品安全风险警示信息、重大药品安全事件及其调查处理信息等，以及既往检查、检验、不良反应监测、投诉举报等情况确定检查频次：

1. 对麻醉药品、第一类精神药品、药品类易制毒化学品生产企业，每季度检查不少于一次。

2. 对疫苗、血液制品、放射性药品、医疗用毒性药品、无菌药品等高风险药品生产企业，每年不少于一次药品 GMP 符合性检查。

3. 对上述产品之外的药品生产企业,每年抽取一定比例开展监督检查,但应当在三年内对本行政区域内企业全部进行检查。

4. 对原料、辅料、直接接触药品的包装材料和容器等供应商、生产企业,每年抽取一定比例开展监督检查,五年内对本行政区域内企业全部进行检查。

(三) 有因检查

有因检查是对药品上市许可持有人、药品生产企业可能存在的具体问题或者投诉举报等开展的针对性检查。

开展有因检查应当制订检查方案,明确检查事项、时间、人员构成和方式等。必要时,药品监督管理部门可以联合有关部门共同开展有因检查。检查组成员不得事先告知被检查单位检查行程和检查内容。检查组在指定地点集中后,应当第一时间直接进入检查现场,直接针对可能存在的问题开展检查。检查组成员不得向被检查单位透露检查过程中的进展情况、发现的违法违规线索等相关信息。

二、GMP 检查机构和人员

各级药品监督管理部门依法设置或者指定的药品检查机构,依据国家药品监管的法律法规等开展相关的检查工作并出具"药品检查综合评定报告书",负责职业化专业化检查员队伍的日常管理以及检查计划和任务的具体实施。药品监督管理部门设立或者指定的药品检验、审评、评价、不良反应监测等其他机构为药品检查提供技术支撑。

药品监督管理部门负责制订年度监督检查计划、布置检查任务或者自行组织检查,以及根据"药品检查综合评定报告书"及相关证据材料作出处理。

药品监督管理部门或者药品检查机构负责建立检查员库和检查员信息平台,实现国家级和省级、市县级检查员信息共享和检查工作协调联动。

药品监督管理部门根据工作需要统筹调配检查员开展检查工作。上级药品监督管理部门可以调配使用下级药品监督管理部门或者药品检查机构的检查员;下级药品监督管理部门在工作中遇到复杂疑难问题,可以申请上级药品监督管理部门派出检查员现场指导。

三、GMP 检查程序

1. **检查人员**　派出检查单位负责组建检查组实施检查。检查组一般由 2 名以上检查员组成,检查员应当具备与被检查品种相应的专业知识、培训经历或者从业经验。检查组实行组长负责制。必要时可以选派相关领域专家参加检查工作。

2. **出示证件**　检查组到达被检查单位后,应当向被检查单位出示执法证明文件或者药品监督管理部门授权开展检查的证明文件。

3. 首次会议 现场检查开始时,检查组应当召开首次会议,确认检查范围,告知检查纪律、廉政纪律、注意事项以及被检查单位享有陈述申辩的权利和应履行的义务。采取不预先告知检查方式的除外。

4. 现场检查 检查组应当严格按照检查方案实施检查,被检查单位在检查过程中应当及时提供检查所需的相关资料,检查员应当如实做好检查记录。检查方案如需变更的,应当报经派出检查单位同意。检查期间发现被检查单位存在检查任务以外问题的,应当结合该问题对药品整体质量安全风险情况进行综合评估。

检查过程中,检查组认为有必要时,可以对被检查单位的产品、中间体、原辅包等按照《药品抽样原则及程序》等要求抽样、送检。

5. 末次会议 现场检查结束后,检查组应当对现场检查情况进行分析汇总,客观、公平、公正地对检查中发现的缺陷进行分级,并召开末次会议,向被检查单位通报现场检查情况。

被检查单位对现场检查通报的情况有异议的,可以陈述申辩,检查组应当如实记录,并结合陈述申辩内容确定缺陷项目。

检查组应当综合被检查单位质量管理体系运行情况以及品种特性、适应证或者功能主治、使用人群、市场销售状况等因素,评估缺陷造成危害的严重性及危害发生的可能性,提出采取相应风险控制措施的处理建议。

上述缺陷项目和处理建议应当以书面形式体现,并经检查组成员和被检查单位负责人签字确认,由双方各执一份。

6. 现场检查报告 检查组应当根据缺陷内容,按照相应的评定标准进行评定,提出现场检查结论,并将现场检查结论和处理建议列入现场检查报告,检查组应当及时将现场检查报告、检查员记录及相关资料报送派出检查单位。

检查组依据《药品生产现场检查风险评定指导原则》确定缺陷的风险等级,缺陷分为严重缺陷、主要缺陷和一般缺陷,其风险等级依次降低。药品生产企业重复出现前次检查发现缺陷的,风险等级可以升级。

7. 检查结论 现场检查结论分为符合要求、待整改后评定、不符合要求。评定的标准为:

(1)未发现缺陷或者缺陷质量安全风险轻微、质量管理体系比较健全的,检查结论为符合要求。

(2)发现缺陷有一定质量安全风险,但质量管理体系基本健全,检查结论为待整改后评定。例如:与 GMP 要求有偏离,可能给产品质量带来一定风险;发现主要缺陷或者多项关联一般缺陷,经综合分析表明质量管理体系中某一系统不完善等情形。

(3)发现缺陷为严重质量安全风险,质量体系不能有效运行,检查结论为不符合要求。例如:对使用者造成危害或者存在健康风险;与 GMP 要求有严重偏离,给产品质量带来严重风险;有编造生产、检验记录,药品生产过程控制、质量控制的记录和数据不真实;发现严重缺陷或者多项关联主要缺陷,经综合分析表明质量管理体系中某一系统不能有效运行。

8. 综合评定结论 派出检查单位应当自收到现场检查报告后 15 个工作日内审核现场检查报告,并形成审核意见。

现场检查结论审核后为待整改后评定的,派出检查单位应当自收到整改报告后20个工作日内,形成综合评定结论,出具"药品检查综合评定报告书",并报送药品监督管理部门。根据整改报告审核情况,必要时派出检查单位可进行现场复核或者要求被检查单位补充提交整改材料,相关时间不计入工作时限。

现场检查结论审核后为符合要求或者不符合要求的,派出检查单位应当自结论认定之日起10个工作日内,形成综合评定结论,出具"药品检查综合评定报告书",并报送药品监督管理部门。药品监督管理部门应当及时将综合评定结论告知被检查单位。

"药品检查综合评定报告书"一般包括药品上市许可持有人信息、企业名称、地址、实施单位、检查范围、任务来源、检查依据、检查人员、检查时间、问题或者缺陷、综合评定结论等内容。

9. 整改报告 现场检查结束后,被检查单位应当针对缺陷项目进行整改,于30个工作日内向派出检查单位提交整改报告;缺陷项目经派出检查单位审核后作出调整重新发放的,整改时限可延长10个工作日;无法按期完成整改的,应当制订切实可行的整改计划,整改完成后,应补充提交相应的整改报告。被检查单位在整改期间应当主动结合发现的缺陷和风险,采取必要的风险控制措施。

整改报告应当至少包含缺陷描述、缺陷调查分析、风险评估、风险控制、整改审核、整改效果评价等内容,针对缺陷成因及风险评估情况,逐项描述风险控制措施及实施结果。

被检查单位按照整改计划完成整改后,应当及时将整改情况形成补充整改报告报送派出检查单位,必要时,派出检查单位可以对被检查单位整改落实情况进行现场检查。

四、GMP 检查申报资料

依计划非申请 GMP 符合性检查的,企业无须提交申报资料。依法申请 GMP 符合性检查的,企业应提供如下资料:

1. GMP 符合性检查申请表。

2. 药品生产管理和质量管理自查情况(包括企业概况及历史沿革情况、生产和质量管理情况,上次 GMP 符合性检查后关键人员、品种、软件、硬件条件的变化情况,上次 GMP 符合性检查后不合格项目的整改情况)。

3. 药品生产企业组织机构图(注明各部门名称、相互关系、部门负责人等)。

4. 药品生产企业法定代表人、企业负责人、生产负责人、质量负责人、质量受权人及部门负责人简历;依法经过资格认定的药学及相关专业技术人员、工程技术人员、技术工人登记表,并标明所在部门及岗位;高、中、初级技术人员占全体员工的比例情况表。

5. 药品生产企业生产范围全部剂型和品种表;申请检查范围剂型和品种表(注明"近三年批次数、产量"),包括依据标准、药品注册证书等有关文件资料的复印件;中药饮片生产企业需提供加工炮制的全部中药饮片品种表,包括依据标准及质量标准,注明"炮制方法,毒性中药饮片";生物制品生产企业应提交批准的制造检定规程。

6. 药品生产场地周围环境图、总平面布置图、仓储平面布置图、质量检验场所平面布置图。

7. 车间概况(包括所在建筑物每层用途和车间的平面布局、建筑面积、洁净区、空气净化系统等情况。其中对高活性、高致敏、高毒性药品等的生产区域、空气净化系统及设备情况进行重点描述),设备安装平面布置图(包括更衣室、盥洗间、人流和物流通道、气闸等,并标明人、物流向和空气洁净度等级);空气净化系统的送风、回风、排风平面布置图(无净化要求的除外);生产检验设备确认及验证情况,人员培训情况。

8. 申请检查范围的剂型或品种的工艺流程图,并注明主要过程控制点及控制项目;提供关键工序、主要设备清单,包括设备型号、规格。

9. 主要生产及检验设备、制水系统及空气净化系统的确认及验证情况,与药品生产质量相关的关键计算机化管理系统的验证情况,申请检查范围的剂型或品种的三批工艺验证情况,清洁验证情况。

10. 关键检验仪器、仪表、量具、衡器校验情况。

11. 药品生产管理、质量管理文件目录。

12. 申请材料全部内容真实性承诺书。

13. 凡申请企业申报材料时,申请人不是法定代表人或负责人本人,企业应当提交"授权委托书"。

申请 GMP 检查的资料既反映企业实施 GMP 的情况,又体现企业的管理水平,是 GMP 检查的第一步。申请资料应注意突出企业特点,尽量用量化的数字表述企业概况及实施 GMP 的情况,文字与图表相结合,字迹清晰、易懂。

点滴积累

1. **GMP 检查分类** ①许可检查;②常规检查;③有因检查。
2. **GMP 检查程序包括**:检查人员、出示证件、首次会议、现场检查、末次会议、现场检查报告、检查结论、综合评定结论、整改报告。
3. 依计划非申请 GMP 符合性检查的,企业无须提交申报资料。依法申请 GMP 符合性检查的,企业应提供相关资料。

实训项目一 给定药品剂型,列出申报资料目录

一、实训目的

1. 熟悉企业 GMP 检查需要报送的资料。
2. 学会列出申报资料目录。

二、实训内容

学生利用网络或其他工具方法,课堂上选定一个剂型,要求学生根据剂型列出申报资料目录。

由学生分组,一组按要求逐项列目录,一组检查目录是否齐全、是否符合法定形式。

具体步骤为:

1. 课前学生按照教师要求,搜集至少一家药品生产企业的资料及信息。

2. 课堂上按 GMP 检查申报资料要求逐项列出准备材料目录。

3. 学生交换角色,重新列出申报材料目录并检查。

4. 教师评判和总结。

三、实训注意

对申报资料目录的梳理是药品生产企业顺利完成资料准备的第一步,也是重要的一个环节,教师务必在进行角色分配时重点强调,并对列出申报资料目录的要点和技巧进行提醒和总结。

四、实训检测

学生应按要求顺利列出常规剂型申报资料目录。

五、实训报告

1. 提供申报资料目录。

2. 熟悉梳理申报资料目录的要点与技巧。

六、实训评价

从以下几方面对实训进行评价:

1. 实训前资料搜集情况。

2. 独立操作、动手及编写能力。

3. 实训操作的正确性。

4. 实训的纪律性。

5. 实训报告。

目标检测

一、简答题

1. 实施 GMP 的基本控制要求包括哪 6 个方面？

2. 实施 GMP 的基本原则是什么？

3. GMP 的中心指导思想是什么？

二、实例分析

1. 1961 年，发生了震惊世界的"反应停"事件。一种曾用于妊娠反应的药物——沙立度胺(又称反应停)导致了成千上万例畸形胎儿的药物灾难事件。这次灾难波及世界各地，受害者超过 15 000 人，日本迟至 1963 年才停止使用反应停，也导致了 1 000 例畸形婴儿的产生。美国是少数几个幸免于难的发达国家之一。

在美国上市销售的药品，美国 FDA 会对药品生产企业提出哪 3 项要求？

2. 2023 年 6 月某省对辖区内 A 企业实施 GMP 飞行检查，向 A 企业生产车间工艺员询问了有关生产过程方面的问题，并做了询问记录，经询问人员逐页确认并签字。

在本案例中，飞行检查执法人员的做法是否规范？哪些人员可以参与 GMP 飞行检查？

(张 静)

第二章 药品质量管理与质量管理体系

ER 2-1

第二章
课件

第一节　质量管理体系概述

一、质量的定义及术语

  1. 质量　质量（quality），是指产品、过程或服务满足规定或潜在要求（或需要）的特征和特征总和，即"一组固有特性满足要求的程度"。如药品的"固有特性"是指药品的有效性、安全性、均一性、稳定性。

  2. 质量管理　质量管理（quality management），是指确定质量方针、目标和职责，并通过质量体系中的质量策划、质量控制、质量保证和质量改进来使其实现的所有管理职能的全部活动。即对确定和达到质量要求所必需的职能和活动的管理。

3. 质量管理体系　质量管理体系(quality management system, QMS),是指为实现建立的质量方针和目标而形成的一组相互关联或相互作用的要素集合体,即由组织机构、职责、程序、活动、能力和资源等构成的有机整体。质量管理体系包括硬件和软件两部分,硬件如组织机构、资源等,软件如职责、程序等,其对内的功能是质量管理,对外的功能是质量保证。

4. 质量保证　质量保证(quality assurance, QA),是质量管理体系的一部分,是指使人们确信产品质量所必需的全部有计划有组织的活动。一般来说,质量保证的方法有质量保证计划、产品质量审核、质量管理体系认证、质量控制活动的验证,以及权威机构提供的产品检验合格证明文件等。

5. 质量控制　质量控制(quality control, QC),是质量管理体系的一部分,是为满足产品或服务质量要求所采取的作业技术和活动。它是质量管理组织的自身要求,也是质量管理的基本作业活动。药品生产过程的质量控制,通常采用对原辅料、中间产品、产品质量的检验来实现,实行"三不准"质量控制原则,即不合格的原辅料,不准投入生产;不合格的中间产品,不准进入下道生产工序;不合格的产品,不得出厂。这样使药品质量得以有效控制。

6. 质量风险管理　质量风险管理(quality risk management, QRM),是指在产品的整个生命周期过程中,对影响产品质量的风险因素进行识别、衡量、控制及评价的过程。该过程是系统化的,应当保证能够根据知识和工艺的经验对质量风险进行识别、衡量和控制,控制应与最终保证质量风险在可接受范围内的目标一致,同时质量风险管理过程的投入水准、形式和文件应当与风险的等级相当。

知识链接

产品生命周期

产品生命周期(product life cycle, PLC)亦称"商品生命周期",指某产品从准备进入市场开始到被淘汰退出市场为止的全部运动过程。它可以通过产品市场销售量反映出来。需要注意的是,产品生命周期与产品使用寿命是不同的。产品生命周期一般可分为导入期、成长期、成熟期和衰退期。

二、质量管理的发展历程

在人类社会的发展进程中,随着工商业的发展繁荣及人们生活水平的提高,人们对产品质量的要求也在不断提升,这就需要产品的生产者为满足这种需要而采取必要的措施,这时就产生了质量管理。真正科学意义上的质量管理是从 20 世纪开始的,其发展大体经历了 4 个阶段,即质量检验阶段、统计质量控制阶段、全面质量管理阶段和质量管理标准化阶段。

(一)质量检验阶段

质量检验阶段一般指 20 世纪初—40 年代。该阶段的代表人物是被人们称为科学管理之父的美国人弗雷德里克·温斯洛·泰勒(F. W. Taylor),其代表作为《科学管理原理》,他提出了在生产中应将计划与执行、生产与检验分开管理,把产品质量检验职能独立出来,形成了初期的质量管理,也称为"检验员的质量管理"。这种质量管理的特点是:按照技术标准的规定,对成品进行全数检查,把合格品同不合格品区分开来,防止不合格品出厂。这种质量管理,实际上是"事后检验",无法在生产中起到预防、控制不合格品产生的作用,一经发现不合格品,即很难补救。

(二) 统计质量控制阶段

统计质量控制阶段一般指 20 世纪 40—60 年代。该阶段的代表人物是被人们称为统计质量控制之父的美国人沃特·阿曼德·休哈特(W. A. Shewhart)及同属贝尔研究所的道奇(H. F. Dodge)和罗米格(H. G. Romig),他们把数理统计理论引入质量管理领域,运用统计学方法来代替单纯检验方法控制产品质量。统计质量管理的特点是:除进行成品检验把关外,还注意采用数理统计方法控制生产过程,事先发现和预防不合格品的产生。统计质量管理在取得巨大成功的同时,也日益暴露出其局限性,如该方法忽视组织管理、统计技术难度大、难以调动广大工人参与质量管理的积极性等。

(三) 全面质量管理阶段

全面质量管理阶段一般指 20 世纪 60 年代以后,目前仍在不断发展完善中。最早提出全面质量管理概念的是美国的费根堡姆(A. V. Feigenbaum),1961 年他发表了《全面质量管理》一书。全面质量管理是指企业中所有部门、所有人员都以产品质量为核心,把专业技术、管理技术、数理统计技术集合在一起,建立起一套科学严密高效的质量保证体系,控制生产过程中影响质量的所有因素,以优质的工作、经济的办法,提供满足用户需要产品的全部活动。全面质量管理的基本内容是:①对全面质量的管理。全面质量指所有质量,即不仅是产品质量,还包括工作质量、服务质量。在全面质量中产品质量是核心。②对全过程的管理。对产品的质量管理不仅限于制造过程,而是扩展到市场研究、产品开发、生产准备、采购、制造、检验、销售、售后服务等全过程。③由全体人员参与的管理。企业把"质量第一,人人有责"作为基本指导思想,将质量责任落实到全体职工,人人为保证和提高质量而努力。通过全面质量管理将过去的事后检验转变为事前预防和改进,将过去的分散管理转变为系统的全面综合治理,将过去的管结果转变为管因素,通过一系列措施能极大提高和保证产品的质量。

我国自 20 世纪 70 年代以来,推行全面质量管理已有几十年。从多年深入、持续地推行全面质量管理的效果来看,它有利于提高企业素质,增强企业的市场竞争力。

> **案例分析**

案例:2007 年 7 月 6 日,国家药品不良反应监测中心陆续收到广西、上海等地部分医院的药品不良反应报告:一些白血病患儿使用某制药企业生产的部分批号的注射用甲氨蝶呤后出现下肢疼痛、乏力,进而行走困难等症状。8 月,北京、安徽、河北、河南等地医院也上报了使用该制药企业盐酸阿糖胞苷注射剂发生不良事件的报告。

9 月 14 日,药品监督管理、卫生部门的联合专家组基本查明,该制药企业在生产过程中,现场操作人员将硫酸长春新碱尾液混于注射用甲氨蝶呤及盐酸阿糖胞苷药品中,导致了多个批次的药品被硫酸长春新碱污染,造成重大的药品生产质量责任事故。该事件造成全国多地区总计130多位患者受到严重的神经系统和行走功能损害。

分析: 药品生产事关人命,该企业虽有药品生产许可证,但在生产过程中,不能按照规范进行生产操作,出现这种完全可以避免的严重事故,可以看出企业整体质量管理素质不高和员工的质量意识淡薄。

(四)质量管理标准化阶段

质量管理标准化起源于20世纪80年代国际标准化组织(ISO)发布的ISO9000族标准。当质量管理发展到一定阶段,某些成熟的管理经验便会显示出其代表性。要推广这些具有代表性和先进性的管理理念,只有取得标准化的共识,才能消除差异,排除分歧。ISO9000族标准应运而生,开始了质量管理标准化探索的进程。

ISO9000族标准是国际标准化组织颁布的在全世界范围内通用的关于质量管理和质量保证方面的标准,它不是指一个标准,而是一族标准的统称。已先后发布了1987年版、经过"有限修改"的1994年版和经过"彻底修改"的2000年版。该标准并不是产品的技术标准,而是针对组织的管理结构、人员、技术能力、各项规章制度、技术文件和内部监督机制等一系列体现组织保证产品及服务质量的管理措施的标准。

ISO9000族标准具体在以下4个方面规范质量管理:①机构。标准明确规定了为保证产品质量而必须建立的管理机构及职责权限。②程序。组织的产品生产必须制订规章制度、技术标准、质量手册、质量体系、操作检查程序,并使之文件化。③过程。质量控制是对生产的全部过程加以控制,是面的控制,不是点的控制。从根据市场调研确定产品、设计产品、采购原材料,到生产、检验、包装和贮运等,其全过程按程序要求控制质量。并要求过程具有标志性、监督性、可追溯性。④总结。不断地总结、评价质量管理体系,不断地改进质量管理体系,使质量管理呈螺旋式上升。

ISO9000族标准不仅在全部发达国家推行,发展中国家也正在逐步加入此行列中,ISO已成为一个名副其实的技术上的世界联盟。在一个组织或一个国家实行ISO9000族标准并非一个外部命令,而是现代组织的本质要求。

> **课 堂 活 动**
> 大家了解了质量管理的发展阶段,谈谈你所知道的企业质量管理处于什么阶段?我国的药品相关企业处于何阶段?

三、质量管理体系与质量手册

质量管理体系是为实现建立的质量方针和目标而形成的一组相互关联或相互作用的要素集合体。建立质量管理体系是为了在质量方面指挥和控制组织实现对产品的既定要求。质量手册是质量管理中形成的文件材料,是质量管理体系的具体体现。

(一)质量管理体系基本原则

一个组织要建立和运行质量管理体系,就需要遵循一定的原则来进行管理以使组织获得成功。

质量管理体系基本原则如下：

1. 以顾客为关注焦点 组织依存于他们的顾客,因而组织应理解顾客当前和未来的需求,努力作出满足顾客要求并争取超越顾客期望的产品。

2. 领导作用 组织的领导者应确立与组织的方略相一致的目标,创造并保持良好的内部环境,使员工能充分参与实现组织的目标。

3. 全员参与 各级人员都是组织之本,只有他们的充分参与,才能使他们为组织的效益发挥其才干。

4. 过程方法 将活动和相关的资源作为过程进行管理,可以更高效地得到期望的结果。

5. 管理的系统方法 将相互关联的过程作为系统加以识别、理解和管理,有助于组织提高实现目标的有效性和效率。

6. 持续改进 持续改进总体业绩应是组织的一个永恒目标。

7. 基于事实的决策方法 有效决策要建立在数据和信息分析的基础上。

8. 互利的供方关系 组织与供方是相互依存的,互利的关系可增强双方创造价值的能力。

(二) 质量管理体系特性

1. 符合性 要开展有效的质量管理,必须设计、建立、实施和保持质量管理体系。组织的最高管理者对质量管理体系的决策负责,对建立合理的组织结构和提供的资源负责。管理者代表和质量职能部门对形成文件的程序的制订和实施、过程的建立和运行负直接责任。

2. 唯一性 质量管理体系的设计和建立,应结合组织自身的质量目标、产品类别、过程特点和实践经验。因此,不同组织的质量管理体系有不同的特点。

3. 系统性 质量管理体系是相互关联和作用的组合体,包括：①组织结构。合理的组织机构和明确的职责、权限及其协调的关系。②程序。规定到位的形成文件的程序和作业指导书,是过程运行和进行活动的依据。③过程。质量管理体系的有效实施,是通过其所需求过程的有效运行来实现的。④资源。必需、充分且适宜的资源,包括人员、资金、设施、设备、料件、能源、技术和方法。

4. 有效性 质量管理体系的运行应是全面有效的,既能满足组织内部质量管理的要求,又能满足组织与顾客的合同要求,还能满足第二方认定、第三方认证和注册的要求。

5. 预防性 质量管理体系应能采用适当的预防措施,有一定的防止重大质量问题发生的能力。

6. 动态性 最高管理者定期进行内部质量管理体系审核,定期进行管理评审,以改进质量管理体系；还要支持质量职能部门(含车间)采用纠正措施和预防措施改进过程,从而完善体系。

7. 受控性 质量管理体系所需求过程及其活动应持续受控,以使该体系实现最佳化。组织应综合考虑利益、成本和风险,通过质量管理体系持续有效运行使其最佳化。

(三) 质量手册

1. 概述 质量手册是对组织质量体系做概括表述、阐述及指导质量体系实践的主要文件,是组织质量管理和质量保证活动应长期遵循的纲领性文件。

质量手册有三方面作用：①在组织内部,它是由组织最高领导人批准发布的、有权威的、实施各项质量管理活动的基本法规和行动准则；②对外部实行质量保证时，它是证明组织质量体系存在，并具有质量保证能力的文字表征和书面证据，是取得用户和第三方信任的手段；③质量手册不仅为协调质量体系有效运行提供了有效手段，也为质量体系的评价和审核提供了依据。

质量手册与其他组织标准和规章制度的关系主要表现在以下几个方面：①性质不同，质量手册是建立在组织其他标准和规章制度完善之上的；②管理层次不同，质量手册为组织最高领导人批准颁布，其他标准、制度偏重实际操作，发布的层次较低；③文件的编制原则和指导思想不同，质量手册是严格按照"质量环"原理和系统原理来进行设计、建立和运转的，而其他制度、规章因层次限制，其系统性稍差；④编制过程不同；⑤编制依据不同。

2. 质量手册编制注意事项 质量手册在编制时，需要注意以下几个方面。

(1)从自身需要出发来编制质量手册：质量手册应当如实反映组织的特点，对影响质量的各种因素都要作出系统的控制安排，且明确控制的重点。真正有用的质量手册，对内可以起到强化质量管理的作用；对外可以让顾客对企业的管理产生信任感。编制质量手册绝不是为了应付上级和外部的检查，而是为了提高企业质量管理水平，加强竞争能力，并在最适宜成本基础上生产出满足用户需要的产品。

(2)从总结质量管理经验的角度出发编制质量手册：编制质量手册的目的在于提高组织质量管理水平。因此在编制质量手册过程中，应对以往质量管理工作加以总结，与以往先进的、成功的质量管理经验有机地结合起来。

(3)从利用现有管理标准和工作标准角度出发编制质量手册：质量手册的编制是以程序文件为基础的，但手册不可能包罗一切，手册常常将所有方面都涉及，具体细节另加文件规定。例如，各级领导和从事各项质量活动人员的责任和权限、各项活动之间的接口和协调措施、对各类人员工作能力等方面的要求，以及各项工作的程序和方法等，都应制定相应的标准，通过实施这些标准，才能确保质量手册的落实，并使质量体系有效运行。在这些方面制定的标准应该是大量的，其中包括管理标准和工作标准。管理标准和工作标准直接影响到质量体系能否有效运行。

> **知识链接**
>
> ### 管理标准和工作标准
>
> 管理标准：管理机构为行使其管理职能而制定的具有特定管理功能的标准。它规定和衡量管理对象或程序的有序性，对管理活动的内容、程序、方式、方法和应该达到的要求进行统一规定。
>
> 工作标准：为实现整个工作过程的协调，提高工作质量和工作效率，对各个岗位的工作制定的标准。工作标准一般包括基础工作标准、工作质量标准、工作程序标准和工作方法标准。

(4)从让职工积极参与的角度出发编制质量手册：编制质量手册最重要的是要能够实施，而手册的实施是组织内部职工的事情。所以在质量手册的编制过程中，应倾听组织内部全体职工的意见，充分发挥其积极性和创造性。

(5)从使用符合本国文化传统语言的角度出发编制质量手册：在编制质量手册时，要注意避免使用一些生硬的翻译语言,以免企业职工看不懂,实施时造成误解,使质量手册起不到应有的作用。编制手册,应在深刻理解标准的基础上,使用符合本国文化传统的语言,这样做将有利于质量手册的贯彻实施。

> **点滴积累**
>
> 1. **基本概念含义** 质量即一组固有特性满足要求的程度;质量管理即对确定和达到质量要求所必需的职能和活动的管理。
> 2. **质量管理发展4个阶段及特征** 对产品进行全数检查的质量检验阶段;运用统计学方法来代替单纯检验方法控制产品质量的统计质量控制阶段;以"全面、全过程、全员"为特征的全面质量管理阶段;以标准化的推广、应用为特征的质量管理标准化阶段。
> 3. **质量管理体系与质量手册的关系** 质量管理体系是为实现建立的质量方针和目标而形成的一组相互关联或相互作用的要素集合体。建立质量管理体系是为了在质量方面指挥和控制组织实现对产品的既定要求。质量手册是质量管理中形成的文件材料,是质量管理体系的具体体现。

第二节 全面质量管理方法

一、质量管理常用工具

在质量管理过程中,无论是问题分析,还是措施落实,正确使用工具和方法都会起到事半功倍的效果。在开展全面质量管理活动中,经过世界各国长期实践,发明并总结出许多成熟的工具和方法。这些方法用于收集和分析质量数据、研究和确定质量问题、控制和改进质量水平,不仅科学,而且实用。以下介绍几种较常用的质量管理工具。

(一) 检查表法

检查表又称调查表、统计分析表,检查表法是在全面质量管理中利用统计图表来收集、统计数据,进行数据整理并对影响产品质量的原因作粗略分析的一种方法。

检查表法是最基本的质量原因分析方法,也是最常用的方法。需要注意的是,应用该法必须针对具体的产品,设计出专用的表格进行调查和分析。由于使用者的目的以及统计数据的特点不同,检查表的设计在形式和结构上会有较大差异,但设计的基本要求是一致的,总体上应符合科学、实用、简练、美观的要求。

(二) 排列图法

排列图法又叫主次因素分析图法或帕累托图法,是找出影响产品质量主要因素的一种有效方法。

排列图由两个纵坐标、一个横坐标、若干个直方图形和一条曲线组成,其中左边的纵坐标表示频数,右边的纵坐标表示累计频率(以百分比表示),横坐标表示影响质量的各种因素,若干个直方图形分别表示质量影响因素的项目,直方图形的高度则表示影响因素的大小程度,按大小顺序由左向右排列,曲线表示各影响因素大小的累计频率,这条曲线称为帕累托曲线,见图 2-1。

在绘制的排列图中通常把包括在累计频率 0~80% 范围内的因素称为 A 类因素,即为影响产品质量的主要因素;其次把包括在累计频率 80%~90%(不包含 80%)范围内的因素称为 B 类因素,即为影响产品质量的次要因素;其余累计频率在 90%~100%(不包含 90%)范围内的因素称为 C 类因素,即为影响产品质量的一般因素。通常 A 类因素应为 1~2 个,最多不超过 3 个。为了有利于集中精力提高产品质量,应着重解决影响产品质量的 A 类因素。

图 2-1　排列图

(三) 因果图法

因果图法即因果分析图法。因果图又叫特性要因图、石川图、树枝图、鱼骨图或鱼翅图,它是由日本东京大学教授石川馨提出的一种通过带箭头的线,将质量问题与原因之间的关系表示出来的方法,是分析影响产品质量的诸因素之间关系的一种工具,通过这种工具能有效找到质量问题产生的原因。

画因果图时需注意两个方面:①查找影响产品质量的原因,先确定大原因,每个大原因再具体化成若干个中原因,中原因再具体化为小原因;②讨论时要充分发挥技术民主,集思广益。

因果图(图 2-2)的具体绘制方法是:①确定待分析的质量问题,将其写在图右侧的方框内,画出主干,箭头指向右端。②确定该问题中影响质量的原因。一般对于工序质量问题,常按其影响因素[人员(man)、设备(machine)、原材料(material)、方法(method)、环境(environment)等]进行分类,简称为 4M1E。对应每一类原因画出大枝,箭头方向从左到右斜指主干,并在箭头尾端写上原因分类项目。③将各分类项目分别展开,每个大枝上分出若干中枝表示各项目中造成质量问题的一个原因。中枝平行于主干箭头指向大枝。④将中枝进一步展开成小枝。小枝是造成中枝的原因,依次展开,直至细到能采取措施为止。⑤找出主要原因,画上方框作为质量改进的重点。

图 2-2　因果图

案例: 2008年10月6日,国家食品药品监督管理局接到云南省食品药品监督管理局报告,云南省红河州6名患者使用了某制药企业生产的两批刺五加注射液后出现严重不良反应,其中有3例患者死亡。

对事件原因展开调查后发现,该制药企业生产的刺五加注射液部分药品在云南贮存销售期间被雨水浸泡,云南销售人员张某从公司调来包装标签,更换后再销售。

中国药品生物制品检定所、云南省食品药品检验所在被雨水浸泡药品的部分样品中检出多种细菌。

分析: 该刺五加注射液在销售期间贮存不当,导致在使用过程中出现了严重的不良反应。影响贮存环节质量的因素主要有环境因素、人为因素等。

(四) 分层法

分层法又叫数据分层法、分类法、分组法、层别法,它是按照一定的标志,把收集的质量数据中性质相同、条件相同的归为一层,再来进行比较分析的一种方法。通过分层可使数据反映的事实更明显、更突出,便于找出问题,对症下药。

> **课 堂 活 动**
> 请同学们运用因果图法,分析导致药品贮存不当的因素。

分层的基本原则是使同一层内的数据波动尽可能小,而层与层之间的差别尽可能大。通常将质量数据按以下标志分层:①按不同时间分,如按不同的班次、不同的日期进行分层;②按操作人员分,如按新、老工人、男工、女工,不同工龄进行分层;③按使用设备分,如按设备类型、新旧程度、不同生产线等进行分层;④按操作方法分,如按不同的工艺要求、操作参数、生产速度进行分层;⑤按原材料分,如按不同的供料单位、不同的进料时间、不同的规格成分等进行分层;⑥按不同的检测手段分,如按不同的检测设备、检测方法、检测人、取样方法等进行分层;⑦其他,如按不同的工厂、使用单位、使用条件、气候条件等进行分层。总之,目的是把不同的问题分清楚,便于分析问题找出原因。分层方法多种多样,并无任何硬性规定。

分层法在使用时需注意:①分层标志的选择,若选择不当会导致分层结果不能充分反映客观事实,导致分析结果偏差;②在运用分层法时,不宜简单地按单一因素分层,必须考虑各个因素的综合影响效果。

(五) 直方图法

直方图法也叫频数分布直方图法,它是将收集到的质量数据进行分组整理,绘制成频数分布直方图,用以描述质量分布状态的一种分析方法。

直方图(图2-3)是用一系列宽度相等、高度不等的长方形表示数据的图。长方形的宽度表示数据范围的间隔,长方形的高度表示在给定间隔内的数据数。直方图的作用是:①显示质量波动的状态;②较直观地传递有关过程质量状况的信息;③通过研究质量波动状况,能掌握过程的状况,从而确定在什么地方集中力量进行质量改进工作。

图2-3　直方图

对于绘制的直方图,需要对其进行分析。一是观察直方图的形状,判断质量分布状态;二是将直方图与质量标准比较,判断实际生产过程能力。

(六) 控制图法

控制图法即质量控制图法,也叫管理图法,它是通过描述生产过程中产品质量波动状态,来判明生产过程是否处于稳定状态的一种常用的质量控制统计方法。它能直接监视生产过程中的质量动态,具有稳定生产、保证质量、积极预防的作用。

控制图按质量数据性质分为计量值控制图和计数值控制图两类。计量值控制图用于描述产品质量特性为长度、重量、时间、强度等连续变量的情形,常用的计量值控制图有均值-极差控制图、均值-标准差控制图、单值-移动极差控制图和中位数-极差控制图。计数值控制图用于描述产品质量特性为不合格品数、不合格率、缺陷数等离散变量的情形,常用的计数值控制图有不合格品率控制图、不合格品数控制图、单位缺陷数控制图和缺陷数控制图。控制图的基本格式见图2-4。

图2-4　控制图的基本格式

在控制图中,其中中位线(central line,CL)用细实线表示,上控制界限(upper control limit,UCL)和下控制界限(lower control limit,LCL)用虚线表示,质量特性数据以点的形式表述,并将点以线段连接成链。

对控制图的观察和分析应用的是小概率原理。通过对点分布情况的判定,来研判生产过程的受控状态及异常变化。

(七) 散布图法

散布图法是指通过分析研究两种因素的数据之间的关系,来控制影响产品质量的相关因素的一种有效方法。

散布图又叫相关图,它是将两个可能相关的变数数据用点画在坐标图上,来判断它们之间是否有相关性。这种图示方式具有快捷、易于交流和易于理解的特点。

根据成对数据的相关性关系,散布图分为强正相关散布图、强负相关散布图、弱正相关散布图、弱负相关散布图、不相关散布图和非线性相关散布图。

二、PDCA 循环与朱兰螺旋

(一) PDCA 循环

1. PDCA 循环的概念　PDCA 循环也叫质量环、戴明环,它是全面质量管理所应遵循的科学程序。认为全面质量管理活动的全部过程就是"计划(plan)—执行(do)—检查(check)—处理(act)"的过程,这个过程周而复始不停顿地运转,就是 PDCA 循环。PDCA 循环包括 4 个阶段 8 个步骤,具体内容如下。

(1)计划阶段:即确定方针和目标,确定活动计划。

工作步骤有:①分析现状,找出存在的质量问题;②分析产生质量问题的各种原因或影响因素;③找出影响质量的主要因素;④针对影响质量的主要因素,提出计划,制订措施。

(2)执行阶段:执行计划,落实措施。工作步骤就是及时地去做,实现计划中的内容并记录执行结果。

(3)检查阶段:检查计划的实施情况。工作步骤就是检查执行计划的结果,注重效果,找出问题。

(4)处理阶段:总结经验,巩固成绩,实行工作标准化;提出尚未解决的问题,转入下一个循环。

工作步骤:①对成功的经验加以肯定并适当推广、标准化,失败的教训加以总结,以免重现;②将未解决的问题放到下一个 PDCA 循环。

> **课 堂 活 动**
> 请同学们试着运用 PDCA 的思想,制订本门课程的学习方法。

PDCA 循环实际上是有效开展任何一项工作的合乎逻辑的工作程序。在质量管理中,PDCA 循环得到了广泛的应用,并取得了很好的效果,因此有人称 PDCA 循环是质量管理的基本方法。之所以将其称为 PDCA 循环,是因为这 4 个过程不是运行一次就完结,而是要周而复始地进行。一个循环完了,解决了一部分的问题,可能还有其他问题尚未解决,或者又出现了新的问题,再进行下一次循环(图 2-5)。

2. PDCA 循环的特点　PDCA 循环的关键阶段是 A 阶段,即处理阶段,因为管理就是为了解决问题,而处理阶段就是总结经验、吸取教训和处理问题的阶段,该阶段的重点又在于修订标准,包括技术标准和管理制度。没有标准化和制度化,就不可能使 PDCA 循环转动向前。通过 PDCA

循环,可以使我们的思想方法和工作步骤更加条理化、系统化和科学化。其特点可以归纳为如下3个:①大环套小环、小环保大环。如果把整个企业的工作作为一个大的 PDCA 循环,那么各个部门、小组还有各自小的 PDCA 循环,就像一个行星轮系一样,大环带动小环,一级带一级,有机地构成一个运转的体系。②阶梯式上升。PDCA 循环不是在同一水平上循环,每循环一次,就解决一部分问题,取得一部分成果,工作就前进一步,水平就提高一步。到了下一次循环,又有了新的目标和内容,更上一层楼。③科学管理方法的综合应用。PDCA 循环应用时依托的是质量管理常用工具为主的统计处理方法,作为开展工作和发现、解决问题的工具,是常规管理方法的综合应用。

图 2-5　PDCA 循环上升示意图

随着 PDCA 循环的广泛应用,在运行过程中也发现了一些问题。因 PDCA 中不含有人的创造性的内容,它只是让人如何完善现有工作,所以容易导致惯性思维的产生。习惯了 PDCA 的人很容易按流程工作,因为没有什么压力让他来实现创造性。因此,PDCA 在实际的项目运用中有一些局限。

(二) 朱兰螺旋

1. 朱兰螺旋的概念　朱兰螺旋即朱兰质量螺旋,是美国质量管理专家朱兰(J. M. Juran)提出的一个质量螺旋模型。该模型由一条螺旋式上升的曲线组成,该曲线把产品形成全过程中各质量职能按照逻辑顺序串联起来,用以表征产品质量形成的整个过程及其规律(图 2-6)。朱兰质量螺旋反映了产品质量形成的客观规律,是质量管理的理论基础,对于现代质量管理的发展具有一定意义。

2. 朱兰螺旋的主要内容　其内容主要体现在:①产品的质量形成过程,包括市场研究、产品开发、产品设计、制订产品规格、制订产品工艺、采购、仪器仪表及设备装置、生产、工序控制、产品检验、产品测试、销售及服务等 13 个环节。各个环节之间相互依存,相互联系,相互促进。②产品质量形成的过程是一个不断上升,不断提高的过程。③要完成产品质量形成的全过程,就必须将上述各个环节的品质管理活动落实到各个部门及有关的人员,要对产品质量进行全过程的管理。④品质管理是一个社会系统工程,不仅涉及企业内各部门及员工,还涉及企业外的供应商、零售商、批发商及用户等单位和个人。⑤品质管理是以人为主体的管理。朱兰质量螺旋曲线所揭示的各个环节的品质活动,都要依靠人去完成。人的因素在产品质量形成过程中起着十分重要的作用,品质管理应该提倡以人为主体的管理。此外,要使"循环"顺着螺旋曲线上升,必须依靠人力的推动,其中领导是关键,要依靠企业领导者做好计划、组织、控制、协调等工作,形成强大的合力去推动质量循环不断前进,不断上升,不断提高。

图 2-6　朱兰质量螺旋曲线

　　3. 朱兰螺旋的应用升华　瑞典质量管理学家桑德霍姆从企业内部管理角度出发阐述产品质量的形成规律,在朱兰螺旋的基础上提出质量循环图模式,将主力质量螺旋归纳为企业内部八大职能(市场研究、产品研制、工艺准备、采购、制造、检查、销售、行政)和企业外部的两大环节(供应和销售环节),强调企业内部的质量管理体系与外部环境的联系,特别是和原材料供应单位及用户的联系。

> **点滴积累**
>
> 1. **常用 7 种质量管理工具**　检查表法、排列图法、因果图法、分层法、直方图法、控制图法、散布图法。
> 2. **PDCA 循环**　PDCA 循环实际上是有效开展任何一项工作的合乎逻辑的工作程序,通过该循环的不断运行来解决问题。
> 3. **朱兰螺旋**　朱兰螺旋把产品形成全过程中各质量职能按照逻辑顺序串联起来,能表征产品质量形成的整个过程及其规律,是质量管理的理论基础。

第三节　药品质量管理体系

一、GLP、GCP、GMP、GSP、GAP

　　药品质量直接影响着人们的健康与生命,为了加强药品监督管理,保证药品质量,保障人体用药安全,维护人民身体健康和用药的合法权益,国家相继制定实施了一系列的药品质量管理规范,明确了药物非临床研究、临床研究、生产、销售等关键环节的质量要求。

(一)GLP

《药物非临床研究质量管理规范》(Good Laboratory Practice,GLP)是关于药品申报审批前所进行的非临床安全性研究的规定。适用于为申请药品注册而进行的非临床研究,药物非临床安全性评价研究机构必须遵循本规范。它的主要目的是提高药物非临床研究的质量,确保试验资料的真实性、完整性和可靠性,保障人民用药安全。它的主要内容是为评价药物安全性,规范在实验室条件下,用实验系统进行的各种毒性试验及与评价药物安全性有关的其他试验。

(二)GCP

《药物临床试验质量管理规范》(Good Clinical Practice,GCP)是进行临床试验全过程的标准规定。适用于进行各期临床试验、人体生物利用度或生物等效性试验。它的主要目的是保证药物临床试验过程规范,结果科学可靠,保护受试者的权益并保障其安全。它的主要内容是为评价试验药物的疗效与安全性,规范任何在人体(患者或健康志愿者)进行的药物系统性研究。

知识链接

临床试验分期、生物利用度及生物等效性试验

1. **临床试验分期** 分为Ⅰ期临床试验、Ⅱ期临床试验、Ⅲ期临床试验和Ⅳ期临床试验,其中Ⅰ期临床试验为初步的临床药理学及人体安全性评价阶段,Ⅱ期临床试验为治疗作用初步评价阶段,Ⅲ期临床试验为治疗作用确证阶段,Ⅳ期临床试验为新药上市后进行的应用研究阶段。

2. **生物利用度** 指药物被机体吸收进入体循环的相对量和速率。

3. **生物等效性试验** 指用生物利用度研究的方法,以药代动力学参数为指标,比较同一种药物的相同或者不同剂型的制剂,在相同的试验条件下,其活性成分吸收程度和速度有无统计学差异的人体试验。

(三)GMP

《药品生产质量管理规范》(Good Manufacturing Practice,GMP)是药品生产企业进行药品生产管理和质量控制的基本要求,旨在最大限度地降低药品生产过程中污染、交叉污染,以及混淆、差错等风险,确保持续稳定地生产出符合预定用途和注册要求的药品。GMP分别对质量管理、机构与人员、厂房与设施、设备、物料与产品、确认与验证、文件管理、生产管理、质量控制与质量保证、委托生产与委托检验、产品发运与召回、自检等作出了详细的规定。

(四)GSP

《药品经营质量管理规范》(Good Supply Practice,GSP)是药品经营企业进行药品经营管理和质量控制的基本准则。药品经营企业应当严格执行本规范,同时药品生产企业销售药品、药品流通过程中其他涉及贮存与运输药品的,也应当符合本规范相关要求。其根本目的是加强药品经营质量管理,规范药品经营行为,保障人体用药安全、有效。企业应当在药品采购、贮存、销售、运输等环节采取有效的质量控制措施,确保药品质量,并按照国家有关要求建立药品追溯系统,实现药品可追溯。GSP 分别对药品批发的质量管理、药品零售的质量管理作出了详细的规定。

（五）GAP

《中药材生产质量管理规范》（Good Agricultural Practice, GAP）是中药材规范化生产和质量管理的基本要求，适用于中药材生产企业采用种植（含生态种植、野生抚育和仿野生栽培）、养殖方式规范生产中药材的全过程管理。该规范的根本目的是规范中药材生产，保证中药材质量，促进中药高质量发展。规范分别对质量管理，机构与人员，设施、设备与工具，基地选址，种子种苗或其他繁殖材料，种植与养殖，采收与产地加工，包装、放行与贮运，文件，质量检验，内审，投诉、退货与召回等作出了详细的规定。

二、GMP 与 ISO9000 的关系

GMP 通过对生产企业软件和硬件的具体要求来体现质量的预防管理理念，强调在生产过程中对每个环节进行控制，避免差错的发生，从而保证产品质量。

ISO9000 即 ISO9000 认证标准，是国际标准化组织质量管理和质量保证技术委员会（ISO/TC176）制定的所有国际标准的统称，它可帮助组织实施并有效运行质量管理体系，是质量管理体系通用的要求或指南。它不受具体的行业或经济部门的限制，可广泛适用于各类型和规模的组织，在国内和国际贸易中促进相互理解和信任，在推动世界各国工业企业的质量管理和供需双方的质量保证、促进国际贸易交往中起到了很好的作用。

（一）GMP 和 ISO9000 的共同点

1. **发展历程相似，在国际上都普遍实施，注重标准的动态完善** 最初的 GMP 于 1963 年由美国 FDA 颁布，世界卫生组织在 1969 年发布了首版 GMP，目前已经有 100 多个国家颁布了自己的 GMP。ISO9000 最早在 1987 年公布，后在 1994 年、2000 年进行了两次修订。它们都经历了多年的探索与实践，不断完善。

2. **都基于全员参与、注重预防和持续改进的质量管理理念** GMP 和 ISO9000 都强调以产品和客户为中心，确保客户的安全和利益，注重培训、预防控制和持续改进，实现企业的质量目标。

3. **都强调质量合格不仅是产品质量符合规定，过程也应符合规定** 在 GMP 中严格规定，产品的最终合格放行必须是全过程和最终产品均符合规定。同样，产品质量来源于设计和生产过程操作及其最终结果合格的思想也贯穿于 ISO9000 的始终。

4. **对文件的要求相同** 一个组织的体系文件应该是为该组织给出一个符合作业实际的规范。无论是 GMP 还是 ISO9000，其文件体系都重视把产品（或服务）等有关活动所必需的规定纳入文件的编制范围，以确保过程有效运作和控制的需要，且这些文件不论是 GMP 还是 ISO9000 均须经过审批并正式颁布成为该组织的法规。

5. **说、写、做一致，均重视记录的证实作用** GMP 的检查和 ISO9000 的认证均是以检查原始记录和考察现场来认定有关活动是否执行了规定要求，如果对已完成的作业没有提供必要的记录作为证实则认定不作为。

6. 两者均是一个体系的认证而非某个具体的产品的认证 GMP 与 ISO9000 都是为了评价一个体系,虽然存在专业和通用的差异,但均适合对一个组织的质量管理体系作评价,证实其具备生产某种产品的基本能力,它们都是对管理体系提出要求,认为这是实现产品技术要求的可靠支撑。

(二) GMP 和 ISO9000 的不同点

1. 标准的性质不同 GMP 是一个管理规范,具备强制执行的特点,是药品生产的基本要求。而 ISO9000 为推荐标准,实施与否取决于企业的自身要求。

2. 内容侧重点不同 GMP 对厂房、设施等硬件作出了较为详细和具体的要求,同时强调生产过程的控制,对组织的质量方针目标、设计开发不作要求,偏重产品的制造过程。ISO9000 无具体指标要求,只给出一个质量管理体系的框架。相比较而言 ISO9000 更侧重于软件的管理,管理体系更为细致。

3. 体系文件结构和作用不同 GMP 文件作为药品生产企业的内部文件,蕴含相关药品的配套法规与知识产权,对文件的体系结构无层次要求,编制时不考虑对外。而 ISO9000 对体系文件有层次结构要求,要求企业制订质量手册,作为质量工作的大纲,同时质量手册可作为质量保证书提交给外部顾客。

4. 适用范围不同 GMP 是药品生产行业专业性标准,在药品生产行业广泛采用。ISO9000 提供的质量管理体系普遍适用于各行各业的不同组织。

(三) 药品生产企业 GMP 和 ISO9000 的相容性

GMP 和 ISO9000 的根本目的是一致的,因此同时实施 GMP 与 ISO9000 标准对企业发展是有利的。

首先,可以促使企业着眼于长远与全局,通过制订质量方针、目标,全面考虑企业所有的质量活动,并重视质量持续改进,从而提高产品市场竞争力。

其次,提升企业质量体系的管理水平,明确职责、合理分配适用资源,有利于指挥调度、提升管理质量和工作质量水平。

再次,改善文件系统的条理性,明确文件结构和相容性的关系,有助于体系文件的建立、简化、管理和控制,运用内部质量审计健全和强化 GMP 的"自查",持续质量改进,同时也是对 GMP 的贯彻和有效提升,切实保证了企业的规范化运作,为企业良性发展打下扎实的基础。

在实施两者过程中要注重标准的理解和融合,同时也要贯穿到整个质量工作中。GMP 是药品生产过程中对各个环节、各方面实施严格监控提出的具体和必要的质量监控措施,是药企实施 ISO9000 的基础。GMP 是药企质量体系的重要组成部分。所以说药企的 ISO9000 是以 GMP 为基础的质量管理体系。在实施过程中,通过文件体系的设立,应使两者标准相互补充,成为一个体系。通过 ISO9000 质量体系的有效运作,确保了 GMP 的高效执行,可提升企业整体质量水平。

实训项目二　运用 PDCA 循环提高产品质量

一、实训目的

通过实训,使学生能运用 PDCA 循环来解决实际问题。

二、实训内容

通过查阅资料和参观药品生产企业,了解企业经营中存在的问题,并开展深入调查。采用 PDCA 循环的原理,分析产生问题的原因,制订改进措施。

具体步骤为:由老师负责联系数家不同的药品生产企业,学生分组前往;详细了解企业经营过程中存在的问题,以其生产的某一产品存在的问题为例,先由学生通过查阅资料、集中讨论,分析产生问题的原因,制订解决措施;之后再深入生产、管理岗位,邀请一线工作人员参与进来,对所制订解决问题的措施的可行性作出评价。

三、实训注意

熟悉 PDCA 循环过程的 4 个阶段 8 个步骤;学会质量管理工具的运用。

四、实训检测

实施 PDCA 循环过程较常使用的质量管理工具有哪些?

五、实训报告

1. 运用质量分析工具找出企业存在的主要问题,提供分析报告。
2. 通过 PDCA 循环找出解决办法,提供报告。

六、实训评价

从以下几方面对实训进行评价:

1. 实训前资料搜集情况。
2. 独立操作、动手及编写报告能力。
3. 实训操作的正确性。
4. 实训的纪律性。
5. 实训报告。

实训项目三　按照给定要求编制培训计划

一、实训目的

1. 熟练掌握人员培训计划内容和要点。
2. 熟悉人员培训的流程。
3. 学会编制人员培训计划。

二、实训内容

1. 设定接受培训的人员为新建药品制剂生产企业生产管理人员和质量管理人员。
2. 学生利用网络或其他工具方法,收集药品制剂生产企业人员培训信息资料。
3. 将学生分成两组,分别编制新建药品制剂生产企业生产管理人员和质量管理人员的培训计划。
4. 训练学生对新建药品制剂生产企业生产管理人员和质量管理人员的培训计划进行审核批准。

三、实训注意

(一) 实训步骤

1. 课前学生按照教师要求,收集药品制剂生产企业人员培训信息资料,应包括生产质量管理规范、生产安全管理规定、专业技能要求等文件。

2. 将学生分成两组,根据人员岗位分别编制新建药品制剂生产企业生产管理人员和质量管理人员的培训计划。人员培训计划编制完成后,两组分别扮演生产、质量管理负责人交叉对对方组编制的培训计划进行审核批准。

3. 两组交换角色,重新编制人员培训计划并进行审核批准。

4. 教师评判和总结。

(二) 实训提示

人员培训计划编制实训开展前收集新建药品制剂生产企业相关信息、熟悉 GMP 及相关法规的要求及培训流程和培训计划要点,这些材料是顺利进行的重要条件,教师务必在进行角色分配时重点强调,并对编制培训计划要点如"培训对象(培训目标组)、培训课程(培训内容)、培训周期"和技巧进行提醒和总结。

四、实训检测

1. 编制人员培训计划的要点是什么?

2. 人员培训的流程是什么?

3. 人员培训档案的主要内容是什么?

五、实训报告

1. 提供新建药品制剂生产企业生产管理人员、质量管理人员培训计划。

2. 提供新建药品制剂生产企业生产管理人员、质量管理人员培训计划的审核意见和建议。

六、实训评价

从以下几方面对实训进行评价:

1. 实训前资料搜集情况。

2. 团队协作及动手能力。

3. 实训操作的正确性。

4. 实训的纪律性。

5. 实训报告。

目标检测

一、简答题

1. 质量保证和质量控制的核心要点是什么？

2. ISO9000 族标准在哪些方面对质量管理进行规范？

3. 简述 PDCA 的 4 个阶段 8 个步骤。

4. 简述朱兰螺旋的主要内容。

5. 简述 GMP 与 ISO9000 的关系。

二、实例分析

1. 2001 年 8 月 24 日，湖南省株洲市食品药品监督管理局接到群众举报：该市多人服用"梅花 K" 黄柏胶囊中毒住院。经调查，发现患者服用的问题"梅花 K"均为广西某制药企业生产。经株洲市药品检验所抽样检验，检出四环素成分。

后经过药品监督管理、公安等部门的调查发现，2000 年 9 月，陕西某制药企业负责人程某某和该制药企业副厂长方某某洽谈生产、销售药品黄柏胶囊，为加大药效，双方商定在黄柏胶囊中掺加已经变质过期的盐酸四环素，同时在这批胶囊说明书上扩大药品功效和适应证，向湖南等地销售，致使发生群体性的中毒事件。

对该涉事药品，根据你掌握的知识对其进行定性；从质量管理角度谈谈你对该事件发生原因的认识。

2. 2006 年 7 月 24 日，青海省西宁市部分患者使用某制药企业生产的克林霉素磷酸酯葡萄糖注射液（即"欣弗"注射液）后，出现胸闷、心悸、心慌、寒战、肾区疼痛、腹痛、腹泻、恶心、呕吐、过敏性休克、肝肾功能损害等临床症状。随后，黑龙江、广西、浙江、山东等地也分别报告发现类似病例。

后经调查发现，该制药企业 2006 年 6 月至 7 月生产的"欣弗"注射液未按批准的工艺参数灭菌，影响了灭菌效果，其无菌检查和热原检查不符合规定。该事件全国 16 个省、自治区、直辖市共报告"欣弗"病例 93 例，死亡 11 人。

通过该事件谈谈你对全面质量管理的体会。

（陈彦蕊）

第三章 药品生产企业概述

学习目标

1. **掌握** 药品生产企业的准入控制和药品生产企业的关键人员组成。
2. **熟悉** 药品生产企业的组织机构。
3. **了解** 药品生产企业的培训流程。

导学情景

情景描述：

　　金秋十月，药学院制药专业的学生，来到了某制药企业参观实习，企业接待人员给学生们介绍了企业的基本情况：企业的历史沿革、组织人员结构、企业布局、生产车间、质量管理、产品情况……

学前导语：

　　药品是特殊商品，我国对药品生产实行许可生产管理制度，药品生产企业必须具备足够数量的药学技术人员、厂房设施设备、质量检验和管理机构，以及规范的生产质量管理制度等必要条件。本章我们将带领同学们学习药品生产企业概况。

第一节　药品生产企业介绍

　　药品生产企业是指生产药品的专营企业或者兼营企业，是应用现代科学技术与设备，自主从事药品的生产、经营活动，实行独立核算，自负盈亏，具有独立法人的经济实体。中华人民共和国成立以来，医药工业从无到有，迅速发展，形成了门类齐全的医药工业体系，是我国国民经济的重要组成部分，与人民群众的生命健康和生活质量等切身利益密切相关，一直是社会公众所关注的重点产业。工信部数据显示，"十四五"以来，我国医药工业主营业务收入年均增速为 9.3%，利润总额年均增速为 11.3%，发展基础更加坚实、产业体系进一步优化，医药工业不断提质增效。同期，全行业研发投入年均增长超 20%，基础研究取得原创性突破。创新药、高端医疗器械等领域创新成果不断涌现，医药储备体系不断完善。

一、药品生产的概念、分类及药品生产企业的准入控制

(一) 药品生产的概念、分类

药品生产是指将原料加工制备成能供医疗用的药物制剂的过程。药品生产根据其最终产品的性质可分为原料药生产和制剂生产两大类。

1. 原料药生产 原料药是指药物制剂生产使用的原材料,是制剂中的有效物质。原料药生产指由化学合成、生物工程技术或从天然物质中提取、精制有效物质的过程。根据原料药的性质和制备方法不同,可分为下列几种类型。

(1)中药饮片生产:中药材指药用植物、动物、矿物的药用部分采收后经产地初加工形成的原料药材。中药饮片通常指中药材经过净制、切制或炮制后的加工品。如片、丝、块、段等称为饮片。中药饮片生产即将中药材净制、切制或炮制成供中医临床或中成药生产配方用原料药的过程。净制方法根据中药材质地与性质,可分为挑、拣、颠簸、搓揉、筛选、刮、摘剥、风选、水选等。切制是将净制后的中药材进行软化,切成一定规格的片、丝、块、段等的过程,常用的切制方法有切、镑、刨、剜、劈等。炮制也为炮炙,方法主要包括烘、焙、炒(清炒、米炒、土炒)、烫、淬、炙(蜜炙、醋炙、酒炙、姜炙、盐炙、油炙)、煨(面裹煨、纸包煨、麦麸煨、滑石粉煨、隔纸煨)等。

(2)化学原料药生产:化学原料药是指由化学合成、植物提取或者生物技术所制备的各种用来作为药用的粉末、结晶、浸膏等,但患者无法直接服用的物质。化学原料药根据它的来源分为化学合成原料药和天然化学原料药两大类。

化学合成原料药又可分为无机合成原料药和有机合成原料药。无机合成原料药为无机化合物(极个别为单质),主要采用无机化工合成方法,其生产工艺与同品种化工产品基本相同,但生产工艺控制、质量要求更加严格,必须符合药用标准。如用于治疗胃及十二指肠溃疡的氢氧化铝、三硅酸镁等。有机合成原料药主要是由基本有机化工原料,经一系列有机化学反应制得的有机化合物(如乙酰水杨酸、氯霉素、盐酸雷尼替丁等)。

天然化学原料药按其来源可分为生物化学原料药与植物化学原料药两大类。生物化学原料药是由生物技术、生物材料制得的生物物质。生物技术包括基因工程、细胞工程、蛋白质工程、发酵工程等。生物材料有微生物、细胞及体液等,属于生物化学范畴,如抗生素类原料、免疫原料的生产。植物化学原料药是在天然资源中获取的物质,品种繁多,制备方法各异,主要是以植物为原料,采用先进的提取、分离与提纯技术获得的有效成分或有效部位。近年来已出现的多种半合成抗生素,则是生物合成和化学合成相结合的产品。在原料药中,有机合成药的品种、产量及产值所占比例最大,是化学制药工业的主要产品。原料药质量的好坏决定制剂质量的好坏,因此其质量标准要求很严,世界各国对原料药都制定了严格的国家标准和质量控制方法。

2. 制剂生产 制剂是指根据国家药品标准,按照一定的剂型、规格要求所制成的,可以最终提供给用药对象使用的具体药品。剂型指为满足疾病诊断、治疗或预防的需要而制备的不同给药形式,常用的有片剂、丸剂、散剂、胶囊剂、颗粒剂、注射剂等。规格指该剂型单位剂量的制剂中规定的主药

含量。制剂生产是根据药品标准,按照处方组成,通过一定技术手段,将原料药加工制成制剂的过程。制剂生产根据其所生产的产品可分为化学药制剂生产、中药制剂生产、生物药制剂生产等。

(二) 药品生产企业的准入控制

药品生产与人们的生命和身心健康息息相关,为了确保药品生产的质量,世界各国对药品的生产通常都实行行政许可制度,即由法定的行政监督管理机关依照法律规定的条件和程序,对开办药品生产企业的申请进行审查,经审查确认符合法律规定的,方予批准,发放许可证书,授予其从事药品生产的资格。

1. 开办药品生产企业申报审批程序

(1)首先在企业所在市县(区)办理营业执照(营业执照上要有性质)。

(2)厂区筹建。

(3)向省级药品监督管理部门申请药品生产许可,取得"药品生产许可证"。

(4)向国家药品监督管理局药品审评中心申请药品注册,取得药品注册批准。

(5)申请药品上市前进行 GMP 符合性检查,GMP 检查符合要求后,药品生产企业方可正式投入生产销售。

2. 开办药品生产企业条件的法律规定
《药品生产监督管理办法》第六条规定,从事药品生产,应当符合以下条件。

(1)有依法经过资格认定的药学技术人员、工程技术人员及相应的技术工人,法定代表人、企业负责人、生产管理负责人、质量管理负责人、质量受权人及其他相关人员符合《中华人民共和国药品管理法》《中华人民共和国疫苗管理法》规定的条件。

(2)有与药品生产相适应的厂房、设施、设备和卫生环境。

(3)有能对所生产药品进行质量管理和质量检验的机构、人员。

(4)有能对所生产药品进行质量管理和质量检验的必要的仪器设备。

(5)有保证药品质量的规章制度,并符合 GMP 要求。

二、药品生产企业的组织机构与岗位设置

机构是企业为实现共同目标而设置的互相协作的团体,而质量目标是企业建立组织机构需要考虑的最重要的目标之一。机构是企业进行质量管理的基本单位。人员是组织机构建立和运行的基础。机构和人员是建立和实施质量体系的重要资源。

生产企业应有组织机构图,所有的负责人员都应有书面规定的明确任务,并应有足以履行其职责的权力,他们的任务可委托给达到相应同等资格水平的代理人。执行 GMP 的有关人员的责任,不应有空缺或不必要的重叠,职责分工不缺项、不漏项;人人有专职,事事有人管;不交叉;重叠的职责要有明确解释,各司其职,实现企业经营管理的有效运转。

(一) 企业组织机构的概念与类型

组织是指为了实现既定目标,按一定规则和程序而设置的多层次多岗位及具有相应人员隶属

关系的权责角色集合。组织机构是把人力、物力和智力等按一定的形式和结构,为实现共同的目标、任务或利益,有秩序有成效地组合起来而开展活动的社会单位。企业组织机构是企业组织内部各个有机构成要素相互作用的联系方式或形式,以求有效、合理地把组织成员组织起来,为实现共同目标而协同奋斗。企业所有战略意义上的变革,都必须通过合理的组织结构来实现。企业组织机构的类型有下列几种形式。

1. 直线制　直线制组织机构是最早也是最简单的组织形式。它的特点是企业各级行政单位从上到下实行垂直领导,下属部门只接受一个上级的指令,各级主管负责人对所属单位的一切问题负责。企业不另设职能机构(可设职能人员协助主管人工作),一切管理职能基本上都由行政主管自己执行。因此,直线制只适用于规模较小、生产技术比较简单的企业。

2. 职能制　职能制组织机构是指各级行政单位除主管负责人外,还相应地设立一些职能机构如在企业负责人下面设立职能机构和人员,协助企业负责人从事职能管理工作。这种机构要求行政主管把相应的管理职责和权力交给相关的职能机构,各职能机构就有权在自己业务范围内向下级行政单位发号施令。因此,下级行政负责人除了接受上级行政主管人指挥外,还必须接受上级各职能机构的领导。它妨碍了必要的集中领导和统一指挥,形成了多头领导,不利于建立和健全各级行政负责人和职能科室的责任制,所以职能制尽管能适应现代化企业生产技术比较复杂、管理工作比较精细的特点,但现代企业一般都不采用职能制。

3. 直线 - 职能制　直线 - 职能制,也叫生产区域制,或直线参谋制。它是在直线制和职能制的基础上,取长补短,吸取这两种形式的优点而建立起来的。目前,绝大多数企业都采用这种组织形式。这种组织形式是把企业管理机构和人员分为两类,一类是直线领导机构和人员,按命令统一原则对各级组织行使指挥权;另一类是职能机构和人员,按专业化原则,从事组织的各项职能管理工作。直线领导机构和人员在自己的职责范围内有一定的决定权和对所属下级的指挥权,并对自己部门的工作负全部责任。而职能机构和人员,则是直线指挥人员的参谋,不能对直接部门发号施令,只能进行业务指导。这种组织形式既保证了企业管理体系的集中统一,又可以在各级行政负责人的领导下,充分发挥各专业管理机构的作用。

4. 事业部制　事业部制是一种高度(层)集权下的分权管理体制。它适用于规模庞大、品种繁多、技术复杂的大型企业,是国外较大的联合公司所采用的一种组织形式,近几年我国一些大型企业集团或公司也引进了这种组织形式。即公司按地区或按产品类别分成若干个事业部,从产品的设计、原料采购、成本核算、产品制造,一直到产品销售,均由事业部及所属工厂负责,实行单独核算独立经营,公司总部只保留人事决策、预算控制和监督大权,并通过利润等指标对事业部进行控制。也有的事业部只负责指挥和组织生产,不负责采购和销售,实行生产和供销分离,但这种事业部正在被产品事业部所取代。还有的事业部则按区域来划分。

5. 矩阵制　矩阵制组织形式是在直线 - 职能制垂直形态组织系统的基础上,再增加一种横向的领导系统,可称之为"非长期固定性组织"。它的特点表现在围绕某项专门任务成立跨职能部门的专门机构上,例如组成一个专门的产品(项目)小组去从事新产品开发工作,在研究设计、试验、制造各个不同阶段,由有关部门派人参加,以协调有关部门的活动,保证任务的完成。这种组织形式是固定的,人员却是变动的,需要谁,谁就来,任务完成后就可以离开。项目小组和负责人也是临时组织和委任的。任务完成后就解散,有关人员回原单位工作。因此,这种组织结构非常适用于横向协作和攻关项目。

(二) 药品生产企业组织机构的设置

药品生产企业组织机构的设置应考虑企业经营机制、药品生产特点、企业规模等因素,使其有利于药品生产、质量及经营管理。药品生产企业应建立与质量管理体系相适应的组织机构,明确各机构的隶属关系、职责范围,以 GMP 规定的药品生产全过程的质量活动为主要依据,制订有关设岗定编规定,使机构设置能做到各部门配合适当、运转自如、高效有序,充分体现出组织机构系统的严密性和协调性。药品生产企业组织机构一般的设置模式见图 3-1。

图 3-1 药品生产企业组织机构图

三、药品生产企业的岗位职责

(一) 关键部门的职责

1. 生产管理部门职责

(1)生产部在生产负责人的领导下,确保药品按照批准的工艺规程生产、贮存,以保证药品质量。

(2)确保能够按生产计划完成生产任务。

(3)确保严格执行与生产操作相关的各种操作规程。

(4)确保批生产记录和批包装记录经过指定人员审核并送质量部。

(5)确保厂房和设备的维护保养,以保持其良好的运行状态。

(6)确保完成必要的验证工作。

(7)确保生产相关人员经过岗前培训和继续培训。

(8)确保厂区卫生状态。

(9)协助完成公司技术革新、技术改造、工程立项、改造及其设计、策划等工作。

(10)建立严格可行的生产系统内部质量管理体系,协助相关部门做好生产中的技术和质量保证工作,发现问题及时组织解决和处理。

(11)建立成本管理体系,完善成本管理结构,在保证质量的前提下不断降低成本。

(12)协助完成对公司各类新老产品工艺的研究开发、小试、中试、试生产及产品的申报工作。

(13)做好公司安全生产的管理工作,定期组织安全检查,落实安全措施,督促整改问题。

案例分析

案例: 某企业从红豆杉中提取紫杉醇用于制备抗肿瘤药物。提取工艺中要求提取次数为 2 遍。某经验丰富的提取工在某次提取操作后发现红豆杉原料的颜色几乎未减褪,因此又提取 2 遍,检验后质量仍合格,产品收率因此提高 30%,该提取工获得了奖励。

如果作为生产管理人员,你认为应该奖励该提取工吗?你也会如此处理该工艺变动吗?

分析: 该员工的做法是错误的。操作工必须严格按照国家药品监督管理部门批准的工艺进行生产操作,不得擅自更改生产工艺。工艺革新是企业持续改进的需要,需企业研究部门按照试验方案进行试验、验证,并报国家药品监督管理部门批准后,方可按新修订的生产工艺进行生产操作。

2. 质量管理部门职责

(1)质量部在公司负责人的领导下,确定本公司的质量方针,对全公司各环节的质量进行监控,确保产品的研制、开发与生产符合国家法规、政策、GMP 管理规定和公司战略要求。

(2)关注国家药品监督管理部门网站的信息,了解相关政策法规,确保公司活动根据国家政策及时调整。

(3)负责公司 GMP 检查工作;负责公司 GMP 文件修订的组织实施及审核,确保所有 GMP 文件经过批准。

(4)确保原辅料、包装材料、中间产品、待包装产品和成品按注册批准的要求和质量标准执行并在规定条件下贮存。

(5)确保在产品放行前完成对批记录的审核。

(6)确保完成所有必要的检验。

(7)确保所有与质量有关的变更经过审核和批准。

(8)确保所有重大偏差和检验结果超标已经过调查并得到及时处理。

(9)确保委托检验、委托生产经过批准。

(10)确保厂房和设备的维护,以保持其良好的运行状态。

(11)确保完成各项必要的确认或验证工作,审核确认或验证方案和报告。

(12)确保自检的实施及完成,以保证公司质量管理体系处于持续受控状态。

(13)确保所有供应商经过批准。

(14)确保所有与产品质量有关的投诉已经过调查,并得到及时、正确的处理。

(15)确保完成产品的持续稳定性考察计划,提供稳定性考察的数据。

(16)确保完成产品质量回顾分析。

(17)确保公司各项风险评估工作的完成。

(18)确保不良反应监测及产品召回工作的执行。

(19)确保质量、技术档案的安全及正确。

(20)参与对老品种的工艺改进、新品种的工艺试制。

(21)负责接待上级药品监督管理人员。

(22)确保企业所有人员经过上岗培训和继续培训。

(23)负责公司已上市产品补充申请注册和再注册工作。

(24)确保所有标签的印刷经过审核及批准,符合国家相关法规的要求。

3. 质量保证(QA)部门职责

(1)监控工艺状态,认定工艺参数的改变对产品的影响,并论证设定的合理性。

(2)根据公司整体质量状况组织质量控制方案,监控产品全程质量。

(3)定期评估工艺或控制方案。

(4)制订产品质量检验标准。

(5)处理客户反馈,依据反馈改善质量控制。

(6)总结产品质量问题并推动相关部门及时解决。

(7)分析工序能力,进行质量改进。

(8)接收工艺流程、控制计划工艺变更通知单。

(9)为纠正质量问题,有权停止现场的生产。

(10)对不合格品做处理判定。

(11)协助生产部分析、处理和解决客户质量问题,满足内外部的质量需求,不断提高产品质量满意度。

(12)制订新产品质量管理计划并监控实施,使新产品质量水平达到预定目标。

(13)配合生产部进行新产品试制及质量控制。

(14)分析最终产品及过程失效原因,并提出改进方案。

(15)如有开发新供应商,协助相关部门对其进行品质方面的稽查。

(16)完成上级委派的其他任务。

(二) 生产车间的职责

1. 生产车间的岗位设置
生产管理系统的组织机构图见图 3-2。

2. 生产车间岗位职责

(1)按照各类有关生产书面文件规定及生产计划要求,在生产过程中防止一切可能发生的差错、混淆和交叉污染。

图 3-2 生产管理系统的组织机构图

(2)制订本车间可用于控制生产的文件,包括生产工艺原始记录及用于生产记录的各类表格。经生产管理负责人复核后,最后由质量管理负责人审核批准实施。

(3)按照制订的各种标准操作规程(standard operating procedure,SOP)进行操作,使设备及生产正常运转,保证产品的质量。

(4)生产过程中实施全面管理,即工艺管理、记录管理、物料平衡管理、生产秩序管理、批号管理、清洁与清场管理、包装和贴签管理、状态和标识管理、验证与再验证管理、安全生产管理和其他必要的管理等。

(5)生产过程中应进行有效的自查,并有相应的书面记录。

(6)生产中出现有不能按 GMP 要求进行且本车间无法克服的异常现象应停止生产,报告生产部部长,并通知质量管理部或其他部门共同处理,不做任何不符合书面规定的行动。

(7)一个批号生产完毕,整理本车间有关记录文件,复核后作为批记录的主要组成部分,送质量管理部门备案。

(8)实施良好的劳动组合,提高工时的有效利用率及设备设施的合理使用,降低成本。

(9)参与新产品投产前的验证及生产产品的再验证工作。

(10)每月应向生产部部长汇报本车间工作的重要情况和出现的各种质量问题。

点滴积累

1. 药品生产根据其最终产品的性质可分为原料药生产和制剂生产两大类。原料药生产分为中药饮片生产和化学原料药生产,制剂生产分为化学药制剂生产、中药制剂生产、生物药制剂生产等。

2. 生产企业应有组织机构图,所有的负责人员都应有明确的职责,人员的责任不应有空缺或不必要的重叠,职责分工不缺项、不漏项,人人有专职,事事有人管,不交叉。

3. 企业组织机构有下列几种形式:直线制、职能制、直线 - 职能制、事业部制和矩阵制等。

第二节　药品生产企业人员资质与职责

质量保证体系的建立和维护,以及药品、原料药的正确生产和管理都要依靠人,因而药品生产企业应配备足够数量并具有适当资质(含学历、培训和实践经验)的人员从事管理和各项操作。应明确规定每个部门和每个岗位的职责,所有人员应明确并理解自己的职责,熟悉与其职责相关的要求,并接受必要的培训,包括上岗前培训和继续培训。不同岗位的人员均应有详细的书面工作职责,并有相应的职权,其职能可委托给具有相当资质的指定代理人。每个人所承担的职责不应过多,以免导致质量风险。岗位的职责不得有空缺,重叠的职责应有明确的解释。

一、企业的关键人员

药品生产企业的关键人员是企业质量保证体系的核心,关键人员至少应包括企业负责人、生产管理负责人、质量管理负责人和质量受权人。

知识链接

生物制品、中药制剂生产企业生产和质量管理负责人任职要求

生物制品生产企业生产和质量管理负责人应当具有相应的专业知识(如微生物学、生物学、免疫学、生物化学、生物制剂学等),并具有丰富的实践经验,以确保在其生产、质量管理中履行其职责。

中药制剂生产企业主管药品生产和质量管理的负责人须具有中药专业知识。除药学专业者外,其他相关专业者还须经中药专业知识的培训和学习,如药用植物学、中药鉴定学、中药化学、中药制剂学、中药炮制学等。

(一) 企业负责人

药品质量责任由企业的法定代表人负责,质量体系的运行需要由最高管理者来指挥,GMP(2010 年修订)规定企业负责人是药品质量的主要责任人,全面负责企业日常管理,为确保实现质量目标、执行 GMP 提供必要的资源配置,合理计划、组织和协调,确保质量管理部门独立履行其职责。

(二) 生产管理负责人

1. 资质　生产管理负责人应至少具有药学或相关专业本科学历(或中级专业技术职称或执业药师资格),具有至少三年从事药品生产和质量管理的实践经验,其中至少有一年的药品生产管理经验,接受过与所生产产品相关的专业知识培训。

2. 主要职责

(1)确保药品按工艺规程和操作规程生产、贮存,以保证药品质量。

(2)确保严格执行工艺规程和生产操作相关的各种操作规程。

(3)确保批生产记录和批包装记录经过指定人员审核并送交质量管理部门。

(4)确保厂房和设备的维护保养,以保持其良好的运行状态。

(5)确保完成各项必要的验证工作。

(6)确保生产相关人员经过必要的上岗前培训和继续培训,并根据实际需要调整培训内容。

(三)质量管理负责人

1. 资质 质量管理负责人应至少具有药学或相关专业本科学历(或中级专业技术职称或执业药师资格),具有至少五年的药品生产和质量管理的实践经验,其中至少有一年的药品质量管理经验,接受过与所生产产品相关的专业知识培训。

2. 主要职责

(1)确保原辅料、包装材料、中间产品、待包装产品和成品符合注册批准的要求和质量标准。

(2)确保在产品放行前完成对批记录的审核。

(3)确保完成所有必要的检验。

(4)批准质量标准、取样方法、检验方法和其他质量管理规程。

(5)审核和批准所有与质量有关的变更。

(6)确保所有重大偏差和检验结果超标已经过调查并得到及时处理。

(7)批准并监督委托检验。

(8)监督厂房和设备的维护情况,以保持其良好的运行状态。

(9)确保完成各项必要的验证工作,审核和批准验证方案和报告。

(10)确保完成自检。

(11)评估和批准物料的供应商。

(12)确保所有与产品质量有关的投诉已经过调查,并得到及时、正确的处理。

(13)确保完成产品的持续稳定性考察计划,提供稳定性考察的数据。

(14)确保完成产品质量回顾分析。

(15)确保质量控制和质量保证人员都已经过必要的上岗前培训和继续培训,并根据实际需要调整培训内容。

知识链接

生产管理负责人和质量管理负责人应共同履行的质量职责

包括:①审核和批准操作规程和文件;②审核和批准产品的工艺规程;③监督厂区卫生状况;④确保关键设备经过确认、仪表校准在有效期内;⑤确保完成生产工艺验证;⑥确保企业所有相关人员都已经过必要的上岗前培训和继续培训,并根据实际需要调整培训内容;⑦批准并监督委托生产;⑧确定和监控物料和产品的贮存条件;⑨保存记录;⑩监督 GMP 规范执行状况;⑪为监控某些影响产品质量的因素而进行检查、调查和取样。

(四)质量受权人

1. 资质

(1)质量受权人应至少具有药学或相关专业本科学历(或中级专业技术职称或执业药师资格),

具有至少五年药品生产和质量管理的实践经验,从事过药品生产过程控制和质量检验工作。

(2)质量受权人应具有必要的专业理论知识,并经过与产品放行有关的培训,方能独立履行其职责。

2. 主要职责

(1)参与企业质量体系建立、内部自检、外部质量审计、验证以及药品不良反应报告、产品召回等质量管理活动。

(2)承担产品放行的职责,确保每批已放行产品的生产、检验均符合相关法规、药品注册要求和质量标准。

(3)在产品放行前,质量受权人必须按照上述第(2)项的要求出具产品放行审核记录,并纳入批记录。

二、药品生产操作人员及质量检验人员

1. 应具有中专或高中以上文化程度,具备专业基础知识和实际操作技能。

2. 从事放射性药品质量检验的人员应具有放射性药品检验技术知识,并取得岗位操作证书;从事放射性药品生产操作的人员应具有专业技术及辐射防护知识,并取得岗位操作证书。

3. 从事中药材、中药饮片验收人员需具有相关的专业知识和识别药材真伪、质量优劣的技能。

4. 从事生产操作的技术工种人员、质量检验人员、计量检修人员、实验动物管理和饲养人员应持证上岗。

5. 从事高生物活性、高毒性、强污染性、高致敏性及有特殊要求的药品生产操作和质量检验人员应具有相关的专业基础知识。

6. 洁净区内生产操作及管理人员(包括维修、辅助人员)应具有卫生学和微生物学的基础知识。

7. 从事血液制品生产、质量检验及其他相关人员(包括清洁、维修人员)应当经过生物安全防护的培训,尤其是经过预防经血液传播疾病方面的知识培训。

案例分析

案例:某制药生产企业口服液车间,口服液灌封机在生产过程中会产生玻璃碎片,每隔一段时间都要清理一下。一操作工清理时,未停机,在清理过程中,手指不小心被机器卷入,造成一个手指被压断一节的后果。

分析:应对生产车间操作工进行安全生产、设备操作、维护 SOP 方面的培训,设备需清理或维修时,应停机。

点滴积累

1. 药品生产企业必须配备足够数量并具有适当资质(含学历、培训和实践经验)的人员。
2. 药品生产企业关键人员中的质量管理负责人和生产管理负责人不得互相兼任。

第三节　药品生产企业人员的培训

人员的素质决定了企业的 GMP 管理水平,应该把提高员工的质量意识和职业技能以及素质教育和人才培养作为企业发展的战略目标来实施,在生产出高质量产品的同时,为员工提供职业生涯设计和良好的生活愿景,实现人与企业的共赢。所有从事药品生产和质量管理的人员必须具有药品质量意识和 GMP 意识。质量是产品的生命,更是一个企业生存与发展的原动力。只有经过培训达到生产质量管理要求素质的人员才能生产出合格的药品。

一、培训的原则

企业应指定部门或专人负责培训管理的工作,应有经生产管理负责人或质量管理负责人审查或批准的培训方案或计划,培训记录应予保存。与药品生产、质量有关的所有人员都应经过培训,培训的内容应与每个岗位的要求相适应。除进行 GMP 理论和实践的基础培训外,还应有相关法规、相应岗位的职责、技能培训和继续培训,继续培训的实际效果应定期评估。高风险操作区(如高活性、高毒性、传染性、高致敏性物料的生产区)的工作人员应接受专门的培训。

对企业人员培训的评定标准应当具体化,对人员培训的要求需要提高到新的高度。培训内容应当注重实际效果,重点是 GMP 相关知识、岗位操作理论知识和实践操作技能,此外还应当包括安全知识等内容。应当制订健全的培训制度、年度培训计划,培训应当有讲义、考核试卷等。对参加培训人员进行记录,并建立培训档案。检查员须检查岗位专业技术培训的内容是否包括与本岗位生产操作有关的产品工艺操作技术、设备操作技术以及相关的技术知识等;检查生产操作人员的个人培训档案,是否有经专业技术培训考核合格上岗的记录等。对于从事原料药生产、中药饮片与制剂相关、生物制品制造以及高风险操作等有特殊要求的人员,应当通过专业技术培训,并经考核合格后方能上岗。

二、培训的要求

1. 药品生产企业进行的培训至少要包括 GMP 培训、专业培训、EHS〔environment(环保)、health(健康)和 safety(安全)的缩写〕培训。专业培训包括基础培训和特定的技能培训。

2. 所有员工要接受 GMP 管理和知识培训,GMP 的再培训每年至少进行一次。

3. 员工的特定操作类培训应当由接受过教育和培训、具有经验的督导主管来实施。操作人员在批记录或检验记录中的签字权,需要对其进行资质的确认或培训、审核合格后,由相关部门的负责人批准。

4. 未经培训的员工不得上岗。

5. 要制订 GMP 培训计划,及时按计划实施并保留培训记录。

培训记录内容

包括培训者姓名、培训内容、参加培训人员范围、培训形式、培训评价方式和结果、培训讲师和培训时间。

三、培训的流程

培训流程可以定义在企业的培训管理程序中。药品生产企业可以根据自己的实际情况制订适合的培训流程。一般来说,培训流程可分为 6 个基本步骤,即培训需求调查与分析—培训计划的制订—培训计划的组织实施—培训效果评估与考核—培训记录归档与管理—年度培训总结。

1. 培训需求调查与分析 培训需求调查范围至少要包括 GMP 强制性法规的培训需求;企业 EHS、生产质量等体系的文件培训需求;新文件或修订文件的培训需求;公司内外部审计检查(即纠正与预防系统)要求培训需求、专业技能类培训需求(包括内训与外训)、管理技能类培训需求、提高员工个人素质培训需求等。

2. 培训计划的制订 培训计划是企业实施培训的基础。按培训计划实施培训的目的就是保证员工(培训对象)持续地(培训周期)获得需要的培训(培训内容)。因此,一般来说,培训计划需要包含 3 个重要的因素:培训对象(培训目标组)、培训课程(培训内容)、培训周期。

生产企业年度培训计划至少要包括三大内容:GMP 类、EHS 类和专业技能类。部门年度培训计划应包括 EHS、GMP、生产质量等新文件或修订文件、新产品生产工艺、新设备操作、新进员工培训及转岗再培训等。培训年度计划可半年调整一次,调整后的培训计划需要重新审核、批准。

各部门需要根据岗位的不同,制订岗位培训清单,以便于新进员工和转岗员工的培训。岗位培训清单每年要更新一次。岗位培训清单的起草人可由部门经理或车间经理指定,由部门经理审批。

3. 培训计划的组织实施 为了保证培训的效果,药品生产企业可以根据培训的内容,采取不同的培训方式来实施培训。培训的方式一般包括如下方式。

(1)课堂学习:培训者讲解,被培训者学习的培训形式。适用于一般性的 GMP 培训。

(2)岗位实际操作学习:培训者讲解、演示,被培训者模仿、完成操作的培训形式。适用于需要深度学习的专业操作和技能。

(3)团队学习:以小组讨论的形式来完成培训。适用于对新法规、新动态进行团队讨论形式的学习和交流。

(4)自学:员工自行完成相应的培训内容。适用于简单的培训内容和有自学能力的员工。

(5)计算机化的 GMP 培训。

(6)专业机构的专项培训:外部专业公司或培训公司组织的培训。对于法规规定的特种作业,如电工、焊接、压力容器的操作等,必须经有资质的培训机构的培训并获得相应的资质证书。

4. 培训效果评估与考核 GMP 规定继续培训的实际效果应定期评估。所以,药品生产企业需要对员工的培训进行评估,以保证员工的培训达到了相应的效果。培训的评估可以针对每次的具体培训,也可以针对全员的 GMP 素质。

培训效果评估分为针对培训课程和讲师的评估和针对学员接受培训效果的评估两种。每次培训结束后,若没有进行书面考试,可采用"培训效果评价表"进行培训效果评价,评价方式可灵活多样,包括现场提问、现场操作或模拟操作等考评方式。

培训后的考试试卷标头需要包括如下内容:试卷标题、部门、考试人签名与日期、分数、评卷人签名与日期。试题题型可以灵活多样。

知识链接

新员工及转岗员工培训

新员工上岗前必须依次接受公司级、部门级、岗位级三级新员工培训,并经考核合格方可上岗。当公司招收了新员工时就产生了此培训需求。转岗员工或经过较长时间不在岗后重新上岗人员应重新接受培训,不同部门间换岗的员工也必须接受部门级及岗位级培训,同一部门内部换岗的必须接受岗位级培训。

对特殊工种的人员和特殊技能操作的人员,培训管理部门(如人力资源部)可委托有资格培训的机构进行培训,考核取得资格证书后,持证上岗。

5. 培训记录归档与管理 培训的整个流程都需要有文件记录。培训的文件一般包括:培训教材、培训计划、培训方案、培训记录、测试卷、培训总结等。

每次培训须保留培训签名表、培训效果评价表、培训所用教材(SOP 培训不需要提交 SOP 文件),由培训管理部门归档。培训管理部门负责做好这些培训原始记录的整理和归档工作,包括根据签名表将培训内容和结果汇总在每位员工的培训记录中。

培训管理部门必须为每位员工建立一份培训档案,档案中保留该员工自进入公司之日起参加各类培训的证明材料,包括试卷、资格证书等接受培训的证明材料。培训档案中还应包括员工的学历证明材料、履历等证明该员工教育背景、从业经验和接受培训经历的相关材料。培训管理部门负责对员工接受培训的情况进行汇总。

知识链接

培训档案

包括个人培训档案(汇总表和档案袋);企业级年度培训档案(有签名表、评估表、教材);部门级年度培训档案(有签名表、评估表、教材);年度培训需求调查计划和总结。为方便查阅追踪,档案按时间排序(个人档案袋除外)。国外一些药企对于原始培训记录一般要求保存七年。

6. 年度培训总结 培训管理部门每年要有年度培训情况总结。其中 GMP 类由质量负责人审核,EHS 类由 EHS 负责人审核。培训总结内容应包括计划实施情况、人均培训时间、培训效果分析、存在问题及下年度改进建议等,以便供公司管理层在制订下一年度培训计划时及改进培训计划时参考。

点滴积累

1. 药品生产企业与药品生产、质量有关的所有人员都应经过培训,培训的内容应与每个岗位的要求相适应。
2. 药品生产企业进行的培训至少要包括 GMP 培训、专业培训、EHS 培训。专业培训包括基础培训和特定的技能培训。
3. 培训管理部门必须为每位员工建立一份培训档案。

实训项目四　绘制药品生产企业组织机构图

一、实训目的

1. 熟悉组织机构的类型与特点。
2. 了解药品生产企业组织机构设置。
3. 学会药品生产企业组织机构图的绘制方法。

二、实训内容

参观药品生产企业,了解企业组织机构设置与职责,绘制组织机构图。以实训小组为单位按照下列步骤进行训练。

1. 利用网络或其他工具方法,根据实训内容,收集组织机构类型与企业组织机构相关的资料,为实训项目提供依据。
2. 走访不同的药品生产企业,详细了解企业的组织设置。
3. 根据企业组织设置,绘制组织机构图。
4. 分组讨论组织机构设置的适宜性。

三、实训注意

掌握检索资料的基本技能和熟悉组织机构的类型,是完成本实训项目的关键,教师应着重指导。学生实际操作时要注意理清各组织的相互关系与职责。

四、实训检测

1. 组织机构设置的适应性对企业发展的影响有哪些?
2. 哪种组织机构模式比较适应中型药品生产企业的经营?

五、实训报告

提供企业的机构设置,准确绘制组织机构图。

六、实训评价

从以下几方面对实训进行评价:

1. 实训前资料搜集情况。
2. 独立绘制能力。
3. 组织机构图的正确性、合理性。
4. 组织机构图的美观性。
5. 实训报告。

实训项目五 编制人员培训计划

一、实训目的

1. 熟练掌握人员培训计划内容和要点。
2. 熟悉人员培训的流程。
3. 学会编制人员培训计划。

二、实训内容

1. 设定接受培训的人员为新建药品制剂生产企业生产管理人员和质量管理人员。
2. 学生利用网络或其他工具方法,收集药品制剂生产企业人员培训信息资料。
3. 将学生分成两组,分别编制新建药品制剂生产企业生产管理人员和质量管理人员的培训计划。

4. 训练对新建药品制剂生产企业生产管理人员和质量管理人员的培训计划进行审核批准。

三、实训注意

（一）实训步骤

1. 课前学生按照教师要求,收集药品制剂生产企业人员培训信息资料,应包括 GMP 类、EHS 类和专业技能类以及生产质量等文件。

2. 学生分成两组,根据人员岗位分别编制新建药品制剂生产企业生产管理人员和质量管理人员的培训计划。人员培训计划编制完成后,两组分别扮演生产、质量管理负责人交叉对对方组编制的培训计划进行审核批准。

3. 两组交换角色,重新编制人员培训计划并进行审核批准。

4. 教师评判和总结。

（二）实训提示

人员培训计划编制实训开展前收集新建药品制剂生产企业相关信息,熟悉 GMP 及相关法规的要求及培训流程和培训计划要点,是顺利进行的重要条件,教师务必在进行角色分配时重点强调,并对编制培训计划要点如"培训对象(培训目标组)、培训课程(培训内容)、培训周期"和技巧进行提醒和总结。

四、实训检测

1. 编制人员培训计划的要点是什么?

2. 人员培训的流程是什么?

3. 人员培训档案的主要内容是什么?

五、实训报告

1. 提供新建药品制剂企业生产管理人员、质量管理人员培训计划。

2. 提供新建药品制剂企业生产管理人员、质量管理人员培训计划的审核意见和建议。

六、实训评价

从以下几方面对实训进行评价:

1. 实训前资料搜集情况。

2. 独立编制培训计划的能力。

3. 编制培训计划的合理性和正确性。

4. 编制培训计划的创新性。

5. 实训报告。

习题

目标检测

简答题

1. 开办药品生产企业法律规定的条件是什么？

2. 写出培训流程及文件培训的主要内容。

3. 质量受权人的主要职责是什么？

（张 静）

第四章　卫生管理

学习目标

1. **掌握**　人员进出洁净生产区的更衣程序及生产车间的卫生要求；灭菌法的定义及灭菌常用方法。
2. **熟悉**　生产车间的卫生要求；设施设备的清洁。
3. **了解**　生产区域清洁卫生要求；设施设备的消毒及清洁验证的相关要求。

导学情景

情景描述:

　　哈尔滨市民某女士患有高血压,一直在吃降压药拉西地平,可是在一次吃药的时候,发现药里面有一个小黑点,用手扒开后发现里面是根头发,吓得血压更高。

学前导语:

　　人是药品生产制造者和质量的控制者,也是生产中最大的污染源和污染最主要的传播媒介。案例中存在卫生不符合要求的问题,导致药品质量不符合规定,严重影响患者用药的安全和健康。在药品生产过程中加强卫生管理是保证药品质量的重要内容。本章我们将带领同学们学习 GMP 对药品生产企业的生产环境卫生、人员卫生、物料卫生的要求,以保障药品的质量和患者用药的安全。

第一节　生产环境卫生

一、生产车间的卫生要求

(一) 基本卫生要求

　　1. 生产车间卫生要求　生产车间卫生必须符合要求。相关人员按照 SOP 清洁生产操作间及走道,以保证清洁、干燥、整齐,并及时填写清洁记录。在生产车间内,应保持安静,禁止跑、跳,以免带入灰尘;应随手关门,无特殊情况,禁止随意开门、开窗。生产区域不得存放与药品生产无关的物品或杂物,生产中的废弃物应及时处理。操作间、生产设施设备、称量器具等均应有卫生状态标志。

　　2. 人员、物料进出要求　人员、物料要在规定的通道出入,人流、物流分开。非生产人员一律不得私自进入生产区,经批准方可进入;各部门管理人员进入生产区,要严格执行生产区的卫生管理规程;人员进出洁净区有严格的监控和管理制度,严格控制洁净区的人数。非生产用品不得带入生产区,不得在生产区内吸烟、吃饭、睡觉、会客,不得从事与生产无关的活动;物料进入厂房必须对外表面进行除尘或清洁,应分类、定量、定点码放整齐,并有明显的物料标签,防止交叉污染和差错。

3. 洁净区清洁消毒要求 洁净区应有清洁消毒规程,并严格执行,记录完整。洁净区内应使用无脱落物、易清洗、易消毒的卫生工具,卫生工具要存放于对产品不造成污染的指定地点,并应限定使用区域。清洁用清洁剂、消毒剂应严格按照标准操作规程配制和交替使用。

4. 设备卫生要求 凡与药品直接接触的设备内表面须光洁、平整、易清洁或消毒、耐腐蚀,不与所生产的药品发生化学变化或吸附所生产的药品。设备润滑剂、冷却剂等不得对药品或容器造成污染,如与药品直接接触应使用药用或食用级润滑剂、冷却剂。易产生粉尘的生产操作,其生产设备应有捕尘及排除异物的装置,并能有效防止粉尘飞扬或交叉污染。洁净车间示例见图 4-1。

图 4-1　洁净车间示例图

(二) 生产区的卫生管理

1. 一般生产区卫生管理

(1)环境卫生:厂房内不得有啮齿类动物及其他害虫,并防止蚊蝇进入。窗明壁净见本色,无积尘、无霉斑、无渗漏、无死角;地面光滑、平整、清洁、无积水、无杂物。楼道、走廊不得放置任何生产用具或其他用品,不得堆放成品及半成品,保持运输通道的清洁、畅通。垃圾桶应放置在指定位置,生产中的废弃物应及时清除到垃圾桶内,加盖,每天生产结束后清除,并将垃圾桶清洗干净,保证卫生。生产区内应设置洁具室,配备相应的清洁、消毒工具,通风良好,厂房清洁。用具使用后及时放入洁具室清洁干净,生产岗位不得存放清洁工具,清洁(消毒)工具及清洁剂(消毒剂)要分别放置在洁具室指定位置,不能造成对药品生产环境的污染。

> **课堂活动**
> 保持环境卫生,对药品质量起到什么作用?

(2)原辅料的卫生:原辅料、包装材料的包装要求完好,无受潮、混杂、变质、发霉、虫蛀、鼠咬等现象,符合质量标准。检验合格后,经质量管理部门批准放行并在有效期内或复验期内方可进入车间。原辅料存放在规定区域,按照品种、规格、批号码放整齐,有状态标识。原辅料进入操作车间,应在拆包间脱去外包装(如不能脱去外包装的,应将外包装清洁干净),保证清洁、无尘,码放在规定位置,禁止随意堆放。工作结束后,应将剩余原辅料整理、包装好(封口),贴上物料标签,及时结料、退料。

(3)设备卫生:机器、设备、管道应按规定清洗、消毒、灭菌。生产中使用的各种设备器具应清洁,设备使用前确认应清洁,表面不得有异物、残留物、霉斑等;设备、器具用完后应立即按清洁规程清洁消毒,必要时灭菌后使用,有详细记录;设备周围要做到无油垢、无污水及杂物。设备内表面与加工的物料接触后不得发生反应,不得向加工物释放物质或吸附加工物,不得结垢;产尘多而又暴露的加工设备应加以封闭或遮盖;设备使用的润滑剂或冷却剂不得对药品或者设备造成污染。设备管道、管线排列整齐并包扎光洁,无跑、冒、滴、漏现象;所有的管道应有标识,标注输送的介质内容和流向。不用的工具应存放在指定的工具柜内,整齐码放,由车间主任指定专人保管。

(4)生产过程的卫生:岗位安排合理,操作不得互相妨碍,不得产生交叉污染。各生产车间应按照清洁标准操作程序进行清洁,保证卫生。生产前确认生产所用的各种器具、容器应清洁,表面不得有异物、残留物;更换品种时要严格执行清场管理规程,不得存放与药品生产无关的物料、杂物和个人物品;清洁用具及清洁剂、消毒剂应存放在各区域洁具室的指定位置,以避免药品生产过程造成污染。潮湿、高温区域应注意防止发霉及微生物污染,不得有霉斑、菌团。生产工作间、设备应有卫生状态标识。

清场管理规程

(5)个人卫生:随时保持个人清洁卫生,做到勤剪指甲、勤理发、勤剃须、勤洗衣服、勤洗澡。工作前洗干净手,不涂化妆品,上岗时不佩戴饰物、手表;工作时严禁坐在地上,避免工作服受到污染;离开工作场地(包括吃饭、上厕所)必须脱掉工作服装。不携带个人物品进入生产区及实验室,不在生产区及实验室内吃东西。

2. 洁净区卫生管理 洁净区除执行一般生产区环境卫生管理制度外,还必须达到以下几方面的要求。

(1)环境卫生:洁净区必须做到所有的建筑物表面光滑、平整、完好,无裂缝,接口严密,无颗粒物脱落,无卫生死角,无渗漏现象发生,并能够耐受多种清洁剂反复清洗和消毒。

(2)原辅料的卫生:进入洁净区的原辅料、内包装材料及工具均要在物净室除去外表的灰尘、异物后再进入缓冲间,在缓冲间脱去外包装后消毒进入洁净区的贮存室。原辅料的称量通常应当在专门设计的称量室内进行。在洁净区内使用的物料量应控制在生产所需的最低限度,洁净区内不得存放多余的物料及与生产过程无关的物料,避免交叉污染。

(3)设施设备的卫生:洁净区使用的设备、容器、工具等直接接触药品的部位,生产前均需要按各自的消毒规程消毒后方可使用。产尘多的工作间应增设局部除尘设施,在该工序生产开始前5~10分钟启动除尘机。洁净区的清洁工具必须采用不脱落纤维的材料,使用后按洁净区卫生工具清洁、消毒、干燥程序进行操作。所有传递窗、传递门是洁净区与非洁净区之间的隔离设施,两边的门不得同时打开,传递门不使用时要切断电源,防止非生产人员由传递门进入清洁区。工作时门必须关紧,尽量减少出入次数。

（4）生产过程中的卫生：洁净区内操作人数应控制到最低限度，限制非操作人员进入。进行各种操作活动要稳、准、轻，不做与工作无关的动作，以免造成污染。洁净区不得24小时生产，每天必须有足够的时间用于清洁与消毒，更换品种要保证有足够的时间间歇、清场、清洁与消毒；每班生产工作开始时必须在净化空调系统开机运行规定时间后检查温度、湿度、压差，符合要求后方可进行；一个产品生产完成后，必须按清场管理制度进行清场，清场后要挂上状态标志牌。洁净区内的废弃桶应是洁净和不产尘的，应放在指定地点；生产过程中产生的废弃物应及时装入废弃桶内洁净的塑料袋中密闭存放，并按规定在工作结束后将其及时经过专用传递窗清除出洁净区。洁净区清洁间和清洁工具除应符合一般生产区的清洁要求外，还应保持清洁间干燥；清洁工具台、抹布等要及时干燥，防止产生霉菌。清洁剂、消毒剂应替换使用，以免微生物产生耐药性菌株。

（5）控制进入洁净区物品：各种容器、设备、工具需用不产尘的材料制作，包括所用纸笔均应不产尘，不能用铅笔、橡皮，应用黑色中性笔，并按规定程序进行清洁、消毒后方可进入洁净区。严禁携带与生产无关的物品进入洁净区，如食品、香烟、自己服用的药物、首饰、化妆品、手帕、卫生纸、钱包、打火机等。洁净区内的物品不得拿到非洁净区使用。

3. 工作服（洁净服）的卫生管理　药品生产所使用的工作服应包括衣、裤、帽、口罩、鞋、鞋套等，其选材、式样及穿戴方式应与所从事的工作和工艺规程要求的洁净度级别要求相适应。工作服和防护服应根据其所在药品生产企业不同的生产工艺、生产区域而调整，它的作用是防止生产员工对药品的污染并保护操作人员不受生产环境不良因素的危害。工作服和防护服质地应光滑、不产生静电、不脱落纤维和颗粒物，能被方便地清洗、灭菌、消毒，且质地不受到影响或损害。在没有洁净要求的一般生产区可选用棉材料，控制区可选用涤纶和尼龙材料，洁净区必须选用防静电的材料。无菌工作服应能包盖全部头发、眉毛、胡须及脚部，并能阻留人体脱落物和身体散发的微粒。

二、生产区域清洁卫生

知识链接

生产区域清洁卫生的基本原则

每个岗位必须有专用的清洁工具，不得跨区使用，清洁工具使用后按清洁工具清洁规程处理，存放于清洁工具间指定位置，并设有标识；生产岗位洗手池不得清洗私人物品；清洁工必须遵守各项卫生规程。

根据不同的生产要求，各生产区域的清洁规程有所区别，现介绍如下。

（一）一般生产区的清洁与消毒

1. 清洁频率及范围　每天操作前和生产结束后各清洁1次，主要工作是清除废弃物，并清洗废物贮器；擦拭操作台面、地面及设备外壁；擦拭室内桌、椅、柜等外壁；擦去走廊、门窗、水池及其他设施上的污迹。每周工作结束后进行全面清洁1次，主要清洁内容有擦洗门窗、水池及其他设施；刷洗废物贮器、地漏、排水道等处。每月工作结束后进行全厂大清洁，清洁范围是对墙面、顶棚、照明、消防设施及其他附属装置除尘,全面清洁工作场所。

2. 清洁工具、清洁剂与消毒剂 一般生产区的清洁工具有拖布、水桶、笤帚、抹布、吸尘器、毛刷、废物贮器。清洁剂有洗衣粉、洗涤剂、药皂等;消毒剂采用 0.1% 苯扎溴铵溶液、75% 乙醇溶液等。

3. 清洁消毒方法 每班操作完毕,先按照清场标准操作规程进行清场,按照设备、容器具清洁规程清洁;收集整理操作台面和地面,将废弃物收入废物贮器,用饮用水湿润的抹布擦拭各操作台面和侧面;用专用拖布浸饮用水擦拭(必要时可先用饮用水冲洗,然后再擦拭)地板;用饮用水湿润抹布擦拭墙壁和门窗、顶棚,自然干燥,必要时借助登高工具或用适宜工具擦拭;地漏的清洁按照"地漏清洁消毒操作规程"执行。每周清洁后,用消毒液对室内进行喷洒消毒,卫生间每天用消毒剂喷洒消毒 1 次。清洁完毕后,填写清洁记录。

4. 清洁效果评价 现场无任何废弃物、无上次生产遗留物,用手擦拭任意部位应无尘迹和脱落物。废弃物贮器完好,外表清洁;工作台面整洁,无肉眼可见污渍和尘埃,用净手触摸,无油污感;在工作光线下观察,手上不得染有油污和尘埃;地面无杂物、无积水、无肉眼可见污渍;墙面、捕虫装置无肉眼可见的尘埃、污渍和真菌斑,墙角无蛛丝,用净手触摸,无油污感;玻璃应光亮透彻,无擦拭后水迹及任何残余痕迹;天棚、门窗、照明器具等无肉眼可见的尘埃、污渍、真菌斑和蛛丝,不得有肉眼可见异物脱落。捕虫、鼠装置应每天检查并填写检查记录。地漏的清洁标准按照"地漏清洁消毒操作规程"执行。

(二) D 级洁净区的清洁与消毒

1. 清洁频率及范围 每天生产操作前、工作结束后进行 1 次清洁,直接接触药品的设备内表面清洁后再用消毒剂进行消毒。清洁范围为清除并清洗废物贮器,清洁布蘸纯化水擦拭墙面、门窗、地面、室内用具及设备外壁。每周工作结束后,进行清洁、消毒 1 次。清洁范围是室内所有部位,包括地面、废物贮器、地漏、灯具、排风口、顶棚等。每月生产结束后,进行大清洁消毒 1 次,包括拆洗设备附件及其他附属装置。根据室内菌检情况,决定消毒频率。

2. 清洁工具、清洁剂与消毒剂 清洁工具有拖布、清洁布(不脱落纤维和颗粒)、毛刷、塑料盆。清洁剂有纯化水、75% 乙醇溶液、0.1% 的氢氧化钠溶液、1% 的碳酸氢钠溶液等。消毒剂采用 0.1% 苯扎溴铵溶液、75% 乙醇溶液、5% 甲酚皂溶液、碳酸钠溶液等。消毒剂定期交替使用,消毒剂从配制到使用应符合相关要求。

3. 清洁消毒方法 清洁程序为先物后地、先内后外、先上后下。用清洁布蘸纯化水擦拭 1 遍,必要时用清洁剂擦去污迹,再用消毒剂消毒 1 遍。输液车间地面以纯化水冲洗为宜,控制微粒;粉针车间使用的消毒剂以碱性为宜,以破坏头孢类药物残留物。

4. 清洁效果评价 目检各表面应光洁,无可见异物或污迹。每月环境用臭氧消毒 2 小时。QA 定期检测尘埃粒子、浮游菌、沉降菌,应符合标准。

(三) C 级洁净区的清洁与消毒

1. 清洁频率及范围 操作间每天生产前、工作结束后进行 1 次清洁、消毒,每天用臭氧消毒 60 分钟。清洁范围包括操作台面、门窗、墙面、地面、用具及其附属装置、设备外壁等。每周工作结束后,进行全面清洁、消毒 1 次。清洁范围是以消毒剂擦拭室内一切表面,包括墙面、照明和顶棚。每周室内空间用臭氧消毒 2 小时;根据室内菌检情况,确定消毒频率。如倒班生产,两班清洁时间间隔应在 2 小时以上。

2. 清洁工具、清洁剂与消毒剂　清洁工具有拖布、清洁布(不脱落纤维和颗粒)、毛刷等。清洁剂有纯化水/注射用水(根据需求)、75% 乙醇溶液、0.1% 的氢氧化钠溶液等。用于表面消毒的消毒剂有 0.1% 苯扎溴铵溶液、5% 甲酚皂溶液、75% 乙醇溶液等；用于空间消毒的有甲醛、臭氧等。消毒剂定期交替使用,消毒剂从配置到使用应符合相关要求。

3. 消毒方法　先用洁净的抹布,用消毒剂润湿后,擦拭各台面、设备表面,擦拭墙面和其他部位,最后擦拭地面。操作室每天清洁后,每周按臭氧消毒规程对房间进行消毒。清洁程序应遵循先物后地、先内后外、先上后下、先拆后洗、先零后整的擦拭原则。

4. 清洁效果评价　目检各表面应光洁,无可见异物或污垢。QA 对尘埃粒子、沉降菌、浮游菌、表面微生物进行检测,应达标准。

(四) A/B 级洁净区的清洁与消毒

1. 清洁频率及范围　操作间每天生产前、工作结束后进行 1 次清洁、消毒;清洁范围包括操作台面、门窗、墙面、地面、用具及其附属装置、设备外壁等。每天工作结束后,进行全面清洁、消毒 1 次;清洁范围是以消毒剂擦拭室内一切表面,包括墙面、照明和顶棚。每天室内环境用臭氧消毒 2 小时。

2. 清洁工具、清洁剂与消毒剂　清洁工具为经灭菌的清洁抹布(不脱落纤维和颗粒)。清洁剂有注射用水、75% 乙醇溶液等。用于表面消毒的消毒剂有异丙醇、季铵盐、75% 乙醇溶液等;用于空间消毒的有臭氧等。各种消毒剂定期交替使用,消毒剂从配制到使用不超过 24 小时,需进行 0.22μm 滤膜过滤。

3. 清洁效果评价　目检各表面应光洁,无可见异物或污垢。检测尘埃粒子(在线监测)、浮游菌、沉降菌、表面微生物,应达标准。

(五) 其他方面的清洁与消毒

1. 地漏的清洁与消毒　在每个工作日下班前或每批生产结束后的清场过程中进行清洁并消毒,清洁后应无味、无异物。常用的消毒剂有 5% 甲酚皂溶液、0.1% 苯扎溴铵溶液。清洁地漏时,不得将水封打开,以防止下水道内的废气倒灌入生产区。一般生产区先打开地漏盖板,用毛刷蘸清洁剂将地漏盖板刷洗干净,用饮用水将表面的清洁剂冲洗干净,最后用大量饮用水将地漏内残存的污物冲入下水道内。大于 C 级洁净区先用毛刷蘸清洁剂将地漏槽、水封盖外壁刷洗干净,然后用大量纯化水将地漏槽内以及水封外壁表面的清洁剂冲入下水道内。消毒时将配制好的消毒剂倒入地漏水封槽内,用毛刷将消毒液均匀涂布于地漏盖板、地漏水封槽、水封盖板外壁表面。

2. 水池的清洁与消毒　洁净区盥洗室的水池每班清洁两次,其他每天清洁一次,最后一次清洁后往水封中添加 500ml 消毒液。用抹布擦洗水池内壁、外壁至清洁。若要进行消毒,则用抹布蘸取消毒液擦拭水池内外壁,保持 10 分钟后用水冲洗或用水润湿的抹布擦拭。若使用 75% 乙醇溶液消毒,则直接用润湿 75% 乙醇的洁净抹布擦拭,自然晾干即可。

3. 风口的清洁与消毒　用纯化水浸湿的洁净布进行清洁,再用洁净干抹布擦干,用蘸消毒液的洁净布擦拭消毒。产尘多的生产区域(如干燥间、混合间、内包间等),每日清洁风口,每月将风口拆下清洁,拆下的风口用纯化水冲洗至目测无污物,用干燥的洁净抹布擦拭干净后装上,每周消毒一次。其他生产区域和公共区域每周清洁并消毒一次。

4. 工作服的清洁与消毒 药品生产企业对人员防护服的清洗、消毒、灭菌应制订规程,最好在单独设置的洗衣间内进行操作,并制订工作服清洗周期。不同空气洁净度级别使用的工作服应分别清洗、整理,必要时消毒或灭菌。工作服洗涤、灭菌时不应带入附加的颗粒物质,应确保其不携带有污染物,避免污染洁净区;工作服在式样和颜色上应能区分不同的生产和洁净级别区域。

5. 非机械类清洁工具的清洁与消毒 根据清洁工具的类型和污染程度不同进行分类,添加适量清洁剂,分别投入清洁工具专用洗衣机或水池内进行清洗,至清洗水澄清为止,必要时进行消毒或灭菌。清洗完毕的清洁工具脱水或拧干后用消毒剂浸泡 10 分钟,消毒后脱水或拧干;若是在一天内连续使用,可在一个工作日结束后消毒,中间只清洗即可。脱水或拧干后的清洁工具,展开、晾干;晾干后应整齐叠放在规定区域。A/B 级区使用的清洁工具在脱水后应放入灭菌柜中灭菌。

6. 清洁工具的清洁与消毒 先使用清洁剂刷洗本类清洁工具至清洗水澄清,而后用水冲洗两遍。将已清洗的本类清洁工具放入消毒剂中浸泡 10 分钟;不能浸泡的清洁工具可用消毒剂擦拭两遍,而后擦干或晾干,放于存放区。若是在一天内连续使用,可在一个工作日结束后消毒,中间只清洗即可。清洁工具分区、分类专用,不得混用;已清洁的清洁工具应根据类别分区存放,未清洁的清洁工具暂放于指定地点,以待清洁;抹布类清洁工具目视检查轻度污染者清洗后可重复使用,若重度污染,应作废弃物丢弃处理;清洁工具应在规定的区域清洗。洗衣机根据洁净级别不同分区专用;清洗工作服和洁具的洗衣机应专属使用,不得混用。

7. 洗衣机、烘干机的清洁与消毒 先关闭电源,将洗衣机、烘干机可拆卸部件拆卸清洗,内表面用水擦洗三遍;使用洁净抹布蘸取消毒剂,擦拭洗衣机、烘干机内表面两遍,之后再用水清洗内表面两遍,抹干即可;若是在一天内连续使用,可在一个工作日结束后消毒;内外表面目视无污渍。

三、设施设备的清洁、消毒及清洁验证

> **案例分析**
>
> 案例:1988 年,消胆胺成品制剂从市场上被撤回,原因是生产该制剂的原料药在生产中用到的回收溶媒受到农业杀虫剂的污染。贮存杀虫剂的回收溶媒桶被重复地用于贮存该药品生产中的回收溶媒,且工厂没有对这些溶媒桶进行有效的监控,没有对其中的溶媒进行有效的检验,没有对桶的清洗规程进行验证,导致了交叉污染的发生。
>
> 处理结果为涉事药品启动召回措施,涉事单位收回 GMP 证书。
>
> 分析:药品生产的每道工序完成后,及时对设施设备等进行清洗是防止药品污染和交叉污染的必要措施。设备和相关容器的清洗必须按照清洁规程进行,而清洁规程也必须是经过清洁验证而确认的。而本案例中工厂没有对这些溶媒桶进行有效的监控,没有对其中的溶媒进行有效的检验,没有对桶的清洗规程进行验证,残留物进入生产过程,导致交叉污染的发生,造成产品严重污染,严重威胁了患者的健康。

设施设备的清洁工作是药品生产卫生管理的一个重要组成部分,由于物料直接与设施设备接触,设施设备的清洁工作直接影响产品卫生,因此设施设备的清洁应符合要求。

(一)设施设备的清洁、消毒要求

1. 基本要求

(1)制订清洁程序和使用管理程序:使用后的设备、容器、管道应及时清洁或消毒,应能保证设备经清洁后不对后续使用造成污染或交叉感染。设备、容器具的清洁程序应包括清洁周期、清洁方法、清洁检查等内容,应有明确的关键设备的清洗验证方法,清洗过程及清洗后检查的有关数据要有记录并保存。

(2)生产设备及容器具的卫生级别:生产设备及容器具的卫生应与生产区域卫生级别相适应,便于生产操作,易于拆洗、消毒和灭菌。某些可移动的设备可移到清洁区进行清洁、消毒和灭菌,并按要求放置;不可移动的设备应按设备清洗 SOP 进行清洗。高级别洁净区药品生产采用的传送设备不得穿越较低洁净级别的生产区域。

(3)无菌药品生产设备的清洗:直接接触药品的部位和部件必须灭菌,并标明日期,必要时要进行微生物学的验证。同一设备连续加工同一无菌产品时,每批之间要清洁灭菌;同一设备加工同一非无菌产品时,至少每周或每生产 3 批后进行全面的清洗,经灭菌的设备应在 3 天内使用。

(4)清洁剂和消毒剂的使用要求:对设备清洁中使用的清洁剂、消毒剂的名称、浓度规定、配置要求、适用范围及原因等要作出明确规定和相关要求。主要包括:每种清洁剂适用的物质;清洁剂和消毒剂使用的清洁环节;清洁作业所需的清洁剂和消毒剂的浓度;最佳使用温度;清洁剂、消毒剂发挥作用所需的作业参数,如搅拌力度、次数、清洁剂和消毒剂发挥作用需要的时间等。使用后的消毒剂不应对设备、物料和成品等产生污染。消毒剂应轮换使用,以保证消毒效果。

(5)清洗用水或溶剂的相关要求:对设备清洁中使用的清洗用水或溶剂应作出明确规定和相关要求,用于设备清洗用水和清洗用溶剂应该不含致病菌、有毒金属离子、无异味。需根据设备、清洁工具、所用清洁剂等的要求,对用于设备清洗的水合溶剂中悬浮物质的(矿物质等)最低含量、可溶性铁盐和锰盐的浓度、水的硬度等作出定量的规定和要求。对清洗用水的取水点建议定期消毒和微生物取样,并保存相关记录,确保清洗用水安全可靠。需对清洗后的水和溶剂做无害处理,检测合格后方可进行排放,确保污水经处理后不会对环境造成污染。

> **知识链接**
>
> #### GMP 对设备清洁的要求
>
> 1. 主要生产和检验设备都应当有明确的操作规程。应当按照详细规定的操作规程清洁生产设备。
> 2. 生产设备清洁的操作规程应当规定具体而完整的清洁方法、清洁用设备或工具、清洁剂的名称和配制方法、去除前一批次标识的方法、保护已清洁设备在使用前免受污染的方法、已清洁设备最长的保存时限、使用前检查设备清洁状况的方法,使操作者能以可重现的、有效的方式对各类设备进行清洁。

3. 如需拆装设备,还应当规定设备拆装的顺序和方法;如需对设备消毒或灭菌,还应当规定消毒或灭菌的具体方法、消毒剂的名称和配制方法。必要时,还应当规定设备生产结束至清洁前所允许的最长间隔时限。

4. 已清洁的生产设备应当在清洁、干燥的条件下存放。

2. 不同种类设施设备清洁、消毒要求

(1)新设备的清洁与消毒:对新设备、新容器规定详细的清洗步骤,在达到去污、除油、去蜡的效果后进行彻底清洁与消毒。

(2)正常生产过程设备的清洁与消毒:明确正常生产状态下设备的清洁与消毒方式,针对不同类型、不同清洗频次的设备,也需对其相应的清洁与消毒方式、方法作出规定。清洁过程可参考如下步骤进行规定:确定需清洁的污染物性质和类型→清除所有前一批次残留的标识、印记→预冲→清洁剂清洗→冲洗、消毒→干燥→记录→正确贮存和使用。

(3)超清洁有效期、长时间放置后重新启用设施设备的清洁与消毒:对超清洁有效期的设备、容器应按程序进行重新清洗;对长时间放置后重新启用设施设备需按照正常的在线或离线清洗步骤做彻底清洁与消毒。

(4)维修及故障后设备的清洁与消毒:维修及故障后的设备需按照正常的在线或离线清洗步骤做彻底清洁与消毒。

(5)特殊产品及设备的清洁与消毒:对特殊产品、设备的清洁与消毒方法、频次等作出规定,不同于正常清洁,需详细描述清洁过程各环节的工作方法和内容,包括动作要领、使用工具、使用的清洁剂和消毒剂、清洁需达到的标准等,并确定每种清洗方式的验收标准。

(6)对清洗站设施设备的要求:清洗站内用于清洗的设备与设施,其造型及设计应契合生产设备的要求。针对清洗站用于清洁的设施设备,需实施定置管理并设置显著标识。不同区域(如洁净等级不同、涉及特殊产品等)的清洁设施设备严禁混用。

(7)已清洁设备的管理要求:已清洁设备贮存的环境温度、湿度、洁净等级别应与生产过程的环境保持一致,建议针对不同使用要求进行分区定置管理,必要时可采取密封、单间、专区存放等贮存形式。并制订严格的防止污染、交叉感染和混淆的措施。已清洁设备状态标识应按照状态管理程序规定的要求进行,对清洁状态作出定义,并规定标识管理的内容,确定标识形式、标识内容。规定对已清洁设备在使用前清洁状态的检查方法,确保对各类设施清洁与消毒的有效性。

(二)设施设备的清洁验证

知识链接

GMP 对清洁验证的要求

清洁方法应当经过验证,证实其清洁的效果,以有效防止污染和交叉污染。清洁验证应当综合考虑设备使用情况、所使用的清洁剂和消毒剂、取样方法和位置,以及相应的取样回收率、残留物的性质和限度、残留物检验方法的灵敏度等因素。

1. 清洁验证的概述　部分药物剂型的生产设备在完成生产后,会残留若干原辅料,如果没有对设备进行及时清洗,残留物中的有机物在适宜的温湿度下,会滋生细菌并大量生长繁殖,进入下批生产过程,对产品造成严重污染,后果不堪设想。因此,药品生产的每道工序完成之后,及时对设备进行清洗是防止药品污染和交叉污染的必要措施。清洁验证就是通过科学的方法采集足够的数据,以证明按规定方法清洁后的设备,能始终如一地达到预定的清洁标准。清洁验证通常以实际的材料和组分进行清洁验证试验,并与设备性能确认试验或工艺验证结合起来进行。

清洁验证的核心是药物交叉污染及微生物污染是否达到可以接受的程度。但对任何验证的检验都取决于科学数据是否表明该系统能始终如一地按预期的那样运行,而且产生的结果能一贯地符合预定的标准。生产所用的设备应在验证有效期内,设备的清洗必须按照清洁规程进行,因为清洁规程是按照清洁验证而确认的。GMP(2010 年修订)明确要求对清洁规程开展验证。清洁验证目的是证明通过设定的清洗程序进行清洁后可以达到"洁净"状态。

2. 清洁验证基本流程　清洁验证可以确保产品不会受到来自同一设备上生产的其他产品的残留物、清洁剂及微生物的污染。

(1)选定清洁方式:清洁方式的选择正确与否直接影响清洁效果。工艺设备的清洁,通常采用手工清洁、自动清洁的方式。

(2)制订验证方案:包括确定最难清除的物质和最难清洁的设备(部位),确立合格标准,制订取样和检验的方法。

(3)开展试验,确定结果:按书面的验证方案开展试验,获取数据,评价结果,得出结论。验证结果表明清洁程序可以确保设备清洁达到预定标准,否则需修改程序并重新验证。

3. 清洁验证的内容

(1)清洁程序和残留物限度的标准:应根据产品的性质、设备特点、生产工艺等因素拟定清洁方法并制订清洁标准操作规程。残留物限度的标准一般基于的原则为分析方法所能达到的灵敏度能力、生物学活性的限度、以目检为依据的限度等。

(2)取样点的选择和取样方法验证:取样点包括各类最难清洁部位,凡是死角、清洁剂不易接触的部位,如带密封垫圈的管道连接处,压力、流速迅速变化处,有歧管或岔管处,管径由小变大处,容易吸附残留物处,内表面不光滑处等,都应视为最难清洁的部位。通过回收率试验验证取样过程的回收率和重现性。

(3)分析方法的验证:检验方法对被检测物质应有足够的专属性和灵敏度。检验方法可以采用现行版《中国药典》的方法或是经过验证的其他方法。

(4)已清洁设备存放有效期的确认:对已清洁设备进行存放,存放期间不得污染,存放一定时间后,再取样检测,以确定设备存放的有效期。

(5)清洁验证批次及再验证:设备清洁验证包含不少于连续 3 个生产批次;验证的结果未达到标准,则需查找原因,重新修订程序和验证,直至结果合格,否则不得投入生产使用。确认和验证不应视为一次性的行为,首次确认和验证后应根据产品质量回顾分析情况进行再验证。关键的生产工艺和操作规程应定期进行再验证,确保其能够达到预期结果。当出现清洁剂改变、清洁程序做重要修改;生产的产品质量有所改变或增加生产相对更难清洁的产品;设备有重大变更;清洁规程有定期再验证的要求等情况时,需再验证。

> **点滴积累**
>
> 1. 厂房所处的环境应当能够最大限度地降低物料或产品遭受污染的风险。企业应当有整洁的生产环境。
> 2. 生产区内地面、路面及运输等不应当对药品的生产造成污染。应当按照详细的书面操作规程对生产区内环境进行清洁或必要的消毒。
> 3. 生产设备不得对药品质量产生任何不利影响。应当按照详细规定的操作规程清洁生产设备。生产所用的设备应在验证有效期内,设备的清洗必须按照清洁规程进行,因为清洁规程是按照清洁验证而确认的。清洁验证可以确保产品不会受到来自同一设备上生产的其他产品的残留物、清洁剂及微生物的污染。已清洁的生产设备应当在清洁、干燥的条件下存放。

第二节　药品生产企业的人员卫生

人是药品生产制造者和质量的控制者,也是生产中最大的污染源和污染最主要的传播媒介,在药品生产过程中加强人员卫生管理,制订人员卫生操作规程,并严格执行,是保证药品质量的重要内容。人员卫生操作规程应当包括与健康、卫生及人员着装相关的内容。

一、人员健康要求

(一) 概述

人员的卫生状况与药品质量有关,需保持良好的健康状况,并应制订规程对员工进行健康检查,所有人员都应理解并严格遵守该规程;并建立健康档案,以便于检查、了解、追踪个人健康的状况。操作人员应避免直接与起始物料、内包材、中间体及半成品接触;患有传染病、体表有伤口、皮肤病及药物过敏者不得从事直接接触药品的生产。进入无菌操作区内的工作人员应随时报告任何可能导致污染的异常情况,包括污染的类型和程度;如患病状况可能影响产品质量,管理者应给这类职工另行安排适当的临时性工作。从事药品生产和质量管理人员不提倡带病工作,带病工作不仅会影响药品本身的安全(如果与药品直接接触),还会影响工作效率。

(二) 药品生产企业对人员健康的具体要求

1. 员工身体健康情况的控制　招收新员工建立遵循"先体检后进厂"的原则,记录病史(既往病史、家族遗传史、过敏药物),全体员工必须每年体检一次,并建立员工健康档案,对不符合要求的员工,必须调离该岗位。从事目视检查的人员视力和辨色力的检查周期建议不超过 6 个月;企业应当采取适当措施,避免体表有伤口、患有传染病或其他可能污染药品疾病的人员从事直接接触药品的生产。

2. 特殊情况的管理 如人员身体不适,应主动报告,经核实不符合要求后调离岗位。如发现员工有不符合该岗位要求的情况,应马上调离该岗位。因病暂时离开岗位的人员,康复以后必须持医生开具的盖有医院印章的合格证明,方可考虑重新上岗。出入疫区人员要进行隔离检查,转岗人员及长期休假的人员在转岗和返岗前要进行相应项目的体检。健康要求表见表 4-1。

表4-1 健康要求表

健康状况	不适合的工种
传染病(包括隐性传染病)、精神病、皮肤病、体表有伤口者	直接接触药品的生产人员
传染病(包括隐性传染病)、精神病、皮肤病、体表有伤口者及对药品质量有潜在不利影响者	进入生物制品生产区操作或质量检验人员、实验动物工作人员
裸视力 0.9 以下	灯检工、化验员、质管员
色弱	化验员、仓管员、质管员、验收员、发料员、领料员、包衣工、压片工、灯检工
过敏	会产生过敏的工种

二、人员卫生要求

(一) 人员卫生习惯要求

1. 保持良好的个人卫生习惯 所有的人员应养成良好的卫生和健康习惯;杜绝生产区内或其他可能影响药品质量区域内的任何不卫生行为。任何人员进入车间生产洁净区域必须首先洗手消毒,保持手的清洁。随时保持个人清洁卫生,做到"四勤":勤剪指甲、勤理发剃须、勤换衣服、勤洗澡。洁净区内随时保持手的清洁,注意消毒,应规定消毒剂的有效期。手在消毒以后,不再接触与工作无关的物品,避免裸手直接接触药品。工作前和每次离开工作场所返回时、当手被弄脏或被污染时,要求用合适的洗涤剂彻底地洗手,并使用安全的消毒剂对手进行消毒。物流、人流有各自的专用通道,禁止任何人员以任何理由交叉穿行。

2. 不允许化妆及携带与生产无关的物品 生产区内所有生产工人上岗时不得化妆和佩戴饰物,包括不允许留长指甲,涂指甲油,戴假睫毛,戴手表、戒指、项链、挂坠、耳环、耳坠等。衣物和其他与生产无关的私人物品(如阅读材料、钥匙、手机等)须放在更衣柜内。生产区、仓储区应当禁止吸烟和饮食,禁止存放食品、饮料、香烟和个人用药品等非生产用物品。

ER 4-3
人员卫生
管理规程

> **知识链接**
>
> 预防污染是药品 GMP 的目标要素之一,药品生产过程必须要有防止污染的措施。污染的形式有尘粒、微生物和其他外来物质(如尘埃、污物、棉绒、纤维和头发等)。在药品生产中两种最常见的污染形式是微粒污染和微生物污染。在药品生产中传播污染的主要四大媒介是空气、水、表面(建筑物、设备等表

面)和人体,而人体是药品生产中最大的污染源。人体污染的途径和方式主要有:①人的头发和皮肤上散发出的微生物或微粒;②呼吸和咳嗽产生的尘粒污染和微生物污染;③衣着散落出的纤维和磨损脱落的微粒;④化妆品和珠宝首饰引起的尘粒和微生物污染。因此应采取合理有效的措施,达到人员清洁卫生标准,防止或减少人体对药品的污染。

(二) 人员进出车间的要求

1. 人员培训 所有人员都应当接受卫生要求的培训,企业应当建立人员卫生操作规程,人员卫生操作规程应当包括与健康、卫生习惯及人员着装相关的内容,并严格遵守相关要求,最大限度地降低人员对药品生产造成污染的风险。

2. 人员进出人数要求 应限制进入生产区和质量控制区的参观人数;未经批准的人员不得进入生产操作区。参观人员和未经培训的人员不得进入生产区和质量控制区,特殊情况确需进入的,应当事先对个人卫生、更衣等事项进行指导。

患有传染病、皮肤病、皮肤有伤口者和对药品质量和安全性有潜在不利影响的人员,均不得进入生产区进行操作或质量检验。在洁净区内人员进出次数应尽可能地减少,操作人员进出洁净区随时关门,在洁净区动作尽量要缓慢,避免不必要的走动或移动、大声喧哗,以减少人的发尘量,以保持洁净区的风速、风量、风型和风压,保持洁净区的净化级别。

3. 人员操作要求 任何进入生产区的人员均应当按照规定更衣。进入洁净区的人员不得化妆和佩戴饰物。操作人员应当避免裸手直接接触药品、与药品直接接触的包装材料和设备表面。不触摸口罩、揉鼻子;走近在工作台旁的操作者时,应从后面靠近;手套应及时更换,避免戴破损的手套。最好采用一次性的医用手套,不能做到一次性使用时,手套的材质及使用后的处理方式应同洁净工作服;接触到非无菌的物体,如捡起掉在地上的物体后需更换。所有掉在地面上的物品均应认为被污染,作为废弃物处理。

4. 增强防污染意识 禁止面对药品打喷嚏和咳嗽,这样可导致直接的污染。要尽量避免非必要性污染。应该在培训时讲清其潜在风险,增强人们在此方面的意识。任何情况下(包括去厕所后、饭后、喝水后、吸烟后)进入洁净区时均应按进入洁净区更衣程序进行洗手、消毒。

> **课堂活动**
> 没有经过培训的人员进入洁净区会导致什么后果?

三、人员的着装

原则上说,工装必须行使不同的功能:保护人员不受药品的污染;保护药品不受人员的污染;表明所从事的活动(例如作为警告)。

(一) 选材

工作服装包括帽子、手套、口罩、鞋和衣裤。工作服的材质要发尘量少、不脱落纤维和颗粒性物质、不起球、不断丝、质地光滑、不易产生静电、不黏附粒子、洗涤后平整、柔软、穿着舒适;洁净区的工作服材质还需要具有良好的过滤性,保证人体和内衣的尘粒不透过,同时耐腐蚀,对洗涤和消毒处理及蒸汽加热灭菌有耐久性。

(二) 式样及颜色

各区域的工作服装式样、颜色分明,易于识别,有个人编号;不同空气洁净度级别的工作服不能混用。式样及颜色企业自定,以线条简洁、色彩淡雅为宜。洁净服要求线条简洁,不设口袋,接缝处无外露纤维,领口、袖口、裤口等要加松紧口,不应用纽扣。生产人员与非生产人员,维修人员、质管人员与操作人员,参观人员的服装式样和颜色应有所区别。工作服及其质量应与生产操作的要求及操作区的洁净度级别相适应,其式样和穿着方式应能满足保护产品和人员的要求。在易产生交叉污染的生产区内,操作人员应穿戴该区域专用的防护服。

(三) 穿戴

1. 洁净区更衣要求 任何进入生产区的人员均应当根据各生产区域的规定穿戴工作服装,并遵守净化程序,以尽可能减少对洁净区的污染。穿戴工作服装后要对着镜子检查穿戴工作服装的情况,要求帽子要包盖全部头发,口罩要罩住口鼻,衣服要拉(扣)好,鞋子要提好等。离开生产场地时,必须脱掉所有工作服装。

2. 穿洁净服的顺序及要求 穿洁净服的顺序为帽子、上衣、裤子,且工作服不能落地;帽子应将头发完全包在帽内,不外露;上衣筒入裤腰,扣紧领口、袖口、裤腰、裤管口,内衣不得外露;口罩将口鼻完全遮盖。不能戴潮湿的口罩;不可正反两面使用,口罩应限定洗涤次数。也可采用一次性口罩,但应对其生产条件和包裹方式提出要求。衣服要拉(扣)好,鞋子要提好。在更衣过程中如手不慎接触皮肤或自身衣物,应立即用消毒剂消毒,再继续更衣操作。离开生产场地时,必须脱掉所有工作服装。

3. D 级洁净区 应将头发、胡须等相关部位遮盖。应穿合适的工作服和鞋子或鞋套,采取适当措施,避免带入洁净区外的污染物。

4. C 级洁净区 应将头发、胡须等相关部位遮盖,应戴口罩。应穿手腕处可收紧的连体服或衣裤分开的工作服,并穿规定的鞋子或鞋套,工作服应不脱落纤维或微粒。

5. A/B 级洁净区 应用头罩将所有头发及胡须等相关部位全部遮盖,头罩应塞进衣领内,应戴口罩以防散发飞沫,必要时戴防护目镜。应戴经灭菌且无颗粒物(如滑石粉)散发的橡胶或塑料手套,穿经灭菌或消毒的脚套,裤腿应塞进脚套内,袖口应塞进手套内。工作服应为灭菌的连体工作服,不脱落纤维或微粒,并能滞留身体散发的微粒。进入 A/B 级洁净区后,如发现无菌工作服或内层手套破损,或环境监测过程中无菌工作服不慎被污染等,应立即退出无菌生产洁净区。如发现外层手套破损,应前往无菌更衣室进行更换。每位员工每次进入无菌区,都应更换无菌工作服;或至少每班更换一次,但需用监测结果证明这种方法的可行性。操作期间应经常消毒手套,并在必要时更换口罩和手套。

(四) 清洗周期

一般生产区的工作服及工作鞋需要定期清洗,以保证工作服及工作鞋的洁净。在 D 级空气洁净度级别的洁净区工作,至少每天洗一次衣裤帽和口罩;更换品种时,必须换洗工作服装;工作鞋每周至少洗两次。工作服装清洗后的存放周期,应经验证。

(五)清洗方法和要求

1. 分类管理　工作服应有专人负责洗涤,专人保管,专人发放并登记。工作服的清洗、灭菌应遵循相关规程,并最好在单独设置的洗衣间内进行操作。更换下来的工作服应分区域集中,装入专用容器中,标记明显。干净的工作服应于与使用工作服净度级别一致的保管室中保管。已清洗与待清洗的工作服应由不同通道出入。洁净工作服应逐套分别装于衣袋中,袋上明显标上工作服编号。工作服装应编号,专人专用。

2. 洗涤要求　明确洗涤剂种类、用量、洗涤程序等,根据洁净度要求,使用饮用水或者纯化水洗涤,干燥后的工作服要逐套装入衣物袋内存放。工作服洗涤时不应带入附加的颗粒物质。应采用固定的洗衣液作为洗涤剂,对某一品牌的洗涤剂的洗涤效果进行确认。有粉尘,高致敏物质,激素类药物,抗肿瘤类药物,避孕药,有毒、有害物质等操作岗位的工作服应分别存放、洗涤、干燥、灭菌。工作服洗涤前及整理时要检查工作服有无破损、拉链是否损坏、是否有掉扣子、缝线是否脱落等。使用前检查工作服是否符合要求,发现污染应及时报告并更换。

3. 清洗后要求　洁净区工作服在清洗后,应整齐摆放在更衣室的柜子或架子上。在日常使用中,企业应建立适当的体系,对其清洗和灭菌的次数进行追踪,有超过验证次数、发现破损、变形或无法清洗的脏污等情况的洁净区工作服应进行报废处理。每次使用前,应检查洁净区工作服的洁净度和完整性,对于经过灭菌的洁净区工作服,还应检查其灭菌状态、灭菌包装的完整性及是否超过灭菌有效期。

四、人员进出洁净生产区的更衣程序

(一)人员进出非无菌洁净室(区)的净化操作规程

人员进出非无菌洁净室(区)的净化操作规程见图 4-2。

图 4-2　人员进出非无菌洁净室(区)的净化流程示意图

1. 存放个人物品　进入洁净区的生产人员,先在门厅外刷净鞋上黏附的泥土杂物,将个人携带物品(包、雨具等)存放于指定位置,进入更鞋室。

2. 更鞋　在更鞋室,坐在更鞋柜上,脱下自己的鞋放入鞋柜外侧柜内,按工号从鞋柜内侧柜内取出拖鞋穿上,关闭柜门,进入一次更衣室。

3. 一次更衣　人员在第一更衣室脱去外衣裤、摘除各种饰物,放入指定柜内,锁好柜子,进入缓冲洗手室洗手、烘干,戴工作帽,穿一更工作服,更换工作鞋,进入二次更衣室。

4. 二次更衣 在二次更衣室脱去一更工作服,洗手、烘干、戴洁净帽、戴口罩、穿洁净服,整衣镜前检查确认工作服穿戴是否合适。

5. 手消毒 将手放感应清洗消毒机消毒口下,双手(至手腕上 5cm 处)均匀喷洒消毒液使全部润湿,晾干。

6. 进入洁净区 经洁净走廊缓步进入各操作间。

7. 离开洁净区 按进入洁净区的逆向顺序更衣(鞋)。

(二)人员进出 A/B 级洁净室(区)的净化操作规程

人员进出 A/B 级洁净室(区)的净化操作规程见图 4-3。

图 4-3 人员进出 A/B 级洁净室(区)的净化流程示意图

1. 存放个人物品 同人员进出非无菌洁净室(区)的净化操作规程。

2. 更鞋 同人员进出非无菌洁净室(区)的净化操作规程。

3. 脱外衣、洗手 人员在第一更衣室脱去外衣裤、摘除各种饰物,放入指定柜内,锁好柜子,进入缓冲洗手室洗手。

4. 沐浴、更衣 沐浴、穿专用内衣。

5. 进入更鞋间 更鞋、洗手、消毒。

6. 进入无菌内衣间 按照要求及顺序进行戴无菌手套、戴无菌帽、戴无菌口罩、更无菌内衣、穿无菌鞋套、手消毒的操作,用肘部开门进入无菌外衣间。

7. 进入无菌外衣间 按照要求及顺序进行戴第二层无菌帽、戴第二层无菌口罩、更无菌外衣、穿第二层无菌鞋套、戴无菌护目镜、戴第二层无菌手套、手消毒等操作,完成后进入 A/B 级洁净区。

8. 进入 A/B 级洁净区 经洁净走廊缓步进入各操作间。

9. 离开无菌洁净区 从退更间退出,按照顺序进行脱无菌外衣鞋套、脱第一层无菌手套、脱无菌外衣、脱无菌护目镜、脱无菌口罩、脱无菌外衣洁净帽;脱无菌内衣鞋套、脱无菌内衣、脱无菌口罩、脱无菌帽子、脱第二层无菌手套的操作;进入气锁间;更鞋;洗手;沐浴更衣;洗手,穿外衣;更鞋(为避免出现交叉污染,现单独设置退更间)。

（三）进入生产区的洗手方法

进入洁净区的人员通过洗手，清除指甲、手、前臂的污物和暂居菌，将长居菌减少到最低程度，抑制微生物的快速再生。先在流动水下，使双手充分淋湿至手腕上 5cm 处，取适量洗液，均匀涂抹至整个手掌、手背、手指和指缝，认真揉搓双手至少 15 秒，在流动水下彻底冲净双手，烘干。应注意清洗双手所有皮肤，包括指背、指尖和指缝，具体步骤见进入洁净区人员洗手方法示例图（图 4-4）。

1. 掌心相对，手指并拢，相互揉搓，见图 4-4a。

2. 手心对手背沿指缝相互揉搓，交换进行，见图 4-4b。

3. 掌心相对，双手交叉指缝相互揉搓，见图 4-4c。

4. 弯曲手指使关节在另一手掌心旋转揉搓，交换进行，见图 4-4d。

5. 右手握住左手大拇指旋转揉搓，交换进行，见图 4-4e。

6. 将 5 个手指尖并拢放在另一手掌心旋转揉搓，交换进行，见图 4-4f。

7. 一只手的手掌握住另一只手的手腕部分，旋转揉搓，交换双手，同上步骤再来一次，见图 4-4g。

图 4-4　进入洁净区人员洗手方法示例图

点滴积累

1. 所有人员都应当接受卫生要求的培训，企业应当建立人员卫生操作规程。人员卫生操作规程应当包括与健康、卫生习惯及人员着装相关的内容。

2. 企业应当采取适当措施，避免体表有伤口、患有传染病或其他可能污染药品疾病的人员从事直接接触药品的生产。

3. 参观人员和未经培训的人员不得进入生产区和质量控制区，特殊情况确需进入的，应当事先对个人卫生、更衣等事项进行指导。

4. 任何进入生产区的人员均应当按照规定更衣。进入洁净区的人员不得化妆和佩戴饰物。

第三节　物料卫生

案例分析

案例:某药厂生产的克林霉素磷酸酯葡萄糖注射剂(欣弗)造成了93例严重不良反应,其中11人死亡。中国食品药品检定研究院对相关样品进行检验,结果发现无菌检查、热原检查均不符合规定。

处理结果:"欣弗"药品按劣药论处,召回该药品,没收该企业非法所得,收回企业药品GMP证书,撤销该药品的批准文号。

分析:药品是一种特殊的商品,药品所用物料的质量优劣直接影响人体健康和生命安全。本案例中制药企业未按照批准的工艺参数灭菌,降低了灭菌温度,缩短了灭菌时间,增加了灭菌柜装载量,影响了灭菌效果,结果表明无菌检查、热原检查均不符合规定,严重威胁人的健康与安全。

一、物料的灭菌

(一) 灭菌的重要性

灭菌系指用适当的物理或化学手段将物品中活的微生物杀灭或除去的工艺或过程。药品是一种特殊的商品,药品所用物料的质量优劣直接影响人体健康和生命安全。药品不仅要有确切的疗效,还必须安全和质量稳定。物料一旦受到微生物的污染,在一定条件下会大量生长繁殖,从而导致药品腐败变质,甚至会危及人体生命安全。因此,采用合适的灭菌方法,对保障药品的质量有十分重要的意义。

(二) 常用的灭菌方法

1. 湿热灭菌法　湿热灭菌法系指将物品置于灭菌柜内利用高压饱和蒸汽、过热水喷淋等手段使微生物菌体中的蛋白质、核酸发生变性而杀灭微生物的方法。该法灭菌能力强,为热力灭菌中最有效、应用最广泛的灭菌方法。药品、容器、培养基、无菌服、胶塞及其他遇高温潮湿不发生变化或损坏的物品都可采用湿热灭菌。

2. 干热灭菌法　本法系指将物品置于干热灭菌柜、隧道灭菌器等设备中,利用干热空气杀灭微生物或消除热原物质的方法。适用于耐高温但不宜用湿热灭菌法灭菌的物品,如玻璃器具、金属制容器、纤维制品、固体试药、液体石蜡等。

3. 辐射灭菌法　本法系指将灭菌物品置于适宜放射源辐射的γ射线或适宜的电子加速器发生的电子束中进行电离辐射而达到杀灭微生物的方法。本法最常用为^{60}Co γ射线辐射灭菌。器械、容器、生产辅助用品不受辐射破坏的原料及成品等均可用本法灭菌。

4. 气体灭菌法　本法系指用化学消毒剂形成的气体杀灭微生物的方法,常用的化学消毒剂有环氧乙烷、气态过氧化氢、甲醛、臭氧等,本法适用于在气体中稳定的物品灭菌。该法可用于器械、塑料制品等不能采用高温灭菌的物品灭菌。含氯的物品及能吸附环氧乙烷的物品不宜使用本法灭菌。采用气体灭菌时,应注意灭菌气体的可燃可爆性、致畸性和残留毒性。

5. 过滤除菌法 本法系利用细菌不能通过致密具孔滤材的原理除去气体或液体中的微生物的方法。常用于热不稳定的药品溶液或原料的除菌。

6. 消毒剂灭菌法 适用于洁净区墙面、地面、设备、外包装表面等消毒。

7. 紫外照射灭菌法 本法可对进入洁净区域的物体表面进行照射灭菌。

二、物料进出洁净生产区程序

知识链接

物料进入洁净生产区的清洁消毒要求

所有物料的传递方式应经过验证,证明可以有效去除物料内包装表面的微生物或尘粒。

物料的灭菌传递方式根据物料的特性和工艺要求可以采用连续传递的隧道烘箱,或湿热、干热灭菌柜等,对于不能经过干湿热灭菌的物品可以考虑结合其他合适的灭菌方式,如辐照、熏蒸、紫外照射等处理后,通过有严格的SOP控制的双扉紫外线传递窗传入无菌室,但是不论采用何种双扉无菌传递方式都应采用双门连锁或双扉开门控制、报警系统,以防止灭菌器两侧的门同时打开,同时控制并保证无菌区一侧的门只有在灭菌程序完成后才可以打开。

(一)物料进入生产区域概述

物料是保证药品质量的物质基础,其质量的优劣直接影响药品质量的高低。为避免原辅料、包装材料外包装上的尘埃和微生物污染药品生产环境,药品生产中所用各种物料的外包装在拆封使用前要求完好,无受潮、混杂发霉、变质、虫蛀、鼠咬等,各种标记齐全,有检验合格证,方可领用。

物料进入洁净区域前应在准备间进行外包装清洁或处理,必要时采取有效的消毒措施,并按规定的净化程序进入洁净区,同时记录其运入时间、品名、数量、送料人等。

清洁外包装流程通常是车间领料员按品名、批号分别清除外包装的积尘,将外包装处理好的物料送入脱外包装室,关闭室门,脱外包装操作人员按"脱外包装岗位操作法"拆除外包装。对于不能除去外包装的物料,应除去表面尘埃,擦拭干净后才能传递进入传递窗(或缓冲室)。物料应有固定的存放区,洁净区内的物料放在不影响气流的规定位置,按品种、规格、批号分别堆放,并有明显的状态标示,存放区应清洁、干燥、不受污染。标签和标志的使用按照"状态标志和物料标签的使用管理规程"相关SOP进行。

药品标签进入生产车间后,产品贴签工序需依据实际使用状况填报标签使用数量。一旦出现使用数、残损数与剩余数之和,与领用数不一致的情况,必须查明差额产生的原因。在此过程中,要做好领用记录,并撰写偏差报告。操作结束后,应将剩余物料整理并包装好,贴上状态标示,及时结料、退库,操作间不允许存放多余的物料。生产部门或贴签工序剩余的印有批号及残损的标签,不得退回仓库,应指定两人负责销毁,并做好销毁记录。

(二) 物料进出洁净生产区程序

物料进洁净生产区程序见图4-5。

图4-5 物料进洁净生产区示意图

物料出洁净生产区程序见图4-6。

图4-6 物料出洁净生产区示意图

1. 物料进入外清间 物料由仓库领取后，提货运送到洁净区外清间。凡有外包装的物料应在外清间内由操作人员脱去外包装，并将外包装物装于废料桶内。

2. 检查物料包装 解去外包后检查内包装是否完好无损，必要时可用洁净容器装好，内包装在进入洁净区前应无尘埃，若有尘埃存在，可用干净抹布蘸少量纯化水拧干后，对外表面进行擦拭。经观察外包装可能对物料造成污染的，可根据物料的性质选用75%乙醇溶液或者紫外线灯消毒。

3. 物料进入洁净区 开启缓冲间一边的气锁门，将经过清洁处理的物料装入洁净区专用不锈钢运料小车，送至气闸室内，将物料放置在隔离架上，送料人退出，关好气锁门，按照规定开始自净，自净时间以关好门开始计算，自净20分钟后，送料人按铃通知洁净区称量配料人员到气闸室取料。称量配料人员打开洁净区一端的门，从隔离架上取下物料，置于洁净容器内，搬出气闸室，随后关闭洁净区一边的门，将物料运至物料暂存间。

4. 物料退出洁净区 物料从洁净区退出按物料进洁净区相反的程序，将物料送出洁净区。物料从洁净区到一般生产经气锁门的气闸室或传递窗传出去，其传递程序见图4-6。

物料的进出是厂房污染的另一个主要环节，制订物料进入洁净区的程序，使物料进入洁净区的流程规范化、标准化、程序化，以把物料进入洁净区带来的污染降低到最小。

点滴积累

1. 药品生产中所用各种物料的外包装在拆封使用前要求完好，无受潮、混杂发霉、变质、虫蛀、鼠咬等，各种标记齐全，有检验合格证，方可领用。
2. 物料进入洁净区域前应在准备间进行外包装清洁或处理，必要时采取有效的消毒措施，并按规定的净化程序进入洁净区，同时记录其运入时间、品名、数量、送料人等。
3. 物料应有固定的存放区，洁净区内的物料放在不影响气流的规定位置，并有明显的状态标示，标签和标志的使用按照"状态标志和物料标签的使用管理规程"相关SOP进行。操作结束后，应将剩余物料整理并包装好，贴上状态标示，及时结料、退库，操作间不允许存放多余的物料。

实训项目六　人员进出洁净生产区的更衣程序

一、实训目的

1. 熟悉人员进出洁净生产车间(区)更衣程序。
2. 熟练掌握人员进出洁净生产车间(区)更衣的内容和要点。
3. 学会人员进出洁净生产车间(区)更衣的基本操作。

二、实训内容

(一) 实训前准备

1. 学生利用网络或其他工具方法,收集药品生产企业人员卫生方面相关资料。

2. 准备实训器材和用具

(1)服装类:洁净服、洁净工作鞋、口罩、手套。

(2)仪器、设备类:更鞋柜、更衣柜、感应烘手器、感应清洗消毒机、更衣镜。

(3)清洁剂:洗手液、纯化水、饮用水。

(4)消毒剂:75% 乙醇溶液、0.1% 苯扎溴铵溶液。

(二) 实训操作

1. 进行人员进出洁净生产车间(区)更衣程序的操作训练。

2. 对人员进出洁净生产车间(区)更衣程序的操作进行评判。

3. 具体步骤

(1)将学生分成四组(男女分别分成两组),男、女一组分别进行"人员进出洁净生产车间(区)更衣程序"的操作。男、女二组对每个操作步骤进行评判。

(2)男女一组、二组分别交换角色,重新进行"人员进出洁净生产车间(区)更衣程序"的操作和评判。

(3)教师评判和总结。

三、实训注意

教师在进行训练操作时应重点强调:七步洗手法(先用饮用水漂洗再用纯化水漂洗);更衣的顺序为自上而下,从内到外;洁净服穿戴标准是将头发完全包在帽内,不外露,上衣筒入裤腰,扣紧领口、袖口、裤腰、裤管口,内衣不得外露;口罩将口鼻完全遮盖等要点内容。

最后教师对"人员进出洁净生产车间(区)更衣程序"的操作要点和技巧进行提醒和总结。

四、实训检测

1. 洁净区对人员卫生和健康方面的要求有哪些?
2. 画出"人员进出洁净生产车间(区)更衣程序"图。

五、实训报告

1. 提供"人员进出洁净生产车间(区)更衣程序"图。
2. 提供"人员进出洁净生产车间(区)更衣程序"步骤和要点。

六、实训评价

从以下几方面对实训进行评价:
1. 实训前资料搜集。
2. 独立操作及动手能力。
3. 实训操作正确性。
4. 实训纪律性。
5. 实训报告。

实训项目七 物料进出洁净生产区程序

一、实训目的

1. 熟悉物料进出洁净生产区程序。
2. 熟练掌握物料进出洁净生产区程序的内容和要点。
3. 学会物料进出洁净生产区的基本操作。

二、实训内容

(一)实训前准备

1. 学生利用网络或其他工具方法,收集并熟悉有关物料卫生方面的要求和药品生产企业洁净生产区相关卫生要求的内容。

2. 准备实训器材和用具

(1)服装类：工作服、工作鞋、口罩、手套。

(2)仪器、设备类：紫外线灯、废料桶、洁净容器、不锈钢运料小车。

(3)清洁剂、清洁布：洗手液、饮用水、纯化水、干净抹布。

(4)消毒剂：75% 乙醇溶液。

（二）实训操作

1. 物料进出洁净生产区程序的操作训练。

2. 对物料进出洁净生产区程序的操作进行评判。

3. 具体步骤

(1)将学生分成四组（男女分别分成两组），男、女一组分别进行"物料进出洁净生产区程序"的操作。男、女二组对每个操作步骤进行评判。

(2)男女一组、二组分别交换角色，重新进行"物料进出洁净生产区程序"的操作和评判。

(3)教师评判和总结。

三、实训注意

教师在进行训练操作时应重点强调：外包装物不能随便丢弃，应装于废料桶内；抹布蘸纯化水要拧干；紫外线灯消毒 30 分钟，不要擅自缩减消毒时间；物料进入洁净区的流程规范化、标准化、程序化；物料从洁净区退出按物料进入洁净区相反的程序，将物料送出洁净区等要点内容。

最后教师对"物料进出洁净生产区程序"的操作要点和技巧进行提醒和总结。

四、实训检测

1. 洁净区对物料卫生方面的要求有哪些？

2. 画出"物料进出洁净生产区程序"图。

五、实训报告

1. 提供"物料进出洁净生产区程序"步骤和要点。

2. 提供"物料进出洁净生产区程序"图。

六、实训评价

从以下几方面对实训进行评价：

1. 实训前资料搜集。

2. 独立操作及动手编写能力。

3. 实训操作的正确性。

4. 实训的纪律性。

5. 实训报告。

习题

目标检测

一、简答题

1. 请写出设施、设备清洁清洗的基本要求。

2. 请画出人员进出 A/B 级洁净室(区)的净化流程示意图。

3. 请简述物料常用的灭菌方法。

二、实例分析

1. 某公司生产部为加快生产进度,在洁净厂房和生产设备清洁消毒不彻底、尚未拿到质量部出具的环境卫生监测报告且未取得 QA 清场合格放行的情况下投料生产,导致产出的一批头孢拉定颗粒微生物限度超标。请运用本章知识对案件进行分析。

2. 某工人在 TMP 车间环合工段,用气割割盐水管道时,气割落下的火花引燃了地面母液残渣(含有大量有机物及醇类),地面的明火同时引燃了车间地沟内未冲走的残渣(平时地沟未及时冲洗),大火从窗而出,窜到距车间 1m 的乙醇罐上,整个车间内浓烟滚滚,火势难以控制,此时用灭火器扑救作用已不大,幸亏用消防水降温,并及时报 119 火警,在全厂职工的努力下,10 分钟后把火扑灭,避免了乙醇罐爆炸。请运用本章知识对案件进行分析。

3. 某药品生产企业生产一批含大青叶粉末的片剂,在半成品检验时,出现细菌总数超标。经调查大青叶原药材菌检合格,生产设备与环境菌检合格。请运用本章知识对案件进行分析。

(陈 娟)

第五章　药品生产企业环境与厂房设施、设备

ER 5-1

第五章
课件

导学情景

情景描述：

　　某药厂颗粒剂车间,使用乙醇溶液制备中药颗粒,制粒后放入烘箱烘干,干燥间通风不畅,导致乙醇气味很重。现场有 3 名操作工,一名在门口,一名去开窗,另一名赶紧去断电,产生电火花引爆乙醇气体,导致断电工人 95% 大面积烧伤,医治无效死亡,另两人不同程度烧伤,车间玻璃和天花板全部震裂。

学前导语：

　　干燥是药品生产的基础工序,根据产品的性质、产能等应该合理设计干燥车间,配备适宜的通风系统和干燥设备。案例中的乙醇气体是一种易燃易爆物质,其生产环境、设施、设备应符合防爆要求,安装易燃易爆气体报警器。本章同学们将学习 GMP 对药品生产的环境、设施、设备的各项要求,用以保障生产人员的安全和药品的质量。

　　GMP 是药品生产质量的保障,主要实施的内容包括软件和硬件两部分。硬件设施是药品生产的根本条件,有了良好的硬件设施才可能生产出合格的药品。这里的硬件指的就是合格的厂房设施和设备。厂房是指生产、贮存、检验所需的空间场所;设施是指向该空间场所提供条件并使其状态符合要求的装置或措施。

　　药品生产企业厂房设施主要包括:厂区建筑物实体(含门、窗)、道路、绿化草坪、围护结构;生产厂房附属公用设施,如洁净空调和除尘装置,照明,消防喷淋,上、下水管网络,生产工艺用水和洁净气体网络等。对以上厂房设施的合理设计,直接关系到药品质量,乃至人们的生命安全。

　　当前药品生产已进入大规模自动化设备生产阶段,药品的质量、产量、成本都依赖于设备的运行状态。建立有效、规范的设备管理体系,确保所有生产相关设备的正常运行,最大程度降低设备对药品生产过程发生的污染、交叉污染、混淆和差错,是药品生产企业设备管理的关键。

　　GMP(2010 年修订)对厂房设施、设备的基本要求如下:

第三十八条　厂房的选址、设计、布局、建造、改造和维护必须符合药品生产要求,应当能够最大限度地避免污染、交叉污染、混淆和差错,便于清洁、操作和维护。

第七十一条　设备的设计、选型、安装、改造和维护必须符合预定用途,应当尽可能降低产生污染、交叉污染、混淆和差错的风险,便于操作、清洁、维护,以及必要时进行的消毒或灭菌。

第一节　药品生产企业对环境的要求

选择适当的生产环境是药品生产企业开办的首要条件,对企业未来的发展具有非常重要的意义,也是药品生产企业能否顺利实施 GMP 的基础。选择合适的环境才能进行厂区的布局设计和建设。

一、外环境要求

GMP 的核心就是防止药品生产过程中的污染、交叉污染以及混淆、差错等风险,因此要减少产品与外部环境发生交叉污染和质量影响的可能性。厂房所处的环境应当能够最大限度地降低物料或产品遭受污染的风险,要求外环境空气质量和水质较好。此外还应选择交通运输便捷,水、电、气、物资供应等公共服务完善的社会环境。

二、厂址选择原则

GMP(2010 年修订)第三十九条规定:"应当根据厂房及生产防护措施综合考虑选址,厂房所处的环境应当能够最大限度地降低物料或产品遭受污染的风险。"应当根据厂房及生产防护措施综合考虑选址。环境因素是药品生产企业厂址选择的首要因素,同时结合建厂要求和经济技术因素,进行调查、比较、分析、论证,最终确定理想的厂址。厂址选择的基本原则如下。

1. 厂址宜选择在大气含尘、含菌浓度低,无有害气体,自然环境好的区域。如无明显异味,无空气、土壤和水的污染源、污染堆等。

2. 厂址应远离铁路、码头、机场、交通要道以及散发大量粉尘和有害气体的工厂、贮仓、堆场等严重空气污染、水质污染、振动或噪声干扰的区域。如不能远离严重空气污染区时,则应位于其全年最小频率风向的下风侧。

3. 环保和安全生产对于药品生产企业来讲非常重要。选择厂址时要确保"三废"(废气、废水、废渣)处理的渠道和空间,满足国家对环境保护的要求;还应严格按照国家有关规定,与相邻企业、居民区及其他设施保持一定的安全距离,如防火、防爆要求距离,噪声、卫生要求距离等。

4. 厂址应选择在水、电、气、汽供应充足,切换便利的区域,以确保生产动力来源有保障。

现在新建的药品生产企业厂房都要求在配套设施比较齐全的工业园区内,既提高企业生产效率,又能保障安全生产和产品质量。

案例分析

案例:2019 年,某药厂在药品生产过程中发酵罐废气排放灭菌不彻底,携带含菌发酵液的废气形成含菌气溶胶,致使周边居民发生布鲁氏菌抗体阳性事件,对人们的身体健康造成了非常大的伤害。事件发生后该厂区也被停产整顿,后续搬迁至工业园区内。

分析:经调查,造成事件发生的主要原因是生产过程中操作人员责任心不强,使用了过期的消毒剂进行灭菌;同时该厂区位于人口比较密集的居民区,不符合厂址选择的要求。

同学们要牢记,药品安全直接影响到人民的生命健康,尤其是高风险类药品生产来不得一点马虎大意,一定要在岗位上恪尽职守,有高度的责任感。

三、厂区布局原则

厂区总体布局除应符合国家有关工业企业总体设计原则外,还应满足环境保护的要求,同时应防止交叉污染,应参考国家标准 GB 50457—2019《医药工业洁净厂房设计标准》。

(一) 厂区布局的基本要求

1. 厂区按行政、生产、辅助和生活等划区布局。

2. 洁净厂房应布置在厂区内环境清洁、人流货流不穿越或少穿越的地方,并应考虑产品工艺特点,合理布局,间距恰当。

3. 兼有原料药和制剂生产的药厂,原料药生产区应位于制剂生产区全年最小频率风向的上风侧。三废处理、锅炉房等有较严重污染的区域,应位于厂区全年最小频率风向的上风侧。

4. 青霉素类高致敏性药品生产厂房应位于厂区其他生产厂房全年最小频率风向的上风侧。

5. 动物房的设置应符合现行国家标准 GB 14925—2023《实验动物 环境及设施》的有关规定。

6. 医药工业洁净厂房周围宜设置环形消防车道(可利用交通道路),如有困难时,可沿厂房的两个长边设置消防车道。

7. 厂区应设置独立的人流和物流出入口,物流口宜与仓储区相近;人流与物流不得交叉,若在生产区设置参观通道,应考虑员工通道与参观通道不相互干扰,合理布局。

8. 医药工业洁净厂房周围应绿化。厂区内空地应采用绿化、碎石或硬地覆盖。厂区内不应种植易散发花粉或对药品生产产生不良影响的植物。

(二) 厂区布局实例示例图

根据上述厂区布局的疾病要求,某药品生产企业厂区总体布局见图 5-1。

> **课堂活动**
>
> 结合所学知识说一下你所见过的药品生产企业厂房。

图 5-1　药品生产企业厂区总体布局图

四、内环境要求

按照 GMP（2010 年修订）第四十六条规定，为降低污染和交叉污染的风险，厂房、生产设施和设备应当根据所生产药品的特性、工艺流程及相应洁净度级别要求合理设计、布局和使用，并符合下列要求：

1. 应当综合考虑药品的特性、工艺和预定用途等因素，确定厂房、生产设施和设备多产品共用的可行性，并有相应评估报告。

2. 生产特殊性质的药品，如高致敏性药品（如青霉素类）或生物制品（如卡介苗或其他用活性微生物制备而成的药品），必须采用专用和独立的厂房、生产设施和设备。青霉素类药品产尘量大的操作区域应当保持相对负压，排至室外的废气应当经过净化处理并符合要求，排风口应当远离其他空气净化系统的进风口。

3. 生产 β- 内酰胺结构类药品、性激素类避孕药品必须使用专用设施（如独立的空气净化系统）和设备，并与其他药品生产区严格分开。

4. 生产某些激素类、细胞毒性类、高活性化学药品应当使用专用设施（如独立的空气净化系统）和设备；特殊情况下，如采取特别防护措施并经过必要的验证，上述药品制剂则可通过阶段性生产方式共用同一生产设施和设备。

5. 用于上述第 2、3、4 项的空气净化系统，其排风应当经过净化处理。

6. 药品生产厂房不得用于生产对药品质量有不利影响的非药用产品。

按照 GMP（2010 年修订）规定，整个厂房可以分为生产区、仓储区、质量控制区、辅助区几部分。不同的区域按照工艺要求和洁净级别要求的不同，有不同的布局要求。空气洁净度代表的是空气净化的效果，含尘粒浓度高则洁净度低，含尘粒浓度低，则洁净度高。GMP（2010 年修订）将洁净室划分为 4 个空气洁净度级别：A 级、B 级、C 级、D 级。空气洁净度的级别是以每立方米空气中允许的最大尘埃粒子数和微生物数来确定的。

知识链接

无菌药品生产的洁净区空气洁净度级别的划分

A 级：高风险操作区，如灌装区、放置胶塞桶和与无菌制剂直接接触的敞口包装容器的区域及无菌装配或连接操作的区域，应当用单向流操作台（罩）维持该区的环境状态。单向流系统在其工作区域必须均匀送风，风速为 0.36~0.54m/s（指导值）。应当有数据证明单向流的状态并经过验证。

在密闭的隔离操作器或手套箱内，可使用较低的风速。

B 级：指无菌配制和灌装等高风险操作 A 级洁净区所处的背景区域。

C 级和 D 级：指无菌药品生产过程中操作步骤重要程度较低的洁净区。

以上各级别空气悬浮粒子和微生物监测的标准规定如下：

空气洁净级别	悬浮粒子最大允许数 /m^3			
	静态		动态	
	$\geq 0.5\mu m$	$\geq 5.0\mu m$	$\geq 0.5\mu m$	$\geq 5.0\mu m$
A 级	3 520	20	3 520	20
B 级	3 520	29	352 000	2 900
C 级	352 000	2 900	3 520 000	29 000
D 级	3 520 000	29 000	不作规定	不作规定

洁净区微生物监测的动态标准

空气洁净级别	浮游菌 CFU/m^3	沉降菌（ϕ90mm） CFU/4h	表面微生物	
			接触（ϕ55mm） CFU/碟	5 指手套 CFU/手套
A 级	<1	<1	<1	<1
B 级	10	5	5	5
C 级	100	50	25	—
D 级	200	100	50	—

空气洁净级别取决于品种、剂型、工序等方面的质量特性和技术要求及方法。例如，无菌药品对空气洁净级别的要求高于非无菌药品。空气洁净级别有动态与静态之分，区别在于空气洁净级别指标测定时的状态。在操作状态下测定为动态，反之为静态。一般情况下，通常采用的是静态测定。洁净室（区）的有效建立是 GMP 硬件建设中最关键的内容，是预防药品生产中质量受到污染（交叉污染）的重要环节与主要措施。

五、典型车间平面布局

生产区平面布置合理,要严格划分洁净区域,防止污染与交叉污染,方便生产操作。生产区应有足够的空间,有足够的场地去合理安放设备和材料,使生产能有条理地进行,防止不同产品或物料的混淆和交叉污染,避免生产操作发生遗漏或差错。下面就以几个典型的车间为例展示生产区的车间布局。

(一) 口服固体制剂车间布局

1. 工艺过程 口服固体制剂生产的工艺过程一般为原辅料粉碎、过筛、配料、制粒、干燥、混合、压片(胶囊灌装)、分装等几个工序。

2. 工艺布局说明 口服固体制剂是临床治疗使用最广泛的剂型之一。该生产车间要根据工艺流程和生产要求合理分区,原料粉碎、过筛、配料、制粒、压片、中间站、包衣、分装等工序为"D 级洁净区",其他工序为"一般生产区"。进入"洁净区"原辅料必须除外包装并进行适当清洁。操作人员应按规定穿戴工作服、鞋、帽,头发不得外露,不戴手表、饰物。制粒、混合、压片、包衣工序的操作室还应分隔良好,室内均需与室外保持相对正压。

3. 工艺布局特点 工艺路线走向合理,快捷有效。过筛、制粒、整粒、混合工艺房间相邻,使得物流线路快捷。清洗室与制造区相邻,缩短容器传输路径。未清洁的容器具、设备部件以及生产废物不经过洁净走廊,返回清洗间,减少交叉污染(图 5-2)。

图 5-2　口服固体制剂车间布局

(二) 原料药(非无菌原料药)生产工艺流程及车间布局

原料药生产中影响成品质量的关键工序为精制、干燥和包装,它们的生产区域都有洁净度的要求。按照 GMP(2010 年修订)原料药附录中的要求,非无菌原料药精制、干燥、粉碎、包装等生产操作的暴露环境应当按照 D 级洁净区的要求设置。

1. 工艺过程　生产过程是指原材料投入、目标产物的生成以及后续处理的过程。典型的化学合成原料药工艺过程主要包括生产区准备、投料、化学反应、过滤、结晶、离心分离、干燥、粉碎、包装、入库、清场;典型的发酵工艺生产过程主要包括生产前准备、发酵、分离(菌体)、纯化(提取、浓缩、洗涤等)、结晶、分离、干燥、粉碎、包装、入库、清场。

2. 工艺布局说明　有洁净区域应尽量减少面积,洁净度级别高的车间尽量布置在厂房内侧,如果布置在外侧,应加洁净走廊缓冲。

六、仓储区、质量控制区和辅助区布局

(一) 仓储区

GMP(2010 年修订)第五十七条规定:“仓储区应有足够的空间,以有序存放待验、合格、不合格、退货或召回的原辅料、包装材料、中间产品、待包装产品和成品等各类物料和产品。”

第五十八条规定:“仓储区的设计和建造应确保良好的仓储条件,并有通风和照明设施。仓储区应当能满足物料或产品的贮存条件(如温湿度、光照)和安全贮存的要求,并进行检查和监控。”

药品生产企业的洁净厂房内应设置与生产规模相适应的原辅料、半成品、成品存放区域,且尽可能靠近与其相联系的生产区域,以便减少运输过程中的混杂与污染。存放区域内应安排待验区、合格品区和不合格品区。

(二) 质量控制区

即质量控制实验室,按照 GMP 要求,检验、留样观察以及其他各类实验室应与药品生产区分开设置。阳性对照、无菌检查、微生物限度检查和抗生素微生物检定等实验室,以及放射性同位素检定室等应分开设置,见图 5-3。

无菌检测试验应在 B 级背景下的 A 级单向流洁净区域完成,或在 D 级背景下的隔离器中进行;微生物限度检查试验应在不低于 D 级背景下的生物安全柜或 B 级洁净区域进行。

实验动物房应与其他区域严格分开,其设计、建造应符合国家有关规定,并设有独立的空气处理设施以及动物的专用通道。

称量室宜独立设置,摆放分析天平的台面应坚固稳定且抗振性能良好;房间温湿度相对恒定;宜设置缓冲间,防止称量间空气流通对称量准确性造成影响。

(三) 辅助区

辅助区包括多个功能房间或区域,如更衣室、物料转运间、休息室、盥洗室、维修间等。

图 5-3 某药品生产企业质量控制区平面布置图

人员净化用室应根据产品生产工艺和空气洁净等级要求设置,不同空气洁净等级的洁净室(区)的人员净化用室宜分别设置,空气洁净等级相同的无菌洁净室(区)和非无菌洁净室(区),其人员净化用室应分别设置。

人员净化用室应设置换鞋、存外衣、盥洗、消毒、更换洁净工作服、气闸等设施。

休息室的设置不应对生产区、仓储区和质量控制区造成不良影响。

维修间应尽可能远离生产区。存放在洁净区内的维修用备件和工具,应放置在专门的房间或工具柜中。

七、洁净区

洁净区内墙壁和顶棚的表面,应平整、光洁、无裂缝、接口严密、无颗粒物脱落,并应耐清洗和耐酸碱。墙壁和地面、吊顶结合处宜做成弧形。

洁净区内的地面应整体性好、平整、耐磨、耐撞击、不易积聚静电、易除尘清洗。生产过程中使用或产生易燃、易爆、易挥发等物质的房间地面应有不起火、防静电措施,潮湿区域应做防潮处理。

洁净区外墙上的窗,应具有良好的气密性,能防止空气的渗漏和水汽的结露。

洁净区内门窗、墙壁、顶棚、地面结构和施工缝隙,应采取密闭措施。技术夹层为轻质吊顶时,宜设置检修通道。

洁净区内应少铺设管道,给水排水管道应铺设在技术夹层、技术夹道内或地下埋设。引入洁净室内的支管宜暗铺。洁净区内的管道表面应光滑易清洁,并应采取防结露措施。

无菌生产的 A/B 级洁净区禁止设置水池和地漏。洁净区内的排水设施要设置防止倒灌的装置。

洁净区内应选用外部造型简单、不易积尘、便于擦拭、易于消毒杀菌的照明灯具。照明灯具宜明装。采用吸顶安装时,灯具与顶棚接缝处应采用可靠密封措施。

企业视角

药品生产企业洁净区内需要进行定期的清洁和消毒,确保微生物数量符合日常环境监测要求,以防止微生物对生产环境产生影响及污染。常用的空间消毒方式包括:紫外线消毒、化学熏蒸消毒(甲醛、过氧乙酸等)、汽化过氧化氢灭菌、臭氧消毒等。

ER 5-2

洁净区部分区域展示

点滴积累

1. 药品生产企业的生产、行政、生活和辅助区的总体布局合理,不得互相妨碍,必须有整洁的生产环境,生产区的地面、路面及运输不应对药品生产造成污染。
2. 洁净区分为 A、B、C、D 四个级别,洁净级别的划分依据为空气中含有的尘埃粒子和微生物数量。

第二节　空调净化系统

GMP（2010年修订）第四十八条规定："应根据药品品种、生产操作要求及外部环境状况等配置空调净化系统，使生产区有效通风，并有温度、湿度控制和空气净化过滤，保证药品的生产环境符合要求。

洁净区与非洁净区之间、不同级别洁净区之间的压差应当不低于10帕斯卡。必要时，相同洁净度级别的不同功能区域（操作间）之间应保持适当的压差梯度。"

这里提到的空气净化过滤主要依赖于采暖通风与空气调节（heating ventilation and air conditioning，HVAC）系统。HVAC系统是制药工业的一个关键的系统，它对制药工厂能否向患者提供安全有效的产品具有重要的影响。作为药品生产质量控制系统的重要组成，药品生产企业的HVAC系统主要通过对药品生产环境的空气温度、湿度、悬浮粒子、微生物等的控制和监测，确保环境参数符合药品质量的要求，避免空气污染和交叉污染的发生，同时为操作人员提供舒适的环境。

课 堂 活 动

采暖通风与空气调节系统和平时家用空调的主要区别是什么？

一、HVAC 的组成与设计原则

HVAC设备是实现用户对受控洁净室环境条件要求的主要设备。HVAC系统的主要设备是空气处理机组（air handling unit）。空气处理机组通常是由具有对空气进行一种或几种处理功能的单元段组合而成的，它的组件包括通风机、空气过滤装置、加热和冷却盘管、加湿器和除湿器、通风管等。根据HVAC系统设计，满足GMP要求的最常见的功能段组合形式见图5-4。

图 5-4　HVAC 系统功能段组合图

（一）通风机

应用于HVAC系统的通风机一般多采用离心式或轴流式通风机，作为系统的送风机、回风机、排风机，不同的使用场所根据其性能特点可选用不同的通风机类型。

（二）空气过滤装置

空气中的颗粒污染物质中，粒径小于10μm的粒子因为较轻，容易随气流飘浮，很难沉降到地面上,这时就需要进行空气过滤。空气过滤是降低气流污染物浓度的主要方法。空气过滤在暖通空调系统内的多个部位进行,以保护生产、使用者并达到空气处理设备及管道所需的空气洁净度。在HVAC 系统中,空气过滤一般分为初效过滤、中效过滤和高效过滤三级,通过不同类型的空气过滤器实现对空气的过滤。空气处理设备应根据受控环境要求的洁净度配置各级别的空气过滤器。

初效过滤、中效过滤通常在空气处理机组中外部空气和回流空气进入的位置。初效过滤用于预过滤,捕集外部空气中经常出现的较大微粒,也用作延长中效过滤装置寿命的预过滤。

中效过滤,一般设在初效过滤的下游,用于捕集较小粒径的微粒(0.3μm 以上)。

高效过滤设在空气处理机组排出段或其后(气流经过调节后)。安装在房间周边,如在天花板或墙上的终端过滤装置,可保证供应最清洁的空气。

(三)加热和冷却盘管

一般来说,洁净室(区)的温度应与药品生产工艺要求相适应。无特殊要求时,参考 GB 50457—2019《医药工业洁净厂房设计标准》,设定 A、B、C 级洁净区温度为 20~24℃,D 级洁净区温度为 18~26℃。温度的控制可以通过加热和冷却盘管来进行。

冷却盘管属于热传导装置,由带有传热翅片的盘管组成,这些翅片可减少水蒸气所含的显热量以及可能存在的潜热量。它的冷却介质可以是冷却液也可以是气态制冷剂。用于冷却的盘管主要有表面冷却器(简称"表冷器")和直接蒸发器。

用于空气加热的盘管根据其介质可分为蒸汽盘管,热水、乙二醇或者高温气态盘管,属于热传导装置,是由一根带有传热翅片的盘管组成,可提高所经过的空气流的显热量。空气电加热元件也可称为"加热盘管"。

(四)加湿器和除湿机

洁净室(区)的相对湿度应与药品生产工艺要求相适应。无特殊要求时,参考 GB 50457—2019《医药工业洁净厂房设计标准》,设定 A、B、C 级洁净区相对湿度为 45%~60%,D 级洁净区相对湿度为 45%~65%。相对湿度的高低是通过加湿器和除湿机来进行控制的。

加湿器包括直接喷干蒸汽式、加热蒸发式、喷雾蒸发式和红外式加湿器几种。加湿器若安装在空气处理机组中,应处于冷却盘管段的下游,以确保蒸汽在空气流中有效分布和吸收。

除湿机,当送风湿度过高时,除去空气中的水分。空气除湿的原理和方法有:升温降湿、冷却减湿、吸收或吸附除湿 3 类。

加热、冷却、加湿、去湿这些设施一般放置在初效过滤器、通风机之后,中效过滤器之前。

(五)通风管

空气送风管道和一般的回风管道应采用镀锌钢制成。如果需要防腐或保持清洁(例如在洁净室内),则应采用不锈钢材质。

(六)风阀、百叶窗和风口

风阀用于改变 HVAC 系统内空气流动的方向、停止空气流动或改变空气流量。百叶窗通常没有运动部件,一般用于引入室外空气。

目前洁净室常用的气流组织的送风方式有 3 种:侧送、孔板送风、散流器送风。这些送风装置对于各房间/空间内外的空气分配至关重要。

(七) 除尘、排烟系统

即局部排气(local exhaust ventilation,LEV)系统,用于收集位于或靠近污染源处的污染气体,在其被吸入或成为污染源之前将其清除。该系统通常包括一个局部排气罩或外壳、一个通风管道系统、一个过滤器、一台通风机以及将清洁后的空气排出系统的管道,对于药品生产企业,通常还有一个"限制"过滤器(一般为高效空气过滤器),用作空气排入大气之前的最终保护过滤器。

二、典型剂型车间(岗位)洁净要求

应当根据药品品种、生产操作要求及外部环境状况等配置空调净化系统,使生产区有效通风,并有温度、湿度控制和空气净化过滤,保证药品的生产环境符合要求。

(一) 无菌药品洁净要求

在无菌药品生产过程中,为满足其质量和预定用途要求,应当最大限度降低微生物、各种微粒和热原的污染。HVAC系统是影响无菌药品的生产质量非常重要的一个方面。建立合理的HVAC系统,首先要确立核心区。在核心区内,产品容器/包装或产品所接触的表面有可能暴露并受到潜在的污染。因此应当根据产品特性、工艺和设备等因素,确定无菌药品生产用洁净区的级别。每一步生产操作的环境都应当达到适当的动态洁净度标准,尽可能降低产品或所处理的物料被微粒或微生物污染的风险。

GMP(2010年修订)"无菌药品"附录第十三条明确规定了无菌产品生产各关键操作所需要的洁净区级别,见表5-1和表5-2。

表 5-1　最终灭菌产品生产

洁净度级别	最终灭菌产品生产操作示例
C级背景下的局部A级	高污染风险的产品灌装(或灌封)
C级	1. 产品灌装(或灌封) 2. 高污染风险产品的配制和过滤 3. 眼用制剂、无菌软膏剂、无菌混悬剂等的配制、灌装(或灌封) 4. 直接接触药品的包装材料和器具最终清洗后的处理
D级	1. 轧盖 2. 灌装前物料的准备 3. 产品配制(指浓配或采用密闭系统的配制)和过滤 4. 直接接触药品的包装材料和器具的最终清洗

表 5-2　非最终灭菌产品的无菌生产

洁净度级别	非最终灭菌产品的无菌生产操作示例
B级背景下的A级	1. 处于未完全密封状态下产品的操作和转运,如产品灌装(或灌封)、分装、压塞、轧盖等 2. 灌装前无法除菌过滤的药液或产品的配制 3. 直接接触药品的包装材料、器具灭菌后的装配以及处于未完全密封容器内的转运和存放 4. 无菌原料药的粉碎、过筛、混合、分装

洁净度级别	非最终灭菌产品的无菌生产操作示例
B 级	1. 处于未完全密封状态下的产品置于完全密封容器内的转运 2 直接接触药品的包装材料、器具灭菌后处于密闭容器内的转运和存放
C 级	1. 灌装前可除菌过滤的药液或产品的配制 2. 产品的过滤
D 级	直接接触药品的包装材料、器具的最终清洗、装配或包装、灭菌

(二)固体口服制剂洁净要求

HVAC 系统通过向房间输送温度、湿度和粒子数均符合要求的空气来保护产品,并通过提供建立压力和空气流向来避免其他区域的交叉污染。

GMP(2010 年修订)第四十八条规定:"口服液体和固体制剂、腔道用药(含直肠用药)、表皮外用药品等非无菌制剂生产的暴露工序区域及其直接接触药品的包装材料最终处理的暴露工序区域,应当参照'无菌药品'附录中 D 级洁净区的要求设置",见图 5-5。

图 5-5　口服固体制剂车间洁净级别图

点滴积累

1. 空调净化系统的主要作用是为生产区提供有效通风,并有温度、湿度控制和空气净化过滤,保证药品的生产环境符合要求。
2. 不同药品生产、不同生产工序对于洁净区级别的要求不同。

第三节　GMP 对制药用水的要求

水在制药工业中是应用最广泛的工艺原料,可用作药品的成分、溶剂、稀释剂等,对药品的质量有非常大的影响。因此,现行版《中国药典》和 GMP(2010 年修订)也对制药用水作出了明确规定。GMP(2010 年修订)第九十六条规定:"制药用水应当适合其用途,并符合《中国药典》的质量标准及相关要求。制药用水至少应当采用饮用水。"

在现行版《中国药典》收载的制药用水中,根据其使用范围不同将制药用水分为了饮用水、纯化水、注射用水、灭菌注射用水四类。

饮用水:为天然水经净化处理所得的水,其质量必须符合现行中华人民共和国国家标准《生活饮用水卫生标准》。

纯化水:为饮用水经蒸馏法、离子交换法、反渗透法或其他适宜的方法制备的制药用水,不含任何附加剂,其质量应符合纯化水项下的规定。

注射用水:为纯化水经蒸馏所得的水。应符合细菌内毒素试验要求。注射用水必须在防止细菌内毒素产生的设计条件下生产、贮藏及分装。其质量应符合注射用水项下的规定。

灭菌注射用水:为注射用水照注射剂生产工艺制备所得,不含任何添加剂。

ER 5-3

纯化水制备
岗位标准操
作规程

一、纯化水制备系统

(一)纯化水的应用范围

纯化水可用作非无菌药品的配料,直接接触药品的设备、器具和包装材料最后一次洗涤用水,非无菌原料药精制工艺用水,制备注射用水的水源,直接接触非最终灭菌棉织品的包装材料粗洗用水等。

纯化水可作为配制普通药物制剂用的溶剂或试验用水;可作为中药注射剂、滴眼剂等灭菌制剂所用饮片的提取溶剂;口服、外用制剂配制用溶剂或稀释剂;非灭菌制剂用器具的精洗用水。也用作非灭菌制剂所用饮片的提取溶剂。纯化水不得用于注射剂的配制与稀释。

知识链接

现行版《中国药典》中纯化水、注射用水的质量检测标准

检验项目	纯化水	注射用水
酸碱度	符合规定	—
硝酸盐	≤ 0.000 006%	同纯化水
亚硝酸盐	≤ 0.000 002%	同纯化水
氨	≤ 0.000 03%	≤ 0.000 002%
电导率	符合规定,不同温度有不同的规定值,例如≤4.3μS/cm,20 ℃;≤5.1μS/cm,25 ℃;≤5.4μS/cm,30 ℃	符合规定,不同温度有不同的规定值,例如≤1.1μS/cm,20 ℃;≤ 1.3μS/cm,25 ℃;≤2.9μS/cm,95 ℃
总有机碳	≤ 0.50mg/L	同纯化水
易氧化物	符合规定	—
不挥发物	≤ 1mg/100ml	同纯化水
重金属	≤ 0.000 01%	同纯化水
细菌内毒素	—	—
微生物限度	≤ 100CFU/ml	≤ 10CFU/100ml

注:1. 如果按制药用水电导率测定法检测符合规定,则纯化水和注射用水不再进行酸碱度、硝酸盐、亚硝酸盐、氨等项目的检测;纯化水检测项目中总有机碳和易氧化物两项可选做一项。

2. 纯化水微生物检测还要求不得检出洋葱伯克霍尔德菌群(Bcc)、铜绿假单胞菌等高风险微生物,需通过特异性培养基〔如胰酪大豆琼脂培养基(TSA 培养基)+ 头孢他啶〕进行专项检测;注射用水微生物限度要求动态过程控制,结合在线监测(如 ATP 生物发光法)和离线培养(R2A 琼脂,20~25℃培养 5 天),检出灵敏度提升至 10CFU/ml。

(二)纯化水制备系统

纯化水以饮用水作为水源。制备纯化水的装置包括预处理系统(包括原水箱、多介质过滤器、活性炭过滤器、紫外线脱氯装置、软化装置等)和纯化水制备系统〔包括膜过滤技术、离子交换(ion exchange)系统、电去离子(electrodeionization,EDI)系统、蒸馏、紫外线灯、换热器等组件〕。

1. 多介质过滤器 一般称为多机械过滤器或砂滤,过滤介质为不同直径的石英砂分层填装,较大直径的介质通常位于过滤器顶端,水流自上而下通过逐渐精细的介质层。介质层主要用于过滤除去原水中的大颗粒、悬浮物、胶体及泥沙等,以降低原水浊度对膜系统的影响,同时降低污染指数,以达到反渗透系统进水要求。

2. 活性炭过滤器 活性炭过滤器的过滤介质通常是由颗粒活性炭构成的固定层。主要用于去除水中的游离氯、色度、微生物、有机物以及部分重金属等有害物质,以防止它们对反渗透膜系统造

成影响。

此外,由于活性炭过滤器表面积大而流速较低,会截留住大部分的有机物和杂质等,使其吸附在表面,因此,可以采用定期的巴氏消毒来保证活性炭的吸附作用。

3. 软化装置 软化装置通常由盛装树脂的容器、树脂、阀或调节器以及控制系统组成,介质为树脂。它主要是用钠型阳离子树脂中的 Na^+ 交换出原水中的钙、镁离子而降低水的硬度,以防止钙、镁等离子在反渗透(reverse osmosis,RO)膜表面结垢,使原水变成软化水。

4. 膜过滤技术(微滤、超滤、纳米过滤和反渗透) 微滤用于去除细微粒和微生物,在最终过滤的过滤器中,膜孔径的大小通常是 0.04~0.45μm。

超滤系统可作为反渗透的前处理,用于去除水中的有机物、细菌,以及病毒和热原等。超滤系统的设备主要包括原水箱、原水泵、盘式过滤器、超滤装置、超滤产水箱、反洗泵、氧化剂加药装置等。膜的材质是聚合体或陶瓷物质。

纳米过滤是一种介于反渗透和超滤之间的压力驱动膜分离方法,能去除阴离子和阳离子,在我国的纯水制备系统当中,还没有普遍使用。

反渗透系统承担了主要的脱盐任务。典型的反渗透系统包括反渗透给水泵、阻垢剂加药装置、还原剂加药装置、5μm 精密过滤器、一级高压泵、一级反渗透装置、CO_2 脱气装置或 NaOH 加药装置、二级高压泵、二级反渗透装置以及反渗透清洗装置等。阻垢剂加药系统是在反渗透进水中加入阻垢剂,防止反渗透浓水中碳酸钙、碳酸镁、硫酸钙等难溶盐浓缩后析出结垢堵塞反渗透膜。NaOH加药装置用以调节进水 pH,使二级反渗透进水中 CO_2 气体以离子形式溶解于水中,并通过二级反渗透去除。反渗透(RO)是压力驱动工艺,利用半渗透膜去除水中溶解盐类,同时去除一些有机大分子和前阶段没有去除的小颗粒等。

5. 离子交换系统 包括阳离子和阴离子树脂及相关的容器、阀门、连接管道、仪表及再生装置等,主要作用是去除盐类。

6. 电去离子系统 主要功能是进一步除盐。

7. 紫外线灯 用来抑制微生物生长。

8. 换热器 主要用于预处理部分、反渗透装置及 EDI 装置的消毒。

纯化水制备系统图见图 5-6。

> **课 堂 活 动**
>
> 请同学们讨论一下纯化水系统和家里常用的净水器的不同点和相同点。

二、注射用水制备系统

(一) 注射用水的应用范围

注射用水可用作直接接触无菌药品的包装材料的最后一次精洗用水、无菌原料药精制工艺用水、直接接触无菌原料药的包装材料的最后洗涤用水、无菌制剂的配料用水等。注射用水可作为配制注射剂、滴眼剂等的溶剂或稀释剂及容器的精洗。

灭菌注射用灭菌粉末的溶剂或注射剂的稀释剂,其质量应符合灭菌注射用水项下的规定。

图 5-6 纯化水制备系统图

（二）注射用水制备系统

现行版《中国药典》不再限定仅能使用纯化水蒸馏法制备注射用水，允许采用"等效纯化工艺"（如反渗透＋超滤等非蒸馏技术）获得，与国际药典全面接轨。目前为止，国内药品生产企业注射用水的制备通常采用多效蒸馏或热压蒸馏方式。

1. **多效蒸馏** 多效蒸馏设备通常由两个或更多蒸发换热器、分离装置、预热器、两个冷凝器、阀门、仪表和控制部分等组成。经过每效蒸发器产生的纯蒸汽都用于加热原料水，并在后面的各效中产生更多的纯蒸汽，纯蒸汽在加热蒸发原料水后经过相变冷凝成为注射用水，以此来节约能源。

2. **热压蒸馏** 热压蒸馏是基于热能转换和蒸汽压缩技术，通过蒸发、压缩和冷凝等步骤实现水的分离和净化。系统的主要组成部分有蒸发器、压缩机、热交换器、脱气器、泵、电机、阀门、仪表和控制部分等。

三、制药用水的贮存分配及消毒系统

（一）制药用水的贮存分配系统

纯化水与注射用水的贮存与分配在制药工艺中非常重要，将直接影响药品生产质量。GMP（2010 年修订）对制药用水的贮存、分配作出了如下规定：

"第九十八条 纯化水、注射用水储罐和输送管道所用材料应当无毒、耐腐蚀。储罐的通气口应当安装不脱落纤维的疏水性除菌滤器；管道的设计和安装应当避免死角、盲管。

第九十九条 纯化水、注射用水的制备、贮存和分配应当能够防止微生物的滋生。纯化水可采用循环，注射用水可采用 70℃以上保温循环。"

贮存系统用于调节高峰流量需求与使用量之间的关系，使两者合理地匹配。贮存和分配的设施一般包括储罐、水泵、管道、阀门等。饮用水的管道可以采用镀锌钢管或者塑料管。纯化水和注射用水的储罐和输送管道应选用无毒、耐腐蚀、内壁抛光的优质低碳316L不锈钢。制药用水的输送管路应避免出现死角、盲管和不宜清洗的部位,在管路设计时应尽量考虑缩短距离,尽量减少贮存和停留时间,并方便清洁和消毒。常见的纯化水分配系统图见图5-7,注射用水分配系统图见图5-8。

图 5-7　纯化水分配系统图

图 5-8　注射用水分配系统图

案例分析

案例:国家药品监督管理局相关部门对某药厂进行跟踪检查,发现该企业注射用水有两套分配系统,分别供应 P1 与 P2 车间,两套分配系统在进入回水热交换器前合并。对回水温度只有一个温度监控探头,且回水温度监控探头设在回水热交换器之后,无法准确测量回水温度。

处理结果:责令企业停产并限期整改。

分析:GMP(2010 年修订)第九十九条规定:"注射用水可采用 70℃以上保温循环。"本案例中不能正确地检测循环管道中注射用水的温度,无法保证注射用水的微生物限度,存在较大的质量风险,不符合 GMP 要求。

(二)制药用水的消毒系统

GMP(2010 年修订)第一百零一条规定:"应当按照操作规程对纯化水、注射用水管道进行清洗消毒,并有相关记录。发现制药用水微生物污染达到警戒限度、纠偏限度时应当按照操作规程处理。"

通常情况下,贮存和分配系统需要进行周期性消毒,以保证制药用水的质量。消毒方法通常包括以下 3 种。

1. 化学消毒　常用的化学消毒剂为 2%~5% 过氧化氢和 1% 过氧乙酸,商业上可以用这些化学品的不同混合液或其他化学品达到消毒目的。消毒剂的去除证明是非常重要的,可以用适当的指示剂检查是否已经有效去除了添加的消毒化学品。

2. 臭氧消毒　臭氧也可以周期性地用于贮存和分配系统的消毒。储罐一般使用连续臭氧消毒,然后在进入分配环路或单个使用点之前通过紫外线辐射来去除臭氧。分配系统可采用定期消毒,关闭紫外线灯并增加臭氧浓度,使臭氧流经分配回路进行消毒。

3. 加热消毒　周期性加热消毒也是非常可靠和有效的制药用水的消毒方法。最直接的消毒方法是加热分配系统中的循环工艺水至不低于 80℃,并在验证的时间内保持此温度。

点滴积累

1. 制药用水包括饮用水、纯化水、注射用水和灭菌注射用水。
2. 在纯化水、制药用水的制备、贮存、分配过程中重点要防止微生物的滋生。
3. 纯化水、注射用水储罐和输送管道所用材料应当无毒、耐腐蚀。管道的设计和安装应当避免死角、盲管。

第四节　制药设备管理

制药设备作为药品生产中从物料投入到转化成产品的工具和载体,与药品质量息息相关。设备管理是 GMP(2010 年修订)主要内容之一。

一、设备的设计选型原则与除尘防污染措施

GMP(2010 年修订)第七十一条规定:"设备的设计、选型、安装、改造和维护必须符合预定用途,应当尽可能降低产生污染、交叉污染、混淆和差错的风险,便于操作、清洁、维护,以及必要时进行的消毒或灭菌。"

第七十四条规定:"生产设备不得对药品质量产生任何不利影响。与药品直接接触的生产设备表面应当平整、光洁、易清洗或消毒、耐腐蚀,不得与药品发生化学反应、吸附药品或向药品中释放物质。"

第七十六条规定:"应当选择适当的清洗、清洁设备,并防止这类设备成为污染源。"

第七十七条规定:"设备所用的润滑剂、冷却剂等不得对药品或容器造成污染,应当尽可能使用食用级或级别相当的润滑剂。"

设备的设计选型应由熟悉产品工艺人员和设备使用人员起草一份综合了各方意见的用户需求文件,作为设备选型和设计的基本依据,文件要对生产能力、生产工艺、操作需求、清洁需求、可靠性需求、防污染需求、防差错需求、法规要求等作出详细描述。

设备的设计选型应充分考虑以下方面:产品物理特性、产品化学特性、生产规模、生产工艺要求、关键材料材质要求、清洁要求、稳定性需求、设备安装区域、设备安装位置、设备固定方式、设备对环境的需求、包装材料要求、设备外观要求、设备安全防护要求、设备环保合规要求、技术资料要求、操作要求、维修要求、计量要求、售后服务要求。

药品生产设备的设计和选型要能够从制作的材料上去考虑如何预防材料本身对药品(物料)可能造成的污染。比如,生产设备不得与所加工的药品发生反应,不得释放可能影响药品生产质量的物质等。另外采用一些有集尘装置的设备能够减少粉尘污染;采用机械进行生产和包装,也能有效地防止裸手带来的染菌污染等。

二、设备的使用与维护维修保养

GMP(2010 年修订)第七十九条规定:"设备的维护和维修不得影响产品质量。"

第八十条规定:"应当制定设备的预防性维护计划和操作规程,设备的维护和维修应当有相应的记录。"

第八十一条规定:"经改造或重大维修的设备应当进行再确认,符合要求后方可用于生产。"

第八十二条规定："主要生产和检验设备都应当有明确的操作规程。"

第八十三条规定："生产设备应当在确认的参数范围内使用。"

(一) 设备的使用

设备的使用管理主要包括：清洁、维护、维修、使用等都应有相对应的文件和记录,所有活动都应由经过培训合格的人员进行,每次使用后及时填写设备相关记录和设备运行日志,设备使用或停用时状态应该显著标示等等。

操作人员在上机前要经过设备的培训,并经质量管理部门和工程维护部门考核合格后,方可上岗操作设备。

设备使用记录包括：设备运行记录、设备周检记录、设备点检记录、设备润滑记录、设备维修保养记录、设备故障分析记录、设备事故报告表等。设备状态标识颜色：运行中、已清洁为绿色,待清洁、待维修、维修中为黄色,停用为红色。

所有设备都应该编号,设备编号应体现所属的使用部门。同一剂型和规格的设备编号应体现统一性,能表现集群型设备特点。

所有设备都应该制订标准操作规程,明确使用过程的职责划分、工作程序和内容等。在使用设备前,操作人员要先检查设备状态标志,确认状态标志与生产工艺相符。严格按照操作规程进行设备的使用,并及时更换相应的状态标志。

设备使用应严格执行操作规程和巡回检查制度。当操作人员发现设备出现异常情况时,应立即停机,查找原因并及时上报。

设备应有相应的使用日志,记录内容包括使用、清洁、维护和维修情况以及日期、时间、所生产及检验的药品名称、规格和批号等。操作人员应及时填写设备日志,日志填写应字迹清晰,语句简练准确、无漏填或差错。

(二) 设备的维修保养

设备维修与维护是 GMP 的基本要求之一。建立良好维修作业规范主要是通过实施有计划、周期性的维修活动来保护公司的设备与系统。

设备的基础维护是确保设备处于"无维护正常运转状态"的基础,主要由企业工程设备管理部门负责。药品生产企业应该建立完善的维修保养规程,管理所有生产相关的设备及辅助系统的保养维修活动,并制订设备日常维护的规程和方法,对相关人员进行设备日常保养和维护的培训和考核。

设备的日常维护主要是由设备使用者进行。设备使用者必须严格遵守设备的操作规程和安全守则。设备的日常维护需明确责任人和实施人、时间与地点、要求与标准、内容与方法、记录与保存等。

设备的在线维护,是指设备不进行移动的情况下进行的维护。在不影响洁净度和不污染药品的前提下,维修人员进入生产区进行设备的维修。设备的非在线维护,是指把生产设备移动到专门的维护区域所进行的维护。维护后设备要进行必要的清洁和灭菌。

三、设备的清洁

GMP(2010 年修订)第八十四条规定:"应当按照详细规定的操作规程清洁生产设备。"

第八十五条规定:"已清洁的生产设备应当在清洁、干燥的条件下存放。"

设备的清洁不仅是预防、减少污染与交叉污染的重要举措,也有利于设备的使用和保养。

课 堂 活 动

设备清洁不彻底会导致什么后果?

应该建立详尽的生产设备清洁标准操作规程,规定设备清洁的方法、清洁用设备或工具、清洁剂的名称及配置方法、去除前一批次标识的方法、已清洁设备最长的保存时限、清洁周期或清洁频率等。要详细说明设备清洁后的干燥方法,确保清洁后的设备在清洁、干燥的条件下存放。设备的清洗方法和消毒方法要经过验证。

考 证 要 点

1. 清洁后的设备要确保在清洁、干燥的条件下存放。
2. 设备清洁标准操作规程的主要内容。

对于非专用设备,在清洁操作规程中要明确更换品种生产时是否需要额外的清洗,额外的清洗步骤需要详细描述,清洁效果要有相关数据支持。当设备增加生产品种时,设备的清洁规程必须重新制订,并且需要做清洁验证。

用于设备清洗的水应与用于生产过程的工艺用水要求类似,水和清洗用溶剂必须不含致病菌、有毒金属离子以及无异味。

设备清洁后应有相应的清洁状态标识,标明清洁时间和有效期。

案例分析

案例:国家药品监督管理局相关部门对某药厂进行跟踪检查,发现枸橼酸铁铵原料药的部分生产区生产设施、设备等均无状态标识。枸橼酸铁铵原料药和工业枸橼酸铁铵在部分生产区共线生产,由于两种产品的工艺参数有显著差异,但生产设施、设备等无状态标识,有产生混淆、差错的风险,可能影响产品质量。

处理结果:责令企业停止生产,限期整改,查清销售情况,召回相关产品,并开展立案调查。

分析:以上案例违反了 GMP(2010 年修订)第八十七条规定:"生产设备应当有明显的状态标识,标明设备编号和内容物(如名称、规格、批号)。"第四十六条规定:"为降低污染和交叉污染的风险,厂房、生产设施和设备应当根据所生产药品的特性、工艺流程及相应洁净度级别要求合理设计、布局和使用……确定厂房、生产设施和设备多产品共用的可行性,并有相应评估报告。"因此,为了保障药品质量及安全生产,药品生产企业应严格按照规范要求对生产设施设备进行管理。

四、设备的校准

GMP（2010年修订）第九十条规定："应当按照操作规程和校准计划定期对生产和检验用衡器、量具、仪表、记录和控制设备以及仪器进行校准和检查，并保存相关记录。校准的量程范围应当涵盖实际生产和检验的使用范围。"

第九十四条规定："不得使用未经校准、超过校准有效期、失准的衡器、量具、仪表以及用于记录和控制的设备、仪器。"

校准是保证药品生产和检验用衡器、量具、仪表、记录和控制设备以及仪器准确性的重要手段，对保证产品质量具有非常重要的作用。药品生产企业要有专门的部门和人员负责校准管理工作，建立校准操作规程、校准台账、校准计划、校准记录，当校准过程中出现偏差和变更时，要严格按照偏差和变更处理程序执行。

企业可以根据仪表的风险程度、关键性、使用场合、使用频率、制造厂商要求建议、相关标准法规、以往校准历史数据等因素综合考量制订校准周期。校准周期并不是固定不变的，可以基于历史校准数据和仪表的稳定情况缩短或延长校准周期。一些国家规定强制检定的仪表需要按照国家规定的周期执行。

校准必须由具备资质的人员或机构执行，校准后要出具校准证书，管理人员要保证所有的衡器、量具、仪表、记录和控制设备以及仪器应当有明显的标识，标明其校准日期和有效期。使用前操作人要对其校准有效期进行检查，超过有效期的不得用于药品生产和质量检验。

五、设备档案管理

GMP（2010年修订）第七十二条规定："应当建立设备使用、清洁、维护和维修的操作规程，并保存相应的操作记录。"

第七十三条规定："应当建立并保存设备采购、安装、确认的文件和记录。"

应将收集齐全的设备技术资料建立完整的设备档案，设备档案内容包括：

(1)设备编号、设备名称、型号、规格、生产能力、生产厂家。

(2)设备图纸、说明书、随机附件、易损件、验收文件、工具清单等技术资料，装箱单、拆箱单。

(3)安装施工图与安装记录。

(4)设备确认文件与记录。

(5)设备使用、清洁、维护和维修的操作规程。

(6)设备使用、清洁、维护和维修的操作记录。

(7)事故记录。

(8)对所有管线，特别是隐蔽工程，应绘制水、电、气(汽)、真空、冰盐水冷冻、空调、空气净化系统图。

实训项目八　参观药品生产车间

一、实训目的

1. 了解和感受药品生产企业 GMP 车间的基本布局和设计要求。
2. 了解和感受药品生产设备管理制度及现场执行情况。
3. 熟悉空气净化和工艺用水制备系统。

二、实训内容

1. 学生能根据生产工艺流程较好地理解 GMP 车间的设计原则与要求。
2. 分组参观各剂型车间,了解设施设备管理的各项制度,并确认各设备的状态。
3. 重点参观空气净化系统和工艺用水制备系统,充分认识这两者在药品生产中的重要作用。

三、实训注意

1. 平时应与企业保持良好的关系。
2. 分组任务分配应明确具体。
3. 参观时应遵守企业规定,保持纪律,不要喧哗。
4. 现场随时提问,做好记录。

四、实训检测

学生应能熟悉不同产品生产车间布局原则及洁净区分级要求,熟练掌握厂房设计要点、空气净化和工艺用水制备流程。

五、实训报告

学生根据本章知识结合实训项目,撰写相关实训报告。

六、实训评价

从以下几方面对实训进行评价:

1. 实训前资料搜集。
2. 独立操作、动手及编写能力。
3. 实训操作的正确性。
4. 实训的纪律性。
5. 实训报告。

目标检测

习题

一、简答题

1. 厂址选择的主要原则有哪些?
2. 制药用水分为哪几类,说出它们的制备方法?
3. 设备清洁操作规程主要包括哪些内容?

二、实例分析

1. 2007 年,在广西、上海、北京、安徽等地多家医院陆续发现有患者在使用某制药企业生产的甲氨蝶呤后,出现下肢疼痛、下肢麻木、大小便失禁、脊髓马尾神经以下瘫痪等不良反应。后经调查,发现该药品生产线污染了长春新碱,怀疑原因为生产设备未彻底清洗。

   通过此案,分析设备的有效清洁对于多产品共线生产设备的重要性。

2. 2015 年 3 月,国家食品药品监督管理总局相关部门对某中药公司进行了飞行检查,发现企业存在以下问题:现场检查时,该企业车间清洁不彻底,生产设备无清洁状态标识;部分饮片无货位卡标识,个别批次饮片未集中存放;未设立原药材阴凉库,枸杞子等药材未按规定阴凉保存;未将检验不合格的蜜旋覆花及蜂蜜存放到不合格品库。

   处理结果:收回其药品 GMP 证书,责令企业停止生产,召回相关产品。

   通过此案,分析该制药公司违反了本章内容提及的 GMP(2010 年修订)的哪些条例? 应当如何整改?

(夏亚钊)

第六章 文件管理

学习目标

1. **掌握** 文件类型、文件制订的要求、文件编码方法、记录填写要求。
2. **熟悉** 文件系统构架、文件生命周期、常见各类文件的格式内容。
3. **了解** 文件管理的信息化。

导学情景

情景描述：

药学院制药专业的学生们，到某制药企业外包车间进行生产实习，车间主任首先给学生们进行"外包岗位的标准操作规程""印有标签、说明书内容的包装材料的管理规程"以及"装瓶机标准操作规程"等标准操作规程的培训……

学前导语：

制药企业实施 GMP 的三要素可以概括为：硬件、软件和湿件。所谓硬件是指厂房、设施与设备等；软件是指文件系统即职责、制度、标准、工艺、规程、程序、记录等管理规定等；湿件是指具备必要资质的高素质的人员。而一套经过验证的，具有实用性、现行性的软件是制药企业运行和实施 GMP 的保证，本章我们将带领同学们共同学习 GMP 的文件管理系统。

文件是信息及其承载媒体。GMP 概念中的文件是指一切涉及药品生产、管理全过程中使用的书面标准和实施过程中产生的结果的记录。这个定义明确地指出了药品生产企业文件的两大部分：标准和记录。

文件管理是药品生产企业质量管理体系的重要组成部分，其核心目标在于确立、控制、监督并记录所有直接或间接影响药品质量的活动。药品生产企业需立足产品特性和目标市场，依据药品法规、指南、技术标准，制订一套结构分明、要素清晰的指导文件，如质量标准、工艺规程、操作规程等，确保所有药品生产质量管理活动"有法可依"。此外，企业应确保相关人员充分理解并掌握这些指导文件，并能在实际生产过程中准确执行。执行过程和结果应在记录、报告中全面、准确地重现，用于识别偏差、发现改进的机会，实现"有法必依"。

> **课堂活动**
> 药品生产企业的文件有哪些？请说出 3 种企业文件名称。

第一节 文件类型与生命周期

一、文件类型

建立一套能够全面反映质量管理系统组织结构的文件系统对确保质量管理系统的有效性至关重要。根据 GB/T 19023—2003《质量管理体系文件指南》,可将文件系统设计为自上而下的金字塔层次结构,包括方针、管理规程、操作规程、报告和记录四个层次。在这个结构中,越往上的文件越精炼,对高层管理者的参与度要求越高;越往下的文件越细化,对日常生产质量管理活动的指导性越强。图 6-1 展现了各层次文件之间的基本关系及代表性文件类别。

图 6-1 文件系统构架

方针类文件是文件系统的顶层设计,体现企业的质量管理理念,为质量文化的构建定下基调,同时指导管理规程与操作规程的制订。

管理规程结合公司组织架构和产品线,将方针转化为各业务单元的管理原则、工作流程及相关要求。操作规程则在管理规程的框架内,为具体业务建立操作流程和规范,将方针和管理原则具体化为员工的操作指南,并通过记录来呈现。前三个层次的文件均属于指导性文件,是药品法规、指南、技术标准与企业内部管理操作之间的纽带。尤其是第二、第三层次的文件,主要以管理规程和标准操作规程的形式出现,包括由此衍生出的空白记录。虽然空白记录的最终目的是记录和重现管理和操作过程及结果,但作为指导性文件的延伸,它们同样承担着指导职能,展现了操作要求和控制标准,不仅方便操作人员更快捷地理解流程和具体要求,还可以确保复查和审核的效率和质量。

在文件系统的底层,是执行前三层指导文件过程中产生的各类方案、报告和原始记录。这些报告、记录是执行结果的直接体现,也是评价体系运行质量的直接证据,是药品生产质量管理体系的基石。

《场地管理文件》

2020 年 1 月 22 日,国家药品监督管理局发布《药品生产监督管理办法》,明确提出企业应按照规定提交并持续更新场地管理文件。2024 年 3 月 27 日发布《〈场地管理文件〉编写指导原则(试行)》,对《场地管理文件》提出了明确要求。

《场地管理文件》(Site Master File, SMF)是指由药品生产企业编写的药品生产活动概述性文件,针对企业每个生产地址建立,至少应当包含质量管理策略及在本生产地址进行的药品生产操作和质量控制活动,如有其他生产活动,也应当说明。《场地管理文件》是企业质量管理文件体系的一部分,应当按照 GMP 的有关要求进行管理,建立文件编号、版本号、生效日期、变更历史等。

二、文件管理的生命周期

与设施、设备和产品一样,文件也有其生命周期,见图 6-2。

图 6-2　文件管理生命周期示意图

企业应建立一个全面覆盖文件生命周期的管理规程,对其各阶段进行有效管理和控制,确保文件管理符合法规要求,并有效降低数据可靠性风险,见图 6-3。

图 6-3　全生命周期文件管理

点滴积累

1. 药品生产企业的文件可分为标准和记录两大类。
2. 文件管理的核心目标是确立、控制、监督并记录所有直接或间接影响药品质量的活动。
3. 起草 / 修订、审核、批准、复制发放、旧版本失效、原件存档等不同阶段构成文件的生命周期。

第二节　文件的制订与管理

　　文件管理是指包括文件的设计、制订、审核、批准、分发、执行、归档及文件变更等一系列过程的管理活动。

　　药品生产企业应建立文件的起草、修订、审核、批准、替换或撤销、复制、保管和销毁等管理制度,并有相应的文件发放、撤销、复制、销毁的记录。文件管理的内容及要点见表 6-1。

表 6-1　文件管理的内容及要点

生命周期	描述
文件起草	建立新文件
	对已有文件进行更新或定期回顾
审核	格式审核：对照已规定的文件标准格式检查相应的内容(如文件编号、版本号、字体、字号等)(文件管理人员负责)
	内容审核：从法规、技术和管理的角度,确认文件内容(相应部门技术专家或管理负责人负责)
批准	文件在使用前必须经过批准,批准人应当是相应部门或领域的负责人
文件发放	确保工作现场文件的获取,可根据需要发放文件的纸质版本或授权进入计算机化的文件管理系统查阅文件
	向公司外部提供文件,应遵循相应限制性规定及审批流程
	文件发放应当有相应的记录,并通过控制号确保可追溯性

生命周期	描述
培训	为保证文件内容的执行,必须明确文件的培训要求
	在文件生效日期前组织相关人员进行培训,并有相应的记录
生效	生效日期当天文件生效,正式按文件规定内容执行
	文件生效前需经过适当培训。文件批准后至生效前应留有一定的时间间隔(由文件审核人或批准人确定),以确保文件的内容得到有效培训
失效	文件失效后,应第一时间从所有使用岗位收回,防止错误使用失效的版本
销毁	除旧版本原件留存备查外,其他复制件销毁,销毁过程应有记录
文件存档	按规定对旧版本文件的原件进行保存和归档
定期回顾	根据规定时限,对文件进行定期回顾,检查文件内容的适用性

一、文件的制订

在文件系统中,顶层的方针类文件通常由质量管理部门(QA 部门)主导制订,经质量负责人审核、总经理批准后执行。第二、第三层的管理规程和操作规程,则需要相关负责部门(即执行部门)参与起草和修订,以确保文件批准后能被有效执行。

> **课 堂 活 动**
> 药品生产企业的文件的格式与一般企业文件的格式有什么区别?

文件格式应统一,并在文件管理规程中明确规定。常见格式如下所示。

1. 文件表头 文件表头应包含文件标题、文件编号、起草人及部门、审核人、批准人、生效日期、分发部门等内容,格式见表 6-2。

表 6-2 文件表头

文件标题				文件编号:	
起草人:	年 月 日		起草部门		
部门审核:	年 月 日		文件审核:	年 月 日	
批准人:	年 月 日		生效日期	年 月 日	
颁发部门:			分发部门:		
页数: 页	附 件: 页		变更历史:		

如文件超过一页,后续页表头只需体现文件标题及编号,其他项可省略。

2. 正文 正文在文件表头下方编写。正文开始应注明目的、适用范围、人员职责 / 文件制订依据等,然后是具体内容。

二、文件的标识

文件应有便于识别其文本、类别的系统编码,药品生产企业应统一编码规则,文件编码应符合下列要求。

1. 系统性 统一分类、编码,并指定专人负责编码,同时进行记录。

2. 准确性 文件应与编码一一对应,一旦某一文件终止使用,此文件编码即告作废不得再次启用。

3. 可追踪性 根据编码规则,可任意调出文件、查询文件变更的历史。

4. 稳定性 文件系统编码一旦确定,不得随意变动,以保持系统的稳定性,防止文件管理的混乱。

5. 相关一致性 文件一旦经过修订,必须给定新的编码,相关文件中出现的该文件编码应同时进行修订。

编码类型如下。

1. 标准类编码 "标准"编号方法如图6-4所示。

标准类型代码一般分3类,分别为标准管理规程(standard management procedure,SMP)、标准操作规程(standard operating procedure,SOP)以及标准技术规程(standard technique procedure,STP)。

分类类别代码:企业可以根据实际需要统一制订,具体可参考表6-3。

图6-4 标准类编码编号方法示意图

表6-3 标准文件分类类别及代码

类别	代码	类别	代码
1. 机构与人员	JG	7. 文件	WJ
2. 厂房与设施	CF	8. 生产管理	SC
3. 设备	SB	9. 质量管理	ZL
4. 物料	WL	10. 产品销售与收回	XS
5. 卫生	WS	11. 投诉与不良反应报告	TS
6. 验证	YZ	12. 自检	ZJ

顺序号用4位数字表示,千位数表示分类别,后3位数表示顺序号。如分类别为1,序号为第6号的文件,用1006表示。

版号用2位数字表示,如01为第1版,02为第2版。代码与顺序号、版号之间用短线分开。

例如:SMP-WL-1007-01。

"SMP-WL"表示物料标准管理规程;"1007"表示分类别为1、序号为7的物料标准管理规程;"01"表示首次制订的文件,第1版。

"SMP-WL-1007-01"表示分类别为1、序号为7的物料标准管理规程,此规程是首次制订的。

2. 记录类编码 "记录"编号方法如图6-5所示。

图6-5 记录类编码编号方法示意图

记录类型代码为 TBL。如果是标准管理规程,分类类别与顺序号跟记录所载的文件号保持一致;如果是标准操作规程,在分类类别前面加"O"。

分号一般用一位数字表示,代表此文件的相关记录的号码,如 2 代表第 2 个相关记录。如果文件只有一个相关记录,1 可以省略。

版号:版号用 2 位数字表示,如 01 为第 1 版,02 为第 2 版。代码与顺序号、版号之间用短线分开。

例如:TBL-OWS-1006-2-01。

"TBL"表示记录;"OWS-1006"表示此记录在卫生标准操作规程 1006 中;"2"表示第 2 个相关记录;"01"表示第一次制订的记录表格,为第 1 版。

"TBL-OWS-1006-2-01"表示存在于文件"SOP-WS-1006-01"中的第 2 个记录表格,此记录表格为首次制订的。

三、文件的变更

文件变更是指对文件内容进行的修改,包括但不限于文件的增删、修改、移动等操作。文件变更是文件系统持续优化、向上循环的重要方式,主要包含以下两种情形。

1. 修订文件(含源文件及相关的空白记录) 对现有文件进行修改的过程,包括更新文件内容、修正错误、添加或删除部分内容等。修订文件通常需要保留原文件的版本,以便在出现问题时能够追溯和恢复到之前的版本。

2. 撤销文件 是将不再需要的文件从系统中移除的过程。这通常发生在文件不再适用或已被新的文件替代时。撤销文件时,需要确保所有相关的信息和数据都已经得到妥善处理和备份,以防未来需要时无法获取。

文件变更的原因主要有以下几类:

(1)标准指导文件的定期回顾。

(2)法规 / 指南、权威技术标准(如药典)更新。

(3)偏差、投诉、超标结果(out of specification,OOS)等事件引发的改进。

(4)内外部检查缺陷、各类年度回顾引发的改进。

(5)设施设备、生产工艺、分析方法等各类变更引发文件变更。

在文件系统中,文件变更通常需要遵循一定的流程和规定,以确保文件的完整性和系统的稳定运行。

案例分析

案例:药品监督管理部门对某药品生产企业进行检查时发现:复方硫酸软骨素片成品质量标准(编号 STP-QC-0013)中的氨基己糖含量测定计算公式错误,而实际复方硫酸软骨素片(批号:180101)原始记录中的计算公式正确。导致这种现象的原因是什么?

分析：不同类型文件中相应内容不一致，说明企业文件管理中文件修订未按规范要求进行，文件修订不及时。违反了 GMP（2010 年修订）第一百五十八条："文件应当定期审核、修订；文件修订后，应当按照规定管理，防止旧版本文件的误用。分发、使用的文件应当为批准的现行文本，已撤销的或旧版本文件除留档备查外，不得在工作现场出现。"

四、文件的保存

文件的保存是指对文件进行长期物理或电子化存储，确保其在规定期限内安全、完整且可读取。文件的归档是指文件完成其现行使用阶段后，按照规定的分类、编号和存储要求，将其转移至专门的管理系统或存储位置的过程。文件管理部门保留 1 份现行文件或样本，并根据文件变更情况随时记录在案。各种记录完成后，整理、分类归档，保留至规定期限。

1. 文件的保存方式　文件可以纸质、电子或其他能准确再现其内容的方式保存，如纸质原件及其准确的副本（如影印件、扫描件），电子文件的准确备份，包括对应的检查追踪信息，以及必要的确保备份文件可读的系统备份。

2. 文件的保存期限　关于文件记录的保存期限，对于与批相关的文件和批不相关的文件有不同的要求。

（1）批相关的文件：对于批相关的文件，应按批号归档，保存至药品有效期后 1 年，未规定有效期的药品，批生产记录应保存 3 年。具体包括：批生产记录、批包装记录、批检验记录、药品放行审核记录以及其他与本批产品有关的记录。例如与批生产对应的关键物料接收、检验和放行记录，产品返工、重加工记录，产品的发运、退货等记录均可视为"与本批产品有关的记录"。

（2）批不相关的文件：对于批不相关的文件，其保存期限视具体相关法规要求而定。GMP 规定，质量标准、工艺规程、操作规程、稳定性考察、确认、验证变更等其他重要文件应长期保存。从信息可追溯性的角度出发，基于各类文件在质量信息追溯中的作用，结合文件保存的实际可行性，企业可根据监督管理要求，结合药品 / 设施设备的生命周期确定文件的保存时限，如表 6-4 所示。

表 6-4　其他重要文件的保存期限

文件类型	保存期限
质量标准（含检验规程）签批件	对应的产品退市，最后一批产品失效时
工艺规程及相关操作规程签批件	对应的产品退市，最后一批产品失效时
设施设备相关操作规程签批件	对应的设施设备退役时
稳定性考察方案、报告、记录	对应的产品退市，最后一批产品失效时
	或原考察产品对应的生产工艺或质量标准发生重大变更，变更前最后一批产品失效时
设施设备确认文件、计算机化系统验证文件	对应的设施设备、系统退役时
工艺验证文件	对应的产品退市，最后一批产品失效时
	或生产工艺发生重大变更，变更前最后一批产品失效时

文件类型	保存期限
分析方法验证文件	对应的产品退市,最后一批产品失效时
	或分析方法发生重大变更,原分析方法检验的最后一批产品失效
清洁/消毒/灭菌验证文件	对应的产品退市,最后一批产品失效时
	或对应的清洁/消毒/灭菌程序发生重大变更后3年
运输确认文件	对应的产品退市,最后一批产品失效时
	或运输条件发生重大变更,适用原运输条件的最后一批产品失效
变更控制文件	对应的产品退市,最后一批产品失效时
	或对应的设施设备、系统退役时

当药品所在地的监督管理部门有具体规定时,按其规定确定文件保存期限。如依照《反兴奋剂条例》(2018年修订),生产蛋白同化制剂、肽类激素的企业,其相关生产、销售、库存记录应保存至超过产品有效期2年。

五、文件管理的信息化

随着药品全生命周期的数据可靠性挑战日益彰显,企业内部成本控制、效率提升的驱动,信息化建设已成为制药企业发展的必然趋势。文件管理系统(document management system,DMS)的建立有助于提高工作效率和管理水平,也是确保企业可持续发展、加强安全和保密性、促进信息共享和协作、提升用户体验的重要手段。随着信息技术的不断发展,文件管理信息化将成为未来发展的必然趋势。

> **知识链接**
>
> **自动化数据分析:生产过程数据自动采集,报表自动生成**
>
> 在我国某生物制药系统装备智能工厂,大量的数据通过智能自动化物联网平台进行分析建模,转化为产品运行的长期可追踪的信息,可提供设备、工艺等的长期动态可靠性数据,同时数据信息经整合、处理、校验,并通过深度挖掘、建立数字模型分析,形成可视化图表,优化产品数据库,实现了客户需求与设计、生产、供应链、服务体系的快速匹配。
>
> 党的二十大报告提出,推动制造业高端化、智能化、绿色化发展,推进健康中国建设。该智能工厂紧紧抓住科技革命和产业变革的重大机遇,开启智能制造的新模式。其自动化的数据分析不仅紧密联动智能工厂的信息流动,更在背后默默提升公众对国产药品的信任与信心。

药品生产企业的文件管理系统在未来发展中需要不断适应技术创新、法规变化、数据管理与分析以及用户增值服务等方面的要求,以确保药品生产的高效、安全和质量。

点滴积累

1. 文件的起草、修订、审核、批准、替换或撤销、复制、保管和销毁等应按操作规程管理,并有相应的文件分发、撤销、复制、销毁的记录。
2. 文件应有统一的编码与格式。
3. 文件变更应遵循一定的流程和规定,以确保文件的完整性和系统的稳定运行。
4. 文件应按照适宜的方式保存相应的期限,确保其在规定期限内安全、完整且可读取。
5. 文件管理的信息化是未来文件管理发展的必然趋势。

第三节 主要生产质量文件

一、质量标准

质量标准是详细阐述生产过程中所用或所得产品或物料必须符合的技术要求。质量标准是质量评价的基础,是保证产品质量、安全性、有效性和一致性的重要因素。

物料和成品应有经过批准的现行质量标准。必要时,中间产品或待包装产品也应有质量标准,根据 GMP(2010 年修订)的要求,质量标准通常包括表 6-5 中的几类。

表 6-5　质量标准的类型

质量标准类别	内容要求见 GMP（2010 年修订）	制定依据
物料质量标准	第一百六十五条	原料药、辅料：现行版《中国药典》、目标市场的国家 / 区域药典,进口原辅料需同时符合其进口注册标准；原料药生产用原料：国家标准（GB）、行业标准；包装材料：药包材行业标准（YBB）,进口药包材需符合其进口标准
中间产品和待包装产品质量标准	第一百六十六条	产品注册文件中所载的质量标准
成品质量标准	第一百六十七条	现行版《中国药典》,目标市场的国家 / 区域药典,如《美国药典》《欧洲药典》《日本药局方》《英国药典》《国际药典》,产品覆盖多个市场时,可整合多方药典标准,最终以经药品监督管理部门批准的注册质量标准为准

(一)物料的质量标准

物料的质量标准一般应当包括:

1. **物料的基本信息** ①企业统一指定的物料名称和内部使用的物料代码;②质量标准的依据;③经批准的供应商;④印刷包装材料的实样或样稿。

2. 取样、检验方法或相关操作规程编号。

3. 定性和定量的限度要求。

4. 贮存条件和注意事项。

5. 有效期或复验期。

（二）成品的质量标准

成品的质量标准应当包括：

1. 产品名称以及产品代码。

2. 对应的产品处方编号（如有）。

3. 产品规格和包装形式。

4. 取样、检验方法或相关操作规程编号。

5. 定性和定量的限度要求。

6. 贮存条件和注意事项。

7. 有效期。

二、工艺规程

工艺规程为生产特定数量的成品而制订的一个或一套文件，包括生产处方、生产操作要求和包装操作要求，规定原辅料和包装材料的数量、工艺参数和条件、加工说明（包括中间控制）、注意事项等内容。每种药品的每个生产批量均应当有经企业批准的工艺规程，不同药品规程的每种包装形式均应当有各自的包装操作要求。工艺规程的制订应当以注册批准的工艺为依据，工艺规程不得任意更改；如需更改，应当按照相关的操作规程修订、审核、批准。工艺规程的修订一般不超过 5 年。

制剂的工艺规程的内容至少应当包括以下内容。

（一）生产处方

1. 产品名称和产品代码。

2. 产品剂型、规格和批量。

3. 所用原辅料清单（包括生产过程中使用，但不在成品中出现的物料），阐明每一物料的指定名称、代码和用量；如原辅料的用量需要折算时，还应当说明计算方法。

（二）生产操作要求

1. 对生产场所和所用设备的说明（如操作间的位置和编号、洁净度级别、必要的温湿度要求、设备型号和编号等）。

2. 关键设备的准备（如清洗、组装、校准、灭菌等所采用的方法或相应操作规定编号）。

3. 详细的生产步骤和工艺参数说明（如物料的核对、预处理、加入物料的顺序、混合时间、温度等）。

4. 所有中间控制方法及标准。

5. 预期的最终产量限度，必要时，还应当说明中间产品的产量限度，以及物料平衡的计算方法和限度。

6. 待包装产品的贮存要求，包括容器、标签及特殊贮存条件。

7. 需要说明的注意事项。

（三）包装操作要求

1. 以最终包装容器中产品的数量、重量或体积表示的包装形式。

2. 所需全部包装材料的完整清单，包括包装材料的名称、数量、规格、类型以及与质量标准有关的每一种包装材料的代码。

3. 印刷包装材料的实样或复制品，并标明产品批号、有效期打印位置。

4. 需要说明的注意事项，包括对生产区和设备进行的检查，在包装操作开始前，确认包装生产线的清场已经完成等。

5. 包装操作步骤的说明，包括重要的辅助性操作和所用设备的注意事项、包装材料使用前的核对。

6. 中间控制的详细操作，包括取样方法及标准。

7. 待包装产品、印刷包装材料的物料平衡计算方法和限度。

例一　原料药生产工艺规程

(1) 产品名称及概述。

(2) 原辅材料、包装材料及质量标准。

(3) 化学反应过程（包括副反应）及生产流程图（工艺及设备流程，包括工艺所需的空气净化级别）。

(4) 工艺过程（包括工艺过程中必需的 SOP 名称以及需验证的工艺过程及说明）。

(5) 生产工艺和质量控制检查（包括中间体检查），中间体和成品质量标准。

(6) 技术安全与防火（包括劳动保护）、环境卫生。

(7) 综合利用（包括副产品收回的处理）与"三废"治理（包括"三废"排放标准）。

(8) 操作工时与生产周期。

(9) 劳动组织与岗位定员。

(10) 设备一览表及主要设备生产能力（设备包括仪表规格型号）。

(11) 原材料、动力消耗定额和技术经济指标。

(12) 物料平衡（包括原料利用率的计算）。

(13) 附录（有关理化常数、曲线、图表、计算公式、换算表等）。

(14) 附页（供修改时登记批准日期、文号和内容用）。

例二　制剂生产工艺规程

(1) 产品名称、剂型、规格。

(2) 处方和依据。

(3) 生产工艺流程。

(4) 操作过程及工艺条件。

(5) 工艺卫生和环境卫生（包括对空气净化级别要求）。

(6) 本产品工艺过程中所需的 SOP 名称及要求。

(7) 原辅材料、中间产品和成品的质量标准和技术参数及贮存注意事项。

(8) 中间产品的检查方法及控制。

(9)需要进行验证的关键工序及其工艺验证的具体要求。

(10)包装要求、标签、说明书(附样本)与产品贮存方法及有效期。

(11)原辅材料的消耗定额、技术经济指标、物料平衡以及各项指标的计算方法。

(12)设备一览表、主要设备生产能力。

(13)技术安全及劳动保护。

(14)劳动组织与岗位定员。

(15)附录(有关理化常数、曲线、图表、计算公式及换算表等)。

(16)附页(供修改时登记批准日期、文号和内容用)。

三、批记录

批记录是用于记述每批药品生产、质量检验和放行审核的所有文件和记录,可追溯所有与成品质量有关的历史信息,包括:批生产记录、批包装记录、批检验记录、药品放行审核记录及其他与本批产品有关的记录文件。

基于批记录在药品生产中的重要作用,批生产 / 包装 / 检验记录的重要控制点和风险点可参考表 6-6 进行管理。

表 6-6　批生产 / 包装 / 检验记录的管理要点

过程	控制点 / 风险点
起草	1. 空白批记录的内容应与下列文件保持一致:
	(1)注册文件
	(2)现有批量的工艺验证报告
	(3)分析方法验证报告
	(4)工艺规程
	(5)质量标准
	2. 有统一格式的标准化模板
使用	1. 指定人员负责空白批记录的复制
	2. 复制的基准是经批准的原版空白批记录
	3. 每批产品只发放一份原版空白批生产 / 包装 / 检验记录的复制件,记录发生污损时,凭污损件申请补发并做好登记
	4. 以批为单位做好空白批记录的分发、使用记录,确保可追踪性
审核	质量受权人须在产品放行前按"必须保证每批已放行产品的生产、检验均符合相关法规、药品注册批准或规定的要求和质量标准"的要求出具产品放行审核记录,此记录可纳入批生产 / 包装记录
保存	1. 按照企业内部规定的方式、期限保存批记录,须同时符合产品所在地药品监督管理部门的规定
	2. 用电子方法保存的批记录,应采用磁带、微缩胶卷、纸质副本或其他方法进行备份,并确保备份在保存期内可以被有效还原、易于读取
修订	原版空白批记录的修订若涉及生产工艺、质量标准、操作流程的实质性变更,须确保其变更内容已纳入变更控制

批生产记录的内容应当包括：

1. 产品名称、规格、批号。

2. 生产以及中间工序开始、结束的日期和时间。

3. 每一生产工序的负责人签名。

4. 生产步骤操作人员的签名；必要时，还应当有操作（如称量）复核人员的签名。

5. 每一种原辅料的批号以及实际称量的数量（包括投入的回收或返工处理产品的批号及数量）。

6. 相关生产操作或活动、工艺参数及控制范围，以及所用主要生产设备的编号。

7. 中间控制结果的记录以及操作人员的签名。

8. 不同生产工序所得产量及必要时的物料平衡计算。

9. 对特殊问题或异常事件的记录，包括对偏离工艺规程的偏差情况的详细说明或调查报告，并经签字批准。

案例分析

案例： 药品监督管理部门对某药品生产企业进行检查时发现：批生产记录中没有体现炒甘草（批号：180619）所需炒制时间和温度，姜半夏（浙）（批号：180518）辅料姜汁的配制用量等工艺参数的记录。思考这个批生产记录合规吗？

分析： 根据 GMP（2010 年修订）第一百七十五条的规定，批生产记录的内容应当包括"相关生产操作或活动、工艺参数及控制范围，以及所用主要生产设备的编号"。这个批生产记录中未体现关键工序的主要参数，不符合规范要求，应按照药品注册文件、工艺规程等相关内容，重新修订。

四、标准操作规程

标准操作规程是指经批准用来指导设备操作、维护与清洁、验证、环境控制、取样和检验等药品生产活动的通用性文件。标准操作规程是企业活动和决策的基础，确保每个人正确、及时地执行质量相关的活动和流程。

企业应规定标准操作规程的固定内容和模板，推荐包含下列要素。

1. 封面页要素 ①公司名称；②文件类型；③文件标题；④编号；⑤版本号；⑥生效日期；⑦回顾日期；⑧编制人、审核人、批准人签名和日期；⑨颁发部门；⑩分发部门。

2. 每页要素 ①公司名称；②文件标题；③编号；④版本号；⑤页码。

3. 正文要素 ①目的；②适用范围；③职责：程序中各项活动的职责分配；④术语和缩略语：对术语和缩略语作出解释说明；⑤参考；⑥程序（推荐多使用流程图、表格、清单，辅以文字说明）：需要完成的任务和达成目标必需的物料、设备等方面的准备，分步骤描述各操作过程及标准、时限，产生的文件、数据处理及记录要求，与本程序执行相关的其他文件，偏差处理（必要时）；⑦附件：空白记录、流程图、工作表、清单。⑧培训要求：培训对象、培训方式；⑨变更历史：修订时间、修订内容。

边 学 边 练

掌握标准操作规程的编制,请见"实训项目九　编制岗位及设备 SOP"。

五、记录

《药品记录与数据管理要求(试行)》规定:数据是指在药品研制、生产、经营、使用活动中产生的反映活动执行情况的信息,包括文字、数值、符号、影像、音频、图片、图谱、条码等;记录是指在上述活动中通过一个或多个数据记载形成的,反映相关活动执行过程与结果的凭证。

记录可以根据用途,分为台账、日志、标识、流程、报告等不同类型。从事药品研制、生产、经营、使用活动,应当根据活动的需求,采用一种或多种记录类型,保证全过程信息真实、准确、完整和可追溯。记录载体可采用纸质、电子或混合等一种或多种形式。

采用计算机(化)系统生成记录或数据的,应当采取相应的管理措施与技术手段,确保生成的信息真实、准确、完整和可追溯。电子记录至少应当实现原有纸质记录的同等功能,满足活动管理要求。对于电子记录和纸质记录并存的情况,应当在相应的操作规程和管理制度中明确规定作为基准的形式。

应当根据记录的用途、类型与形式,制订记录管理规程,明确记录管理责任,规范记录的控制方法。

(一) 记录的填写

各企业在符合相关法律法规要求的前提下,可根据自身的实际情况作出相应的规定,下面就记录在使用和填写时的一般要求总结如下。

1. 使用经过批准的记录格式。

2. 记录应及时、真实、清晰、正确、完整。

3. 应使用规范的文字、名称、单位表述,填写记录时数字单位及有效数字与要求一致。

4. 记录应使用蓝色或黑色不能擦掉或消褪的笔。

5. 记录应按表格内容填写齐全,不得留有空格,如果操作无须执行,相应的空格用斜线划掉,并签名和填写日期,必要时写上无须填写的原因。如无内容填写时要用"—"表示,以证明不是填写者疏忽。内容与上项相同时应重复抄写,不得用"…"或"同上"等表示。

6. 与其他岗位、班组或车间有关的操作记录应做到一致性、连贯性。

7. 只有由本人获得的数据,才可填入记录中,操作者、复核者均应填全姓名。

8. 填写日期一律横写。例如:"2024 年 7 月 1 日",不得写成"24,1/7"。

9. 所有文件和记录必须有总页数和页码,如果页数不够可以加附加页。

10. 理论上,原始数据的更改是不应发生或不可能发生的。原始数据只能在例外的情况下被更正,例如输入错误或书写错误。如果输入的更正是必要的,更正后原来的信息应仍可读,更正人应签名和填写日期。应记录更正原因,如打印错误、数字调换或抄写错误。

11. 禁止覆盖、删除或涂抹任何已填写的数据信息,更改信息数据应用单线划掉需要更改的内容,在其上、下或旁边写上正确的内容,并签名、注明日期和更正原因。

(二)记录受控发放和使用

记录文件的印制与发放应当根据记录的不同用途与类型,采用与记录重要性相当的受控方法,防止对记录进行替换或篡改。

原版空白记录的受控发放及使用是实现数据可靠性的重要前提,可通过收发平衡确保记录准确性、完整性。

制药企业的记录数量众多,根据其功能用途和使用场景的不同,可以参照表 6-7 分为五种管控类型。

表 6-7　常见记录管控类型

序号	记录类型	说明
1	按批管理	批生产记录、批包装记录、批检验记录
2	成册管理	装订成册并发放使用的记录,如台账、设备使用日志
3	按页管理	单独使用的记录,如不合格品处理单、账户申请表等
4	混合管理	不强制要求手写,允许部分或全部电子输入、填写后打印批签的记录,如合格供应商清单、偏差清单
5	标识	非常规尺寸,需要提前制作,如设备/物料/清洁状态标识、放行标识

按照记录对药品质量的影响及数据可靠性风险的程度,可参照表 6-8 进行分级。

表 6-8　基于风险的记录分级

序号	记录等级	说明	控制措施
1	A	记录产品生产、检验、包装过程的核心记录,批生产记录,批包装记录,批检验记录	质量管理部门负责打印、发放并确认平衡
2	B	辅助产品生产、检验等活动的记录,与患者安全、产品质量、数据可靠性有相关性	质量管理部门授权打印、发放并确认平衡
3	C	辅助产品生产、检验等活动的记录,对患者安全、产品质量、数据可靠性的影响不大	可由使用人自行打印

要实现不同类型和等级记录的受控发放和使用,可参考表 6-9。

表 6-9　记录受控发放和使用的解决方案

记录类型	分级	线下管控方案	信息化解决方案
按批管理	A	质量管理部门按批发放并收回,人工确认收发平衡	按权限打印,带数控号,或自动加载批号,填写后按受控号或批号归档并确认收发平衡
成册管理	B	以胶装、订装等方式确保使用中不易被拆解、替换、恢复,且拆解后可轻易辨识出,每册记录的每一页须有唯一且连贯的页码;收回时检查页码连贯性及册子原始性	按册赋予受控号,填写后按受控号归档,其他与线下管控方案相同或者在线填写(或抓取数据),复核后自动归档
按页管理	B	使用部门按页发放并收回,确认收发平衡	按权限打印后填写,带控制号
	C	使用部门按页发放并收回	按权限打印后填写
混合记录	B、C	对空白记录固定部分设置编辑锁定后受控发放,填写完成后打印,确认签批	离线或在线编辑后打印签批
标识	A	与放行相关的标识,如合格/不合格证:质量管理部门管控并使用,使用有登记	质量管理部门按权限定量打印放行标识,或者信息系统基于放行审核结果及批量、包装信息,自动生成对应数量的放行标识,质量管理部门人员打印
	B	其他标识,如生产/设备/物料基本信息标识:由质量管理部门授权发放、使用	按权限定量打印,第二人复核后使用,或者信息系统自动加载生产/设备/物料信息,形成在线或离线的标识

点滴积累

1. 药品生产企业常用的生产质量文件包括质量标准、工艺规程、批记录、标准操作规程以及其他各类记录等。
2. 每项活动均应有记录,以保证产品生产、质量控制和质量保证等活动可以追溯。
3. 产品生产整个过程必须按照工艺规程进行,严格执行岗位 SOP,及时准确地做好记录。原辅料、包装材料、中间产品和成品必须符合质量标准。

实训项目九　编制岗位及设备 SOP

一、实训目的

1. 熟练掌握文件编制的要求和要点。
2. 熟悉药品生产车间工艺流程及岗位设置。
3. 熟悉药品生产企业文件起草编制程序和流程。
4. 学会编制岗位 SOP 及设备 SOP。

二、实训内容

设定编制口服固体制剂生产车间压片岗位 SOP 和压片机 SOP。学生利用网络或其他工具方法，收集药品生产企业人员岗位设置及设备信息资料。将学生分成两组，分别编制岗位 SOP 和压片机 SOP。教师对口服固体制剂生产车间压片岗位 SOP 和压片机 SOP 进行审核批准。具体步骤为：

1. 课前学生按照教师要求，收集口服固体制剂生产车间岗位设置及设备相关信息资料。
2. 将学生分成两组，分别编制岗位 SOP 和压片机 SOP。文件编制完成后，两组分别扮演生产、质量管理负责人交叉对对方组编制的文件进行审核批准。
3. 两组交换，重新编制相应文件并进行审核批准。
4. 教师评判和总结。

三、实训注意

对口服固体制剂生产车间岗位设置及设备相关信息资料的收集准备，是实训顺利进行的重要条件，教师务必重点强调，对压片岗位的工作内容和职责以及压片机使用说明书也必须进行说明，并对药品生产企业文件起草编制程序和流程及文件编制的要求、要点和技巧进行提醒和总结。

四、实训检测

1. 药品生产企业文件编码有几种？
2. 药品生产企业文件编码原则和要求是什么？

五、实训报告

1. 提供压片岗位 SOP 和压片机 SOP。

2. 提供药品生产企业文件起草编制程序。

六、实训评价

从以下几方面对实训进行评价：

1. 实训前资料搜集情况。

2. 独立操作及起草编写能力。

3. 起草编写的正确性。

4. 实训的纪律性。

5. 实训报告。

习题

目标检测

一、简答题

1. 药品的批记录中包括哪些记录？

2. 批记录应当由企业的哪个部门管理，保存期限是多长时间？

3. 企业的哪些文件应长期保存？

4. 对记录的发放有哪些要求？

二、实例分析

某药品生产企业生产的两批板蓝根颗粒剂的颗粒颜色有明显差异，在半成品检验时，判定第二批颗粒性状不合格。

经调查两批产品所用同一批板蓝根浸膏和同一批辅料，板蓝根浸膏半成品检验和辅料检验均合格，且为同一制粒、干燥设备生产，生产记录无异常，进一步调查发现，生产该批产品的热风循环烘箱温度控制失灵，烘干温度过高，导致颗粒颜色加深，造成产品不合格。

请运用本章知识对案件进行分析。

（刘艺萍）

第七章 确认与验证

学习目标

1. **掌握** 确认与验证的含义及分类;设备设计确认、安装确认、运行确认、性能确认、工艺验证、清洁验证的主要内容。
2. **熟悉** 确认和验证的方案与报告;验证总计划的主要内容。
3. **了解** 计算机系统验证和运输确认的主要内容。

导学情景

情景描述:

　　1971 年 3 月第一周内,美国 7 个州的 8 所医院发生了 150 起败血症病例。一周后,败血症病例激增至 350 人。四周后,总数达到 405 例。美国食品药品管理局(FDA)在对静脉注射剂受细菌污染的跟踪调查中发现,这些药品的检验结果及其中间体的抽样检验情况均符合规定标准,但其中大部分产品不能提供生产和控制各环节始终能保证产品质量的佐证资料。验证是 FDA 对污染输液药品所致药害事件调查后采取的重要举措。

学前导语:

　　验证是 GMP 的基本组成部分,其指导思想是通过验证确立控制生产过程的运行标准,通过对已验证状态的监控,控制整个工艺规程,确保质量。本章我们将带领同学们学习有关验证、确认的定义与分类,验证、确认工作的基本内容,验证工作基本程序的基本知识和基本操作,确保产品质量。

　　GMP(2010 年修订)第三百一十二条对确认的定义为:"证明厂房、设施、设备能正确运行并可达到预期结果的一系列活动。"对验证的定义为:"证明任何操作规程(或方法)、生产工艺或系统能够达到预期结果的一系列活动。"

　　GMP(2010 年修订)第一百三十九条规定:"企业的厂房、设施、设备和检验仪器应当经过确认,应当采用经过验证的生产工艺、操作规程和检验方法进行生产、操作和检验,并保持持续的验证状态。"

　　从 GMP 要求中可以看出确认主要针对厂房、设施、设备。其中厂房和设施主要指药品生产所需的洁净室、空调系统、制药用水系统、工艺用气系统等公用工程;设备主要是指生产用设备和质量检测设备。验证主要针对的是生产工艺、操作规程、检验方法和清洁方法等,GMP(2010 年修订)附录《计算机化系统》中要求,在药品生产质量管理过程中应用的计算机化系统需要进行验证。

GMP（2010 年修订）附录《确认与验证》对确认和验证工作作了较为详细的规定,强调确认和验证应该贯穿于产品生产周期的全过程,新增了持续工艺确认和运输确认的要求。

第一节　确认

确认是证明厂房、设施、设备能正确运行并可达到预期结果的一系列活动,它贯穿于厂房、设施、设备的整个生命周期,确保在其生命周期中的所有过程始终处于一种受控的状态。GMP（2010 年修订）将确认的主要工作内容分为设计确认、安装确认、运行确认、性能确认四个部分。

知识链接

GMP（2010 年修订）有关确认的内容

GMP（2010 年修订）第一百四十条规定:

"（一）设计确认应当证明厂房、设施、设备的设计符合预定用途和本规范要求;

（二）安装确认应当证明厂房、设施、设备的建造和安装符合设计标准;

（三）运行确认应当证明厂房、设施、设备的运行符合设计标准;

（四）性能确认应当证明厂房、设施、设备在正常操作方法和工艺条件下能够持续符合标准。"

一、设计确认

设计确认（design qualification,DQ）是为确认设施、系统和设备的设计符合期望目标所做的各种查证及文件记录,目的是确保设计符合用户所提出的各方面需求。经过批准的设计确认是后续确认（如安装确认、运行确认、性能确认）的基础。设计确认主要包括以下项目。

（一）用户需求说明文件

用户需求说明文件（user requirement specification,URS）是从用户角度对设备提出的要求,其中需考虑以下内容:

1. 法规方面的要求（GMP 要求、安全环保要求等）。

2. 安装方面的要求（尺寸、材质、洁净级别等）。

3. 功能方面的要求。

4. 文件方面的要求（供应商需要提供的文件及格式要求,如图纸、维护计划、使用说明、备件清单等）。

(二) 技术标准文件

是从设计者角度来说明如何来满足用户需求的文件,主要是根据用户需求文件中的内容来准备,包括必要的技术图纸等。

(三) 对比用户需求和技术标准

采用表格的方式将用户需求和技术标准进行比对并记录,确认设计中所选用的设备或系统的性能及设定的技术参数是否符合 GMP 的要求,是否符合本企业产品、生产工艺、维护保养、清洗、消毒等方面的要求,确保适用于它们预期的用途。

(四) 风险分析

通过风险分析确定后续确认工作的范围和程度,并制订降低风险的措施。这些措施执行情况需在后续的确认活动中进行检查。

二、安装确认

安装确认(installation qualification,IQ)是企业应当根据设计确认中的技术要求对厂房、设施、设备进行验收并记录的工作过程。安装确认的主要工作包括以下项目。

1. 根据订单、设计确认文件等检查到货实物、文件(如备品备件清单、图纸、操作说明等)是否齐全,并检查材质、表面(尤其是直接接触产品的内外表面)等。

2. 根据最新的工程图纸和技术要求,检查设备、管道、公用设施和仪器的安装是否符合设计标准。

3. 收集及整理(归档)由供应商提供的操作指南、维护保养手册。

4. 进行初始清洁,去除灰尘、脏污等。

5. 确保相应的仪器仪表应进行必要的校准。

6. 根据供应商提供的操作指南、维护保养手册等,制订设备或系统的标准操作规程的草案。

三、运行确认

运行确认(operational qualification,OQ)是为确认已安装或改造后的设施、系统和设备能在预期的范围内正常运行而做的试车、查证及文件记录,是通过一系列测试证明厂房、设施、设备等都能在设计的参数范围内正常运行,符合设计标准。运行确认是在安装确认完成后进行的。

运行确认的主要工作包括:相关人员培训,确保运行确认过程中测量用仪器仪表都经过校准、基本功能测试等,应当根据设施、设备的设计标准制订测试运行项目,测试项目应在一种或一组运行条件下进行,包括运行的上下限,必要时选择"最差条件"。

运行确认完成后企业应当建立必要的操作、清洁、校准和预防性维护保养的操作规程,并对相关人员进行培训。

四、性能确认

在安装确认和运行确认完成且经过审核批准后进行性能确认（performance qualification，PQ），性能确认是证明厂房、设施、设备在正常操作方法和工艺条件下能够持续符合标准。在某些情况下性能确认可以和运行确认或工艺验证相结合进行。

性能确认方案是在已有的生产工艺、设施和设备的相关知识基础上制订的，可以使用生产物料、适当的替代品或者模拟产品来进行试验/测试，测试应包含"最差条件"，同时在试验/测试过程中要评估制订所需的取样次数、频率。

课堂活动
结合所学知识，如何对空调系统进行确认？

> **企业视角**
>
> 在制药企业中，并不是所有的设施、设备都需要进行确认。企业一般要对所有的设施、设备做风险评估，来判断其对产品质量可能产生的影响，只有那些对产品质量可能产生影响的设备才需要进行确认，例如直接接触产品的设施与设备、空调系统、制药用水系统等。但是从工程技术角度，那些不需要进行确认的设施设备在正式接受和使用前都要进行技术检查和调试，以确保满足预期用途。

五、再确认

GMP（2010年修订）第八十一条明确规定："经改造或重大维修的设备应当进行再确认，符合要求后方可用于生产。"第一百四十四条规定："确认和验证不是一次性的行为，首次确认或验证后，应当根据产品质量回顾分析情况进行再确认或再验证。"

厂房、设施、设备在完成确认后需要进行变更管理控制，任何变更都要进行申请、记录和批准，当发生可能影响产品质量的变更时都要进行风险评估，确定是否进行再确认以及再确认的程度。

当没有发生大的变更时，可以通过对维护、校准、使用日志、偏差、变更等的定期回顾确保厂房、设施、设备处于确认的状态，也认为是一种再确认。

当厂房、设施、设备经常性出现故障时，也需要通过风险评估来确定是否进行再确认以及再确认的程度。

企业也可以根据自身情况进行分析评估，制订再确认的周期，对厂房、设施、设备等进行周期性再确认。

第二节 验证

验证是证明任何操作规程（或方法）、生产工艺或系统能够达到预期结果的一系列活动，是GMP质量管理体系中的一个基本要素。验证工作主要包括：工艺验证、清洁验证、检验方法验证、计算机化系统验证和运输确认。

一、工艺验证

工艺验证是为证明工艺在设定参数范围内能有效稳定地运行并生产出符合预定质量标准和质量特性药品的验证活动。GMP（2010年修订）对工艺验证的基本要求如下。

第一百四十条规定："工艺验证应当证明一个生产工艺按照规定的工艺参数能够持续生产出符合预定用途和注册要求的产品。"

第一百四十一条规定："采用新的生产处方或生产工艺前，应当验证其常规生产的适用性。生产工艺在使用规定的原辅料和设备条件下，应当能够始终生产出符合预定用途和注册要求的产品。"

第一百四十二条规定："当影响产品质量的主要因素，如原辅料、与药品直接接触的包装材料、生产设备、生产环境（或厂房）、生产工艺、检验方法等发生变更时，应当进行确认或验证。必要时，还应当经药品监督管理部门批准。"

ER 7-2

工艺验证管理规程

（一）工艺验证类型

在《药品GMP指南》（第2版）中将工艺验证分为三种类型：前验证、同步验证、回顾性验证。

1. 前验证 指针对新的生产工艺或工艺发生重大变更时所进行的工艺验证方式，一般要进行连续三个成功批次的生产，工艺验证批的批量一般应当与预定的商业批的批量一致，当批量不一致时，应当进行评估。

首次工艺验证应当涵盖该产品的所有规格及使用的生产线。企业可根据风险评估的结果采用简略的方式进行后续的工艺验证，如选取有代表性的产品规格或包装规格、最差工艺条件进行验证，或适当减少验证批次。

2. 同步验证　常规生产过程中进行的工艺验证。只有在一些特殊情况下才被允许进行同步验证,譬如因药物短缺可能增加患者健康风险、因产品的市场需求量极小而无法连续进行验证批次的生产或已验证工艺进行周期性再验证时等情况,对进行同步验证的决定必须证明其合理性,并经过质量管理负责人员的批准。

因同步验证批次产品的工艺和质量评价尚未全部完成,产品即已上市,企业应当增加对验证批次产品的监控,确保上市产品的质量。

3. 回顾性验证　一些历史悠久的产品尚未进行过工艺验证,企业可以从生产经验和历史数据中已获得的充分的产品和工艺知识进行回顾性验证。要进行回顾性验证一般要满足以下条件。

(1)用于产品质量检测的方法是药典方法或已经经过了验证以保证检测结果的准确性。

(2)批生产记录符合 GMP 要求,对关键工艺参数进行控制并记录。

(3)生产工艺或生产设备没有经过大的变更。

(4)已经建立了产品中所含药物活性成分的杂质谱图。

(5)用于回顾性验证中的批次应该具有代表性,通常要有十个或十个以上连续批次的数据。

知识链接

回顾性验证适用范围

回顾性验证只适用于 GMP(1998 年修订)提出验证要求之前生产的工艺,因此这种验证类型在 GMP(2010 年修订)检查中是不被认可的。在 GMP(2010 年修订)"确认与验证"附录中和美国 FDA 最新的工艺验证指南中均没有出现回顾性验证的概念,欧盟 GMP 附录15"确认与验证"中已经明确提出回顾性验证不再是可接受的工艺验证类型。

(二)工艺验证前提工作

一般药品生产企业进行工艺验证前要完成以下工作。

1. 厂房、设施、设备经过确认并符合要求,分析方法经过验证或确认。

2. 日常生产操作人员应当参与工艺验证批次生产,并经过适当的培训。

3. 用于工艺验证批次生产的关键物料应当由批准的供应商提供,否则需评估可能存在的风险。

4. 已经批准的工艺规程、批记录和相应的生产标准操作规程,包括已经确定的关键工艺参数及范围。

5. 已经批准的质量标准,包括原辅料、中间产品、成品。

(三)工艺验证考察内容

当确认工艺验证的前提条件都准备完毕后就开始进行验证批次的生产,一般至少进行连续 3 批成功的工艺验证批生产,批量要与商业批次一致,主要考察的内容是可能影响产品质量的关键因素,这些因素通常包括但不限于如下内容。

1. **起始物料** 应对产品配方中的所有起始物料进行评估,以决定其关键性。应尽可能在工艺验证的不同批次中使用不同批的关键起始物料。

2. **工艺参数** 如果工艺变量的波动可能对产品质量产生显著影响,则被认为是关键的工艺参数。在验证方案中,应对每一个关键参数设置特定的接受标准。不同类型的产品、不同的生产工艺考察的关键工艺参数内容是不一样的。

对于非无菌原料药,工艺验证所要考察的关键工艺参数包括主要原料配比、反应时间、温度、压力、转速、pH、干燥均一性、混粉均一性等。

对于无菌原料药和无菌制剂,工艺验证的一个重要内容是工艺模拟试验,也被称为培养基模拟灌装试验,就是用微生物培养基代替产品模拟进行无菌灌装的试验,用来证明无菌工艺的有效性和稳定性。

对于口服固体制剂,工艺验证主要是对影响产品形状、产品均一性、产品纯度或规格的关键步骤进行验证,比如制粒设备的搅拌刀转速,干燥设备的温度和干燥时间,混合设备的转速和混合时间,压片机的压力、转速等。

3. **成品质量检测** 质量标准中所有的检测项目都需要在验证过程中进行检测。测试结果必须符合相关的质量标准或产品的放行标准。

4. **稳定性研究** 所有验证的批次都应通过风险分析评估是否需执行稳定性考察,以及确定稳定性考察的类型和范围。

5. **取样计划** 工艺验证过程中所涉及的取样应按照书面的取样计划执行,其中应包括取样时间、方法、人员、工具、取样位置、取样数量等。通常,工艺验证应采用比常规生产更严格的取样计划。

6. **设备** 在验证开始之前应确定工艺过程中所有涉及的设备,以及关键设备参数的设定范围。验证范围应包含"最差条件",即最有可能产生产品质量问题的参数设定条件。

(四)工艺验证文件

药品生产企业应当制订工艺验证方案和工艺验证报告。

1. **工艺验证方案** 工艺验证方案需要包括的内容在 GMP 中有详细的规定,应当至少包括以下内容:

(1)工艺的简短描述。

(2)关键质量属性的概述及可接受限度。

(3)关键工艺参数的概述及可接受限度。

(4)应当进行验证的其他质量属性和工艺参数的概述。

(5)所要使用的设备、设施清单(包括称量、监控和记录设备)以及它们的校准状态。

(6)成品放行的质量标准。

(7)相应的检验方法清单。

(8)中间控制参数及可接受标准。

(9)拟进行的额外试验,以及测试项目的可接受标准,和已验证的用于测试的分析方法。

（10）取样方法及计划。

（11）记录和评估结果的方法（包括偏差处理）。

（12）职能部门和职责。

（13）建议的时间进度表。

2. 工艺验证报告 工艺验证报告是对整个工艺验证过程的总结，至少包括工艺验证目标与范围；验证过程描述；验证批次所用原辅料和成品的检测数据汇总、分析；验证过程中发生的所有的偏差、调查、纠正预防措施；工艺验证成功与否的结论等。

（五）持续工艺确认和再验证

1. 持续工艺确认 GMP 要求在产品生命周期中，对商业化生产的产品质量进行监控，使用统计工具对数据进行趋势分析，以确保工艺和产品质量始终处于控制状态，同时根据对工艺的理解和工艺性能控制水平的变化，应当对持续工艺确认的范围和频率进行周期性的审核和调整。当趋势出现渐进性变化时，应当进行评估并进行调查，找出根本原因，制订纠正预防措施，确保工艺的稳定性。

2. 工艺再验证 确认和验证不是一次性的行为。首次确认或验证后，应当根据产品质量回顾分析情况进行再确认或再验证。关键的生产工艺和操作规程应当定期进行再验证，确保其能够达到预期结果。再验证的频率没有统一要求，各企业可根据产品风险大小、剂型等自行制订工艺再验证的周期。

当发生可能影响产品质量的变更时，同样要进行工艺再验证，企业可根据风险评估来确定再验证的范围、程度等。譬如关键起始原料及其供应商变更、关键工艺参数的变更、与产品直接接触的主要设备的变更、生产批量的变更等，都需要进行工艺再验证。

> **知识链接**
>
> **GMP（2010 年修订）附录"确认与验证"对于再确认和再验证的要求**
>
> 第五十条 对设施、设备和工艺，包括清洁方法应当进行定期评估，以确认它们持续保持验证状态。
>
> 第五十一条 关键的生产工艺和操作规程应当定期进行再验证，确保其能够达到预期效果。
>
> 第五十二条 应当采用质量风险管理方法评估变更对产品质量、质量管理体系、文件、验证、法规符合性、校准、维护和其他系统的潜在影响，必要时，进行再确认或再验证。
>
> 第五十三条 当验证状态未发生重大变化，可采用对设施、设备和工艺等的回顾审核，来满足再确认或再验证的要求。当趋势出现渐进性变化时，应当进行评估并采取相应的措施。

二、清洁验证

在药品生产过程中对设备的清洁是防止污染和交叉污染的必要手段，因此必须要确定清洗方法的有效性。清洁验证就是通过科学的方法采集足够的数据以证明按照规定的清洗方法清洁后的设备能始终如一地达到预定的清洁标准。

GMP(2010年修订)附录"确认与验证"对于清洁验证的定义是:"有文件和记录证明所批准的清洁规程能有效清洁设备,使之符合药品生产的要求。"GMP(2010年修订)对于清洁验证的相关要求为:"第一百四十三条　清洁方法应当经过验证,证实其清洁的效果,以有效防止污染和交叉污染。清洁验证应当综合考虑设备使用情况、所使用的清洁剂和消毒剂、取样方法和位置以及相应的取样回收率、残留物的性质和限度、残留物检验方法的灵敏度等因素。"

(一)清洁验证基本要求

1. 清洁验证的次数应当根据风险评估确定,通常清洁验证至少执行连续三个成功的清洁程序。

2. 清洁验证计划完成需要一定的时间,验证过程中每个批次后的清洁效果需及时进行确认,以便发生异常情况时及时调整验证计划。

3. 清洁验证应当考虑清洁方法的自动化程度。当采用自动化清洁方法时,应当对所用清洁设备设定的正常操作范围进行验证(如清洗压力等);当使用人工清洁程序时,应当评估影响清洁效果的各种因素,如操作人员、清洁规程详细程度(如淋洗时间等),对于人工操作而言,如果明确了可变因素,在清洁验证过程中应当考虑相应的最差条件。

4. 当采用最差条件产品的方法进行清洁验证时,最差条件产品的选择依据应当进行评价,应当根据产品的溶解性、清洗难度以及效价、毒性和稳定性计算出来的残留物的限量选择出最差条件产品。而当生产线引入新产品时,需重新进行评价。每个使用的清洁方法都应当进行最差条件验证。

5. 在同一个工艺步骤中,使用多台同型设备生产,企业可在评估后选择有代表性的设备进行清洁验证,没有必要每台设备都进行清洁验证。

6. 与产品直接接触的主要设备都需要进行清洁验证,如无法采用清洁验证的方式来评价设备清洁效果,则产品应当采用专用设备或生产线进行生产。对于处于研发阶段的药物或不经常生产的产品,可采用每批生产后确认清洁效果的方式替代清洁验证。

7. 在进行清洁验证前需要确保清洁方法、关键清洁工艺参数、清洁验证方案都得到批准,相关验证参与人员都需要得到培训。

8. 应当在清洁验证中对设备使用后至清洁前的间隔时间、设备清洁后的保存时限、阶段性生产的最长时间或最大批次数量进行验证。

(二)清洁验证主要内容

1. 清洁程序　清洁程序直接决定了清洗的效果,所以企业在开发清洁程序时要选择合适的清洁剂和合理的清洗工艺参数,要有详细的清洗标准操作规程描述清洗的方式,包括:所使用的清洁剂的名称、成分、浓度、数量、配置方法;清洗的时间、流速、压力、温度等关键参数,最后淋洗的要求(淋洗量、次数),干燥方式等。

2. 取样方法　在清洁验证过程中取样方法主要是擦拭法和淋洗法取样,或者两种方法相结合的方式。应当选择最难清洗部位或材质进行取样。最难清洗部位一般指死角、清洁剂不易接触的部位、容易吸附残留物的部位,如带密封圈的管道连接处,搅拌桨轴封处、设备顶部、内表面不光滑处等。

（1）擦拭法取样：擦拭法取样是通过使用棉签等取样工具蘸取合适的溶剂对规定面积的设备表面进行擦拭的取样方法。

企业应当评估取样方法的有效性，取样方法需要经过验证。一般采用计算取样回收率的方法来确定取样方法的有效性，通常将一定浓度的样品均匀喷洒或涂抹在与设备相同材质的板材或管道中，干燥后进行擦拭取样或淋洗取样检测，根据检测计算擦拭或淋洗下来的样品占所涂样品的比率。回收率也是越高越好，说明这个擦拭取样方法的有效性。取样回收率需要设定不同浓度下的回收率。擦拭法取样示意图见图 7-1。

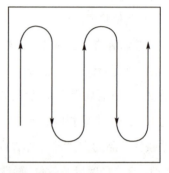

图 7-1　擦拭法取样示意图

（2）淋洗法取样：通过使用合适的溶剂对设备的表面进行淋洗后收集淋洗液的取样方法。一种方式是在收集清洁程序的最终淋洗水，另一种方式是正常清洁程序完成后使用额外的溶剂淋洗并收集淋洗液。

3. 残留物限度　在清洁验证中不需要对所有的残留物制订限度标准，企业更关注药品活性成分的残留，因为活性成分会直接影响下批产品的质量、疗效和安全性，所以活性成分残留限度作为清洁验证的合格标准之一。当产品存在两个及以上活性成分时，可以选择最难溶解的成分作为清洁验证的残留物限度，可接受标准应当考虑工艺设备链中多个设备潜在的累积效应。

由于生产设备和产品的多样性，没有统一的限度标准，企业应当根据其生产设备和产品的实际情况制订科学合理的、能实现并能通过适当的方法检验的限度标准。通常包括目检标准、残留物浓度限度（10ppm）、最低日治疗剂量限度。

（1）目检标准：是要求在每个清洗程序完成后进行目测检查，不得有可见残留物。此项检查通常作为清洁验证第一个接受限度标准。

由于目检是最直观、定性地评估清洁效果的方式，有助于发现已验证的清洁程序在执行过程中发生的偏差，对于日常监控清洁程序的有效性是有价值的，因此清洁标准操作规程中都要求在清洁完成后目测检查不得有残留物。

（2）残留物浓度限度：指品残留在设备中的活性成分全部溶解到下一批产品中的浓度不超过百万分之十（10ppm）。

（3）最低日治疗剂量限度：主要是指上一产品在下一产品的日最大服用剂量中的残留量不能超

过自身日最小服用剂量的千分之一,该残留量限度不会对人体产生药理反应。这个限度主要针对的是一些高生物活性药品的清洁验证。

还应当在清洁验证过程中对潜在的微生物污染进行评价,企业应当根据自身产品要求、特性进行综合考虑,制订微生物限度和细菌内毒素的控制标准。

4. 测试和结果评估 应当采用验证过的分析方法对清洁验证中的残留物或污染物进行检测。一般残留物使用专属性的高效液相色谱法进行检测,如果使用非专属性的总有机碳法、电导率法、紫外吸收法时,应当证明检测结果与专属方法的检测结果等效。

5. 清洁验证文件

(1)清洁验证方案:应详细规定清洁验证项目的关键因素,设计好清洁验证计划,包括验证时间、验证周期次数,详细描述清洁程序等。通常清洁验证方案应包括验证目的、范围;人员及部门职责;涉及的设备清单;取样位置、方法;限度标准等。

(2)清洁验证报告:验证报告至少应包括验证实施情况概述;涉及的生产批次的质量情况;清洁程序实施情况及原始清洁记录;取样检测结果及评价,附原始检测记录;验证实施过程中发生的偏差以及调查情况;验证结论。

(三) 持续性确认与再验证

1. 持续性确认 当清洁验证报告批准后,清洁方法正式用于设备的清洗,应持续对清洗效果进行确认,确认其持续保持验证状态。确认方法一般为在设备清洗后进行目测检查是否有可见残留物,同时定期对最后清洗的淋洗水取样检测或擦拭取样检测,检测项目可以选择更简便的总有机碳法。通过检测数据可以判断该清洗方法是否持续处于验证的状态。

2. 再验证 通常企业通过对日常清洗程序确认数据进行分析确定是否需要再验证或确定再验证的周期,一般企业都有规定要进行再验证的周期。但当已验证设备或清洗程序发生变更时,应对变更进行风险评估,确定是否进行再验证。在发生下列情形时须对清洁程序进行再验证:

(1)生产线增加相对更难清洁的产品。

(2)清洗方法改变或清洁剂改变。

(3)设备有重大变更时或设备经过大修时。

(4)文件中规定的清洁验证周期已到,需要重新进行验证。

三、检验方法验证

检验方法是为完成检验项目而设定和建立的测试方法,它详细描述了完成分析检验的每一步骤。一般包括检验方法原理、仪器及仪器参数、试剂、供试品溶液与对照品溶液的制备、测定、计算公式及检测限度等。GMP 要求只有通过验证或确认的检验方法才能用于物料和产品的检验,才能保证检验结果的准确性、可靠性。

(一) 检验方法验证概述

1. 概念　检验方法验证就是根据检验项目的要求,预先设置一定的验证内容,并通过设计合理的试验来验证所采用的检验方法是否符合检验项目的要求。它是用来证明采用的检验方法是否科学、合理,符合检验要求并能有效控制药品的内在质量。

2. 范围　根据检测项目的设定目的和验证内容的不同要求,可以将需要进行验证的检测项目分为鉴别试验、杂质限度测定、杂质定量测定、含量测定。对于通过日常测试操作步骤即可测定的检测项目不需要进行验证,如外观、密度、灰分、装量、pH 等。

GMP(2010 年修订)对于检验方法验证的相关要求如下:

"第二百二十三条　符合下列情形之一的,应当对检验方法进行验证:

1. 采用新的检验方法;

2. 检验方法需变更的;

3. 采用《中华人民共和国药典》及其他法定标准未收载的检验方法;

4. 法规规定的其他需要验证的检验方法。

对不需要进行验证的检验方法,企业应当对检验方法进行确认,以确保检验数据准确、可靠。"

知识链接

检验方法确认

检验方法确认是指首次使用法定分析方法时,由现有分析人员或实验室对检验方法中的关键验证指标进行有选择性的考察,以证明方法对所检测样品的适用性,同时证明分析人员有能力使用该法定检验方法。

(二) 检验方法验证的内容

检验方法验证的主要内容包括专属性、线性、准确度、精密度、耐用性、范围、检测限、定量限。

1. 专属性　指在其他成分(如杂质、降解产物、辅料等)可能存在下采用的方法能正确测定出被测物的特性。用于复杂样品分析时相互干扰的程度。鉴别反应、杂质检查、含量测定方法,均应考察专属性。

2. 线性　指在设计的范围内,测试结果与试样中被测物浓度直接成正比关系的程度。

3. 准确度　指用该方法测定的结果与真实值或参考值(对照标准品)接近的程度,一般用回收率(%)表示。

4. 精密度　指在规定的测试条件下,同一个均匀供试品,经多次取样测定所得结果之间的接近程度。精密度可以从重复性、中间精密度、重现性三个方面考虑。

(1)重复性:是指在相同条件下,由同一个分析人员测定所得结果的精密度。

(2)中间精密度:是指在同一个实验室、不同时间由不同分析人员用不同设备测定结果之间的精密度,目的是证明检验方法在同一个实验室内运行能得到相同的结果。

(3)重现性:指在不同实验室由不同分析人员测定结果之间的精密度。在不同实验室之间进行检验方法转移时,应进行重现性试验。

5. 耐用性　指测定条件有小的变动时,测定结果不受影响的承受程度。常见的变动因素包括:被测溶液的稳定性,样品的提取次数、时间等,色谱法中流动相的组成和pH,不同品牌或不同批号的色谱柱、柱温、流速、载气流速等。

6. 范围　指分析方法能达到一定精密度、准确度和线性要求时的高低限浓度或含量的区间。范围应根据分析方法的具体应用及其线性、准确度、精密度结果和要求确定。

7. 检测限　指试样中被测物能被检测出的最低量。药品的鉴别试验和杂质检查方法,均应确定检验方法的检测限。

8. 定量限　指试样中被测物能被定量测定的最低量。其测定结果应符合准确度和精密度要求。

(三) 检验方法验证的步骤

1. 制订验证方案　验证方案主要包括目的、范围、各部门职责、验证计划、测试项目和接受限度、系统适用性试验方法和参数等。

2. 确定检验项目和可接受限度　需根据检验类型(定性/定量/限度检查)、样品特性及法规要求确定检验项目;可接受限度是判断方法性能是否达标的"合格线",需结合法规强制要求、质量风险评估及方法实际能力制订,确保既科学又可行。

3. 样品的检测　要完全按照验证方案对检测项目进行准备、检测和记录。检测前要保证分析仪器都已经过确认或校准,操作人员均已得到充分的培训。

4. 制订常规分析的质量控制计划　为保证检验方法在常规检测中持续处于验证状态,需要操作过程制订一些控制措施,并使之作为检验标准操作规程的一部分来执行,尤其是一些容易改变的参数等,要严格进行控制。

5. 验证报告　验证结束后要形成验证报告,主要内容包括:检验方法的目的、范围,检验操作程序,进行试验的详细参数和条件。所有的检测记录数据统计,代表性图谱或图表,验证过程中的偏差及调查情况,总结和结论。

(四) 检验方法再验证

和工艺验证、清洁验证一样,检验方法验证也不是一次性的,需要企业在药品生命周期内持续监测检验方法的性能,定期评估是否需要对检验方法进行优化或再验证。当发生下列情形时,需要对检验方法进行再验证。

1. 当生产工艺或处方组成发生改变时,可能会引入新的杂质,需要对相应的检验方法进行再验证,以证明检验方法能够检测出新引入的杂质,且对主成分含量测定没有干扰。

2. 当分析方法发生变更时应重新进行验证,以证明变更后的方法的合理性、可行性。

3. 当超过文件中规定的验证周期时,检验方法要进行再验证,以确保检测数据的准确性、可靠性。

四、计算机化系统验证

随着制药技术的不断发展,药品的生产工艺越来越自动化、智能化,越来越多的计算机化系统被广泛地应用在制药行业,计算机化系统验证也越来越得到制药行业的关注。GMP(2010 年修订)附录"计算机化系统"对计算机化系统验证也提出了新的要求;国家标准 GB/Z 42344—2023《制药机械(设备)计算机化系统验证指南》于 2023 年 10 月 1 日正式实施。这都体现了计算机化系统验证的重要性。

根据 GMP(2010 年修订)要求,直接或间接影响药品质量的,与制药工艺过程、质量控制、清洗、消毒或灭菌等相关的制药机械(设备)计算机化系统属于必须验证的范围。

(一)概念

计算机化系统是由计算机系统和被其控制的功能或程序组成。计算机系统包括计算机硬件、控制计算机运行的软件和设备驱动程序,被控制的功能包括仪器设备、标准操作规程和人员。GMP(2010 年修订)术语中对于计算机化系统的定义是:"用于报告或自动控制的集成系统,包括数据输入、电子处理和信息输出。"

计算机化系统验证是通过执行必要的生命周期活动及实施必要的操作控制来证明计算机化系统达到并维持符合法规要求以及预定目的的状态。计算机化系统生命周期包括开发阶段、确认放行阶段、正常使用阶段和退役阶段,应当在计算机化系统生命周期中保持其验证状态。

(二)计算机化系统验证流程

1. 组建验证小组,起草用户需求 组建验证小组,关键人员包括用户企业和供应商两部分,其中用户企业人员指项目负责人、IT 专业人员等,供应商主要指负责软件开发、提供软件产品和服务的人员。

起草用户需求,从用户角度提出系统应具备的功能、操作数据和操作环境,一般由使用部门和工程部人员制订,详细说明计算机控制系统的基本业务需求、期望及性能指标,用来确定系统的设计标准。这是验证活动的基础。

2. 对系统文件进行设计确认 系统设计文件一般由供应商制订,必须经过用户审核及认可后方可实施控制系统配置图设计、硬件设计和软件设计。主要确认内容包含以下两部分:

(1)确认硬件设计说明和软件设计说明是否已完成。

(2)确认系统功能设计是否符合用户需求说明。

3. 安装确认 旨在确认系统相关的软硬件设备已经安装到位,并且硬件设备型号和软件组态版本符合用户需求。主要包括对计算机化系统文件(用户技术指南、标准操作规程、服务协议、安全程序、设备清单、预防维修程序等)确认、安装过程确认、系统安装的环境确认、系统测试确认(确认工厂接受试验测试报告项目是否齐全、是否符合设计要求)。

4. 运行确认 旨在确认系统功能是否符合预期要求,能在预期范围内正常运行并可正确执行相应的操作,主要包括计算机化系统安全性测试、过程控制功能测试、报警和互锁功能测试、数据处理和存储功能测试、断电/恢复功能测试等。

5. 性能确认 旨在确认系统运行过程的可控性、稳定性和有效性是否满足标准要求,一般与设备的运行确认结合在一起完成。可以从以下几个方面进行验证工作:负载运行条件下,对药品生产过程及设备要求的适应性;生产能力;药品生产质量相关指标;运行结果的重复性;控制精度准确性;安全性能;负载运行的可靠性试验等。

6. 验证报告　验证结束后要形成验证报告,得出验证结论,主要内容包括:验证的目的、范围,验证操作程序,所有的测试记录数据统计,验证过程中的偏差及调查情况,总结和结论等。

(三) 计算机化系统再验证

当出现时下列情况应进行分析评估,决定是否进行再验证,以确保系统处于受控状态:

1. 当计算机化系统中发生变更并且变更可能影响系统功能时。

2. 当系统反复出现异常情况,要对其进行偏差调查,找出根本原因制订纠正预防措施并实施后,需进行再验证。

3. 当超过文件中规定的验证周期时,对系统进行再验证以确定系统的验证状态。

五、运输确认

GMP 规定对运输有特殊要求(温度、湿度等)的物料和产品,其运输条件应当符合相应的批准文件、质量标准中的规定或企业(或供应商)的要求,应当对运输条件进行确认,以保证物料和产品的质量。

GMP(2010 年修订)附录"确认与验证"中规定:

"第三十五条　运输确认应当对运输涉及的影响因素进行挑战性测试,且应当明确规定运输途径,包括运输方式和路径。长途运输还应当考虑季节变化的因素。

第三十六条　除温度外还应当考虑和评估运输过程中的其他相关因素对产品的影响,如湿度、震动、操作、运输延误、数据记录器故障、使用液氮储存、产品对环境因素的敏感性等。

第三十七条　在产品运输过程中可能会遇到各种不可预计的情况,运输确认应当对关键环境条件进行连续监控。"

企业需要根据自身情况进行运输确认,制订运输确认方案。需要考虑的内容包括:各方的职责、运输路线及起始位置、运输产品的贮存条件、运输方式(海运、陆运、空运等)、运输时间长短、运输季节、运输容器(是否有温度控制系统)、贮存条件监测系统及放置位置(连续监测要求和根据冷点、热点合适设计放置位置)、相关数据的提取和处理、评估的标准等,尤其是要注意最差的气候条件(冬天和夏天)、运输延误最长时间等所带来的风险。

在确认过程中为保证数据的完整性,要与运输公司签订运输协议,落实运输公司的责任,同时与客户做好沟通,及时将监测数据反馈回来,确保及时对数据进行汇总分析,得出确认结论,完成运输确认报告。

第三节 确认与验证工作基本程序

一、建立确认与验证管理文件

为了保证确认与验证的顺利执行,首先应该在质量管理体系中建立确认与验证的管理文件,如"验证管理规程"等,明确验证管理的组织结构和管理流程。

确认与验证文件在确认与验证活动中起着十分重要的作用,它是实施确认与验证的指导文件,也是完成确认与验证及确立生产运行各种标准的客观证据。

二、建立确认与验证小组

企业应指定专职机构或职能部门负责确认与验证工作的日常工作。比较常见的是组建确认与验证小组,领导企业内部的确认验证管理工作。验证小组一般都是由质量管理负责人牵头,由其他各部门负责人组成,质量管理负责人任组长。GMP还规定生产管理负责人和质量管理负责人都应确保完成各种必要的验证工作,确保关键设备经过确认。质量管理负责人还应负责审核和批准确认与验证的方案和报告。

三、制订确认与验证总计划

确认与验证小组根据企业自身情况制订确认与验证总计划。

GMP(2010年修订)第一百四十五条规定:"企业应当制定验证总计划,以文件形式说明确认与验证工作的关键信息。"

GMP(2010年修订)附录"确认与验证"第四条规定:"验证总计划应当至少包含以下信息:

(一)确认与验证的基本原则;

(二)确认与验证活动的组织机构及职责;

（三）待确认或验证项目的概述；

（四）确认或验证方案、报告的基本要求；

（五）总体计划和日程安排；

（六）在确认与验证中偏差处理和变更控制的管理；

（七）保持持续验证状态的策略，包括必要的再确认和再验证；

（八）所引用的文件、文献。"

验证总计划是确认与验证活动实施内容、计划及其组织机构的概述。其核心是确认与验证项目及计划方案。其作用是使各部门明确所需确认与验证的项目、实施的时间、所涉及人员及确认与验证程序等，同时使确认验证小组成员了解确认与验证项目的必要性、自己的任务和责任。

四、制订确认与验证方案

确认与验证方案的起草是设计、检查及试验方案的过程，因此它是实施确认与验证的工作依据，也是重要的技术标准。一般情况下，确认与验证方案由相关部门负责起草，确认与验证小组成员审核，最后由质量管理负责人批准。方案的主要内容包括确认与验证对象、目标、范围、要求、确认与验证内容、人员职责、实施步骤、接受标准与测试方法以及时间进度，并应附有所需的原始记录和表格。方案详细内容见设备确认、工艺验证、清洁验证等章节中的要求。

五、确认与验证的实施

确认与验证方案批准后，由确认与验证小组组织相关部门实施。实施过程中要做好记录工作。实施过程中发生的偏差、变更要严格按照偏差或变更管理程序进行。

六、确认与验证报告及其批准

确认与验证各个阶段的工作完成后开始起草确认与验证报告。报告详细内容见设备确认、工艺验证、清洁验证等章节中要求。确认与验证报告需要进行审核、批准。需要注意的是，当确认或验证分阶段进行时，只有当上一阶段的确认或验证报告得到批准，或者确认或验证活动符合预定目标并经批准后，方可进行下一阶段的确认或验证活动。

> **点滴积累**
>
> 确认与验证工作基本程序包括建立确认与验证管理文件、建立确认与验证小组、制订确认与验证总计划、制订确认与验证方案、确认与验证的实施，以及确认与验证报告及其批准。

实训项目十　设施设备系统的确认

一、实训目的

1. 熟练掌握设施设备系统的确认分类。
2. 掌握设施设备确认方案和报告所包含部分内容。

二、实训内容

模拟购买一台压片机,学习 GMP 中对压片机作为主要设备所必须做的确认。具体步骤为:

1. 准备购买,书写用户需求说明文件(URS)。
2. 设计确认。
3. 安装确认。
4. 运行确认。
5. 性能确认。

三、实训注意

1. 按照设计确认(DQ)的程序完成 DQ 的一般程序。
2. 注意安装确认(IQ)、运行确认(OQ)、性能确认(PQ)方案中不要漏掉方案所必需的项目。
3. 在按照验证方案实施的过程中,注意是否出现了与原来方案不一致的偏差,在验证报告中应予以说明。

四、实训检测

1. 设计确认能否不做?
2. 安装确认、运行确认、性能确认的目的分别是什么?

五、实训报告

学生应能够熟练地说出设备确认各个步骤的目的,并能按要求写出压片机验证方案的大纲。

六、实训评价

从以下几方面对实训进行评价：

1. 实训前资料搜集情况。
2. 独立操作、动手及编写能力。
3. 实训操作的正确性。
4. 实训的纪律性。
5. 实训报告。

实训项目十一　清洁验证

一、实训目的

1. 掌握清洁验证的程序及方法。
2. 熟悉清洁验证的内容。

二、实训内容

假定某原料药采用专用设备进行周期性生产，模拟完成该清洁方法的验证方案，具体步骤为：

1. 查看清洁 SOP。
2. 确定仪器的 IQ、OQ、PQ。
3. 根据清洁验证流程完成清洁验证方案。

三、实训注意

1. 清洁验证关键在于清洁标准的验证，可以参考《药品生产验证指南（2003）》（化学工业出版社，2003 年出版）。

2. 清洁验证取样可以采用擦拭法和直接检测淋洗液的方法，应注意采用擦拭法时必须对样品擦拭后的回收率进行验证。同时，应对检验方法进行验证。

3. 专用设备在每批生产后不必彻底清洁，但在生产一定批次或一定周期后，必须进行彻底清洁（应对清洁周期进行验证），两种清洁方法可以不同。

4. 注意对清洁有效期、待清洁状态下放置最长时间和清洁频率进行验证。

四、实训检测

1. 清洁验证的取样方法有几种？

2. 清洁验证的目的是什么？

3. 清洁验证的清洁标准如何建立？

五、实训报告

按要求写出清洁验证方案，并说明采用的方法。

六、实训评价

从以下几方面对实训进行评价：

1. 实训前资料搜集情况。

2. 独立操作及动手能力。

3. 实训操作的正确性。

4. 实训的纪律性。

5. 实训报告。

习题

目标检测

一、简答题

1. 清洁验证包括哪些注意事项？

2. 工艺验证前需要完成哪些工作？

3. 在什么情况下需要对检验方法进行验证？

二、实例分析

1. 一药品生产企业在生产某无菌注射液时，生产部门为了增加生产效率，私自将灭菌柜的灭菌时间缩短了 30 分钟，同时对灭菌柜进行了改造，增加了装载量，导致生产出来的成品无菌检测不合格，给企业造成了巨大的经济损失。

通过这个案例，分析造成产品不合格的主要原因是什么？并结合所学知识说出在什么条件下需要对工艺进行再验证和对设备进行再确认。

2. 2018 年 7 月国内某药厂接受 GMP 检查时，检查官提出了多项工艺验证方面的缺陷项，包括：工艺验证方案中未说明验证的批次数;没有规定关键工艺参数及接受限度;没有设计合理的取样计划来证明产品的均一性;没有相关所用设备设施的清单及确认状态等。要求该企业立即进行整改,重新按照要求进行工艺验证。

请根据上述案例并结合所学知识简要概述工艺验证方案的主要内容。

(夏亚钊)

下篇

岗位技能篇

第八章　生产管理岗位必备的知识与技能

学习目标

1. **掌握**　生产管理及其任务；开工准备和生产前检查；批生产记录的管理；偏差处理和物料平衡计算；清场操作。
2. **熟悉**　生产计划的编制；防止生产过程中的污染、交叉污染和混淆的措施。
3. **了解**　污染和混淆的来源和产生。

导学情景

情景描述：

　　国家药品监督管理部门检查某制药企业时，其正在生产诺氟沙星胶囊，投料 100 万粒，批号为 160506，压塑时将其中 40 万粒以 10 粒包装，批号定为 1605061，其余 60 万粒以 12 粒包装，批号定为 1605062，这样划分批号是否正确？

学前导语：

　　本案例中描述的批号规则符合要求，批记录应具有可追溯性，应确保不同包装规格（批号）的产品与待包装产品的关联性，保证通过相关记录能追溯到相应的待包装产品的批号和生产信息。本章我们将带领同学们学习药品生产管理、批号管理及批次划分方面的知识，为学生将来走向工作岗位打下基础。

第一节　GMP 对生产管理的要求

一、生产管理及其任务

　　药品质量是设计和生产出来的，药品质量源于设计，但实现于制造过程，生产管理是保证药品形成的关键过程。

　　生产管理是一个输入转换为输出的过程，即投入一定的资源、行为、方法、操作等，经过一系列的转换，最终以某种形式提供产出的过程。对生产运行过程所进行的规划、设计、组织和控制的活动，就是生产管理。

　　生产管理是产品的各项技术标准及管理标准在生产过程中的具体实施，是药品质量保证体系中的关键环节。通过生产管理措施的实施,确保生产过程中使用的物料经过严格检验,确认符合产品的质量标准,并由经过培训符合上岗标准的人员,一丝不苟地按照生产部门下达的生产作业指令、批生产记录及标准操作程序从事药品生产并认真做好记录,确保生产出来的产品质量符合规定标准,安全有效。

生产管理涉及的范围非常广泛,药品 GMP 涉及的主要是与质量形成有关的问题。药品的生产制造过程同其他商品一样,都是以工序生产为基本单元,而生产工序中某些因素发生变化,如环境、设施、设备、物料、控制、程序等,必然要引起生产过程及成品的质量波动。因此,不仅药品(成品)要符合质量标准,药品的生产全过程也必须符合 GMP 的要求。只有同时符合这两个条件的药品才是完全合格的药品,这是现代药品质量的概念,也是解决药品质量不稳定的根本办法。

生产过程是药品制造全过程中决定药品质量的最关键和最复杂的环节之一。药品生产过程实际上是两种情况同时发生的过程,既是物料的生产过程,又是文件记录的传递过程。生产过程是物料投入、目标产物的生成以及后续处理的过程;文件记录传递过程是指由生产部门发出生产指令,确定批号和签发(发放批生产记录由质量管理部门或者授权生产部门来进行),并在生产过程中由操作人员完成各种批生产记录、批包装记录以及其他辅助记录(设备使用记录、清洁记录等),中间由检验人员完成检验记录,原料药检验人员完成成品检验记录的过程。该记录经部门负责人或者授权人员审核并归档。质量管理人员对这些记录审核,作为批放行的一部分。

生产管理的目的是通过周密的生产计划、有效的生产组织和生产过程管理以及生产信息的适时反馈,保证生产前有一个良好的人员、设备、物料、场地、资金的准备和配合,将生产过程中可能出现的障碍消除在生产前。使生产开始后,一切都能按照顺利、有序、高效的节奏进行,实现生产的有效协调和监督,保证生产工序严格按照生产作业指令、批生产记录及标准操作程序进行,确保生产出来的产品质量符合规定标准,安全有效。

生产管理的任务:①按照生产计划及作业指令严格进行生产;②做好生产前的准备工作;③按规定的生产作业指令内容保质保量完成生产任务;④做好生产结束后的清场和交接班工作;⑤做好(工序生产、设备运行等)记录。

二、GMP 对生产管理的要求

(一) GMP 对生产管理的基本要求

1. 所有药品的生产和包装均应当按照批准的工艺规程和操作规程进行操作并有相关记录,以确保药品达到规定的质量标准,并符合药品生产许可和注册批准的要求。

2. 生产过程中应当尽可能采取有效措施,最大限度减少污染、交叉污染以及混淆、差错的风险。

3. 药品生产和监控过程应能确保持续稳定地生产出符合预定用途和注册要求的药品。

(二) GMP 对生产管理的原则

1. **必须严格按照批准的工艺规程和操作规程进行生产操作** GMP(2010 年修订)第一百八十四条规定:"所有药品的生产和包装均应当按照批准的工艺规程和操作规程进行操作并有相关记录,

以确保药品达到规定的质量标准,并符合药品生产许可和注册批准的要求。"

2. 建立划分产品生产批次的操作规程 GMP(2010年修订)第一百八十五条规定:"应当建立划分产品生产批次的操作规程,生产批次的划分应当能够确保同一批次产品质量和特性的均一性。"

3. 建立编制药品批号和确定生产日期的操作规程 GMP(2010年修订)第一百八十六条规定:"应当建立编制药品批号和确定生产日期的操作规程。每批药品均应当编制唯一的批号。除另有法定要求外,生产日期不得迟于产品成型或灌装(封)前经最后混合的操作开始日期,不得以产品包装日期作为生产日期。"

4. 应检查产量和物料平衡 GMP(2010年修订)第一百八十七条规定:"每批产品应当检查产量和物料平衡,确保物料平衡符合设定的限度。如有差异,必须查明原因,确认无潜在质量风险后,方可按照正常产品处理。"

5. 不得在同一操作间同时进行不同品种和规格药品的生产操作 GMP(2010年修订)第一百八十八条规定:"不得在同一生产操作间同时进行不同品种和规格药品的生产操作,除非没有发生混淆或交叉污染的可能。"

企业应有文件明确规定,不同品种、规格的生产操作不得在同一操作间同时进行;若有同时生产操作的情况,应有足够的措施避免发生混淆或交叉污染的可能(如密闭转移系统及可靠的管理手段),并应确保制订的措施合理且经过评估。

对于以下两种特殊情况,可以在同一操作间内进行:①同一品种、同一规格的产品,不同生产工序(物料状态不同)可以在同一操作间内进行;②同品种、同规格,但不同批号的药品可以在同一生产操作间同时进行。

6. 预防产品及物料受微生物的污染 GMP(2010年修订)第一百八十九条规定:"在生产的每一阶段,应当保护产品和物料免受微生物和其他污染。"

生产是指物料的传递、加工、包装、贴签、质量控制、放行、贮存、销售发放等一系列相关的控制活动,因此生产的各个阶段均应采取措施保护产品和物料免受污染。对无菌制剂而言,重点是保证无菌、控制细菌内毒素和微粒污染。

企业应根据生产品种的剂型特点制订相应的操作规程,对生产的各个阶段采取措施,以保护产品和物料不会受到微生物和其他污染。

(1)生产前物料或产品的转运应有防止污染和交叉污染的措施,如:待加工物料或产品质量及贮存条件、贮存期限应符合生产工艺要求;生产用的设备、容器应清洁或消毒,在规定的条件下贮存、在清洁和消毒效期内使用;车间洁净级别应符合生产工艺要求,生产车间清场应符合要求;环境监控应符合要求,不会对物料或产品造成不良影响。

(2)操作规程中应明确药品生产过程中,物料、中间产品在流转过程中应采取的避免混淆和污染的措施(如人员更衣、人员操作行为、密闭转移控制等)。必要时应明确关键工序的操作时间。

(3)操作规程中应明确生产结束后,产品和物料在更衣要求的条件下贮存,贮存条件应经过验证确认。

7. 防止粉尘的产生和扩散 GMP(2010 年修订)第一百九十条规定:"在干燥物料或产品,尤其是高活性、高毒性或高致敏性物料或产品的生产过程中,应当采取特殊措施,防止粉尘的产生和扩散。"

对于生产高活性、高毒性或高致敏性物料或产品及易产尘的干燥物料或产品,企业应制订操作规程,明确高活性、高毒性或高致敏性物料或产品及易产尘的干燥物料或产品防止粉尘的产生和扩散的措施。并能有效地避免操作人员受到不良影响,同时避免对环境造成污染。

8. 对生产期间标识的要求 GMP(2010 年修订)第一百九十一条规定:"生产期间使用的所有物料、中间产品或待包装产品的容器及主要设备、必要的操作室应当贴签标识或以其他方式标明生产中的产品或物料名称、规格和批号,如有必要,还应当标明生产工序。"

标识管理是药品生产管理的手段之一,便于物料和产品的追溯,能够有效防止差错和混淆的发生。标识的形式应以不发生差错为前提,企业应根据产品的特点和生产工艺要求明确标识的内容、样式。

通过计算机控制系统对物料进行限制使用或冻结操作的,可以不使用贴签标识,但系统的相关质量状态控制功能应经过测试证明可靠。

对于无菌制剂,应当有明确区分已灭菌产品和待灭菌产品的方法,每一车(盘或其他装载设备)产品或物料均应贴签,清晰地注明品名、批号,并标明是否已经灭菌。必要时,可用湿热灭菌指示带加以区分。同时应有措施防止已辐射物品与未辐射物品的混淆,在每个包装上均应有辐射后能产生颜色变化的辐射指示片。

对于原料药,如将物料分装后用于生产的,应当使用适当的分装容器,分装容器应当有标识并标明物料的名称或代码、接收批号或流水号、分装容器中物料的重量或数量,必要时标明复验或重新评估日期。

9. 容器、设备或设施所用标识应当清晰明了 GMP(2010 年修订)第一百九十二条规定:"容器、设备或设施所用标识应当清晰明了,标识的格式应当经企业相关部门批准。除在标识上使用文字说明外,还可采用不同的颜色区分被标识物的状态(如待验、合格、不合格或已清洁等)。"

药品 GMP 的三大目标要素之一就是防止混淆和差错的产生。为此,生产期间所有使用的容器、主要设备及设施应进行标识,标识应清晰明了。

药品生产离不开设备,因此所有与设备有关的活动均应进行控制和记录。所用容器、设备应当有明显的状态标识,标明容器、设备的编号和内容物(如品名、规格、批号等),无内容物的应标明设备状态及清洁状态(设备是否完好、清洁日期、合格效期、小清场生产次数等)。

10. 确保管道和其他设备的连接正确无误 GMP(2010 年修订)第一百九十三条规定:"应当检查产品从一个区域输送至另一个区域的管道和其他设备连接,确保连接正确无误。"

11. 每次生产结束后的清场 GMP(2010 年修订)第一百九十四条规定:"每次生产结束后应当进行清场,确保设备和工作场所没有遗留与本次生产有关的物料、产品和文件。下次生产开始前,应当对前次清场情况进行确认。"

12. 对偏差的处理 GMP(2010 年修订)第一百九十五条规定:"应当尽可能避免出现任何偏离

工艺规程或操作规程的偏差。一旦出现偏差,应当按照偏差处理操作规程执行。"

企业应当采取措施尽量避免出现上述偏差,包括操作人员的充分培训、生产设施设备的确认与维护、生产环境的监控、生产过程中物料和产品的管理、工艺过程控制和记录等。

13. 生产厂房的人员出入　GMP(2010年修订)第一百九十六条规定:"生产厂房应当仅限于经批准的人员出入。"

企业应有文件明确规定人员限制进入的要求及措施,对于无菌药品的生产企业,洁净区内的人数应当严加控制,检查和监督应当尽可能在无菌生产的洁净区外进行。

点滴积累

1. 生产管理的任务:①按照生产计划及作业指令严格进行生产;②做好生产前的准备工作;③按规定的生产作业指令内容保质保量完成生产任务;④做好生产结束后的清场和交接班工作;⑤做好(工序生产、设备运行等)记录。
2. 所有药品的生产和包装均应当按照批准的工艺规程和操作规程进行操作并有相关记录,以确保药品达到规定的质量标准,并符合药品生产许可和注册批准的要求。
3. 生产过程中应当尽可能采取有效措施,最大限度减少污染、交叉污染以及混淆、差错的风险。
4. 药品生产和监控过程应能确保持续稳定地生产出符合预定用途和注册要求的药品。

第二节　生产计划的编制与组织

在生产管理中,计划工作十分重要。因为生产计划编制是否合理、可控将直接影响到生产的整个过程。

课 堂 活 动
请同学们编制一个下学期学习计划大纲,并说明编制依据。

一、生产计划的编制

生产计划是公司生产系统总体的行动纲领,它反映的是生产在计划期内应完成的产品品种、质量、产量和产值等生产方面的指标,且是在时间上对产品产出进度进行的总体安排。生产部是生产计划编制、执行、检查和考核的职能部门,生产计划一经下达,各部门都应该全力保证实施。

(一)生产计划的分类

不同的企业根据其品种情况,生产计划会有不同的分类,一般分为4类:年度生产计划、月度生产计划、周紧急生产计划、临时性计划。

(二)生产计划的编制要求

编制生产计划首先要预测计划期的市场需求,核算生产能力,确定生产计划提供的外部需要和内部可能。然后要根据生产需要、充分利用各种资源和提高经济效益的原则,在综合平衡的基础上,确定和优化生产计划指标,妥善安排产品的生产计划进度,既要从时间上保证生产指标的实现,保证产销衔接,又能保证生产秩序和工作秩序的稳定。

1. 年度生产计划　应由生产管理部计划专员根据公司本年度规划,结合上一年度销售量及库存量进行编制,并经生产管理部经理、生产计划调度主管审批确认后,方可发布与执行。

2. 月度生产计划　参照月度市场销售情况、成品库存量,综合考量后下达月度生产计划。一般于每月 25 日下达下一月生产计划,月末对计划执行情况进行分析、评价。

3. 周紧急生产计划　根据月度生产计划及市场销售情况、成品库存量,下达周紧急生产计划,周末进行计划反馈,向生产管理部经理提交计划落实情况,同时每周一组织召开由生产、质量、采购、仓储等部门参加的计划会。

ER 8-2

某制药固体车间月度生产计划

4. 临时性计划　在日常生产过程中,偶尔会遇到临时性任务,同样由计划专员及时进行排产,并落实生产。

(三) 生产指令的编制

1. 批生产指令的内容　一般包括生产指令单号、物料编码、产品名称、批号、规格、生产批量、制表日期、制表人、审核人、审核日期、复核人、物料领用数量、预计开工日期、预计完工日期、生产日期、有效期、特殊说明。

2. 生产调度生产计划　按月、周、日有序排产并编制生产指令单,经双人复核后签字确认,落实到车间生产。车间内无生产指令不得进行生产。生产结束后按日、周、月反馈生产达成情况。

3. 生产指令的下发　生产调度根据生产计划编制生产指令,工艺员根据生产指令出具工艺卡,生产计划调度主管复核无误后,车间内勤发放空白生产记录并装订成册,装订好的批生产记录随生产指令由车间主任审核无误后下发至各岗位进行生产。

二、生产组织与开工准备

(一) 生产组织

生产组织是生产的保障,生产需要组织,需要把各种资源网罗协调到一起,然后由生产部门去进行指挥调度,最后使整个生产形成一个严密的系统,即整洁干净的生产现场、有条不紊的工作节奏、卓越优良的产品质量以及反应机敏的指挥机制。

1. 生产过程组织　生产过程组织是指为提高生产效率,缩短生产周期,对生产过程的各个组成部分从时间和空间上进行合理安排,使它们能够相互衔接、密切配合的设计与组织工作的系统。生产过程组织包括空间组织和时间组织两项基本内容。生产过程组织的目标是要使产品内在生产过程中的行程最短,时间最省,占用和耗费最少,效率最高,能取得最大的生产成果和经济效益。在企业中,任何生产过程的组织形式都是生产过程的空间组织与时间组织的结合。企业必须根据其生产目的和条件,将生产过程空间组织与时间组织有机地结合,采用适合自己生产特点的生产组织形式。

2. 生产过程管理　生产过程管理是一个多方位的系统管理,包括生产调度、生产进度控制、生产过程管理 3 方面内容。

(1) 生产调度：是指对生产作业过程中可能出现的偏差及时了解、掌握、预防和处理，保证整个生产活动协调进行。

(2) 生产进度控制：是指对原料投入生产到入库的全过程进行控制，如投入进度控制、产出进度控制、工序进度控制、降低制品数量、缩短生产周期和均衡生产等。

(3) 生产过程管理：体现了药品质量在生产过程受控中形成的 GMP 精神。其中重要的环节包括生产前准备的管理、工艺技术管理、批号管理、包装管理、生产记录管理、不合格品管理、物料平衡检查和清场管理等。

系统岗位群
分类

3. 生产管理系统岗位群　各生产车间主任负责组织本部门各岗位的相关人员，按照生产指令要求进行生产。根据其加工单元操作的不同把岗位群主要归纳为：化学原料药生产岗位群、生产基本单元操作岗位群、口服固体制剂生产岗位群、液体类制剂生产岗位群、半固体制剂生产岗位群、生物制品生产岗位群、其他制剂生产岗位群等。

4. 安全生产管理要求　①任何生产过程都要进行标准化，严格按 SOP 进行操作；②根据生产程序的可能性，列出每一个程序可能发生的事故，以及发生事故的先兆，培养员工对事故先兆的敏感性；③认识到安全生产的重要性，以及安全事故带来的巨大危害性。

在任何程序上一旦发现生产安全事故的隐患，要及时报告、及时排除。即使有一些小事故发生，可能是避免不了或者经常发生，也应引起足够的重视，要及时排除，只有安全，才是效益。坚持安全第一，预防为主。

案例分析

案例：某药品生产企业颗粒剂车间操作工，在物料混合过程中，用状态标识牌铲取物料，状态标识牌不慎落入混合机搅拌槽中，伸手取时被搅拌桨切断手掌。

分析：这是典型的违规操作造成的安全事故。该操作工未严格按照混合岗位操作 SOP 进行操作，在设备正常运行时，就用非规范的工器具进行取样操作，酿成安全生产事故，教训惨痛。

(二) 开工准备

1. 生产过程技术文件的准备　各工序在生产操作前，必须做好准备工作。应有该品种的批生产指令及相应的配套文件(如质量标准、工艺规程、工艺卡、岗位操作法或岗位 SOP、清洁规程、中间产品质量监控规程及记录等)，并确认文件是现行文件。

GMP(2010 年修订)第一百八十四条规定："所有药品的生产和包装均应当按照批准的工艺规程和操作规程进行操作并有相关记录，以确保药品达到规定的质量标准，并符合药品生产许可和注册批准的要求。"

其中主要包括：工艺规程、操作规程、批生产记录、批包装记录 4 类文件。

2. 物料的准备　本批生产所用原辅料与批生产指令相符并确认是合格物料。过程包括：①工艺员按生产指令单开具"领料单"，经车间主任复核签字后，交领料员按"领料标准操作程序"领料;②仓库管理员按"领料单"限额发料,双方核对无误后办理交接手续,无检验合格报告书拒收;③操作人员与领料员交接时,复核物料无误后收料。

3. 生产现场的准备 ①生产现场应清洁,符合该区域清洁卫生要求;②无上次生产遗留物;③更换生产品种及规格前已进行清场,清场者、检查者均签字,并取得"清场合格证";④设备、用具等已清洁并有"合格"状态标识。

4. 生产前检查 GMP(2010年修订)第一百九十九条规定:"生产开始前应当进行检查,确保设备和工作场所没有上批遗留的产品、文件或与本批产品生产无关的物料,设备处于已清洁及待用状态。检查结果应当有记录。"

生产操作前,还应当核对物料或中间产品的名称、代码、批号和标识,确保生产所用物料或中间产品正确且符合要求。

(1)检查确认:①清场和清洁是否彻底,无生产无关物品,有"清场合格证",并在效期内;②设备是否清洁,是否在待用状态(清洁效期内、校验期内);③物料产品是否符合生产指令要求,状态标识是否明确,物料进入操作是否符合要求;④生产前现场检查应有记录,记录填写齐全,并有检查人签名。

(2)检查内容包括:生产现场无上批遗留的产品、文件或与本批产品生产无关的物料,房间清洁干燥,卫生符合要求,有"清场合格证"副本并在有效期内,现场整齐有序,无安全隐患。

具体包括:①设备有"设备完好""已清洁"标识并在有效期内,设备、工具、容器清洗、灭菌是否符合工艺标准。②生产用容器具、计量器具、度量衡器及测试仪器、仪表进行必要的检查(或校正),应与称量范围相符,容器具有"已清洁"标识并在有效期内;计量器具有校验"合格证"并在有效期内。③物料包装完整,有物料卡,物料卡内容填写齐全,品名、规格、批号、数量与指令要求一致。④所使用的工器具已经消毒或灭菌,并在有效期内。⑤人员卫生,操作人员按照"人员进出生产区标准操作规程"进入操作间,工服穿戴应符合要求。⑥环境,房间压差、温度、湿度应符合该区域环境要求。⑦文件检查,生产指令、工艺规程、工艺卡、空白生产记录、岗位操作规程、设备操作规程、清洁规程以及相应的记录齐全。⑧物料和产品,操作人员凭生产指令和需料送料单在现场QA人员监督下从物料员处领料,逐一核对物料的品名、规格、批号、重量、件数等是否与生产指令和需料送料一致,确认无误后方可领料。⑨以上检查需符合要求,现场QA确认后方可进行生产,如有异常应纠正,必要时报告上级主管。

ER 8-4

生产前检查
操作规程

点滴积累

1. 年度生产计划应由生产管理部门根据公司本年度规划,结合上一年度销售量及库存量进行编制,并经生产管理部经理、生产计划调度主管审批确认后,方可发布与执行。
2. 各生产车间主任负责组织本部门各岗位的相关人员,按照生产指令要求进行生产。
3. 开工前应做好技术文件、物料、生产现场的准备,并进行生产前检查确认。

第三节　防止生产过程中的污染、交叉污染及混淆的措施

一、污染的来源

污染指原材料或成品被微生物或其他外来物所污染。按照污染的情况一般可分为 3 个方面，一是由微生物引起的污染；二是原料或产品被另外的物料或产品引起的污染，如生产设备中的残留物，操作人员的服装引入或散发的尘埃、气体、雾状物等；三是由其他物质或异物等对药品造成的污染。造成污染的原因通常有以下几个方面。

1. 原辅料　购进原辅料本身质量不好，或在运输、贮存、检验取样、配料过程中造成污染。

2. 内包装材料　用于生产的直接接触药品的内包装材料，在使用前消毒不彻底或消毒后存放条件不符合卫生标准、放置时间过长等造成污染。

3. 设备与容器　设备与容器表面不光洁、平整，材质不稳定，选型与生产不配套，维修、保养不及时，生产结束后未进行清洗等造成污染。

4. 环境影响　生产环境如空气中生物粒子过多，车间地面、墙壁、天花板等不平整、易脱落、长霉，消毒不严格等，均有可能造成药品污染。

5. 人员　操作人员患有传染病、皮肤病等，未按要求穿戴工作服，未按工艺规程和岗位操作规则要求操作。

> **知识链接**
>
> **人员及工作服穿戴对洁净室洁净度的影响**
>
> 据测试，洁净室中人员手臂、头轻微动作，每分钟可产生 $0.3 \sim 1\mu m$ 的微粒 50 万个。穿白大衣式工作服时，人的发尘量为穿普通工作服时的 24%，穿上下连套的整体式工作服发尘量只有穿普通工作服的 3%。因此，洁净室中应限制操作人数，操作人员应尽量减少活动，工作服以整体式为好。

6. 生产过程　生产中敞口生产、密闭不严、管道中有死角、生产周期过长、清场不彻底、操作不当等均有可能造成药品污染。

二、混淆的产生

混淆是指一种或一种以上的其他原材料或成品与已标明品名等的原材料或成品相混，通俗的说法称为"混药"。如原料与原料、成品与成品、标签与标签、有标志的与未标志的、已包装的与未包装的混淆等。产生混淆的原因主要有以下几种情况。

1. 厂房　生产区域狭小、拥挤，同一区域有不同规格、品种、批号的药品同时生产；生产中物料流向不合理，生产线交叉；生产、运贮、仓储无保证措施；非生产人员进入等造成无意或有意混淆事件等。

2. **设备** 生产中使用的设备、容器无状态标志,清场不彻底等。

3. **材料** 辅料、包装材料、中间产品、中间体等无明显标志,放置混乱,散装或放在易破损的包装中,印刷性包装材料管理不善等。

4. **人员** 生产人员未经培训上岗、工作责任心不强、压力过大、操作中随意性大等原因。

5. **制度** 管理制度不健全,或执行不力,无复核、统计、监督机制,发现问题未及时查找原因等。

案例分析

案例: 1990 年 6 月,某药厂发生了把 880 多支氯化钾注射液印成葡萄糖注射液的事故。氯化钾是强心剂,静脉输液浓度不能超过 0.3%,如果当成葡萄糖直接从静脉推注,将会严重抑制心肌,使患者立即死亡。

分析: 经查该企业车间印包工为新入职员工,GMP 意识淡薄,上岗前未经严格的岗前培训和考核,造成错印标签的重大事故。由于发现及时,迅速查处,才没酿成大祸。

三、防止措施

药品生产过程中,污染和混淆的危险主要来自生产中所用的原料、设备、生产方法、生产环境、人员操作 5 个环节。生产过程中未能控制的灰尘、气体、喷洒物、生物散发出的微粒、设备中的残留物、操作者的错误等都可能造成药品的污染和混淆。为了防止药品的污染和混淆,除对以上 5 大因素进行控制以外,生产操作中还应采取相应的措施。

1. **工序衔接合理** 在药品生产中,工艺布局的合理是体现 GMP 的关键。工序衔接则是工艺布局合理与否的体现。

工序衔接应包括两个方面:一是生产流程应顺向布置,防止原材料、中间体和中间产品的污染;缩短生产区与原料、成品存放区的距离,避免因往返运输而污染;提供适当的原辅料、包装材料处理区,中间体、中间产品贮存区,不同净化级别的清洁区和通道等,减少人流混杂。二是缩短生产时间,减少微生物的污染。因此,不仅要求生产工艺流程布局合理,同时也要求生产过程时间衔接合理,传递迅速,避免物料在某一工序滞留时间过长,以防止物料的混淆、交叉污染和遗漏生产或检验。

2. **生产区域专一** 在同一生产区域包括相应的辅助生产区域,只能生产同一批号、同一规格的相同产品。在同一生产区域包括相应的辅助生产区域同时生产不同品种、规格或批号的药品是混淆产生的最主要的原因,必须坚决制止,以防止混淆和混批。特别是生物制品、毒性药材、高致敏药品等生产如果发生混淆,后果将非常严重。因此,生产区域要提供充分适当的原辅料、包装材料处理区,中间体、半成品贮存区,不同净化级别的清洁区和通道等,减少人物流的混杂。

案例：药品监督管理部门在市场上的一次常规抽查检验中发现，某企业贴有甲肝疫苗标签的产品竟然是狂犬病疫苗！该企业旗下拥有多个疫苗品种，但生产区域面积小、设施陈旧，不同品种、规格的产品有时在同一操作间同时进行，也缺乏有效的隔离措施；检定时也未严格按国家药品标准进行鉴别试验，导致"张冠李戴"。

分析：GMP（2010年修订）的实施必须依托于大量硬件系统的投入、人员的管理、制度的保障等。生产车间在同一生产区域包括相应的辅助生产区域，只能生产同一批号、同一规格的相同产品，做到生产区域专一，以防止混淆和混批。生物制品不同于一般医用药品，国家近年来开始对疫苗类制品、血液制品、用于血源筛查的体外生物诊断试剂等生物制品实行批签发、驻厂监督员的制度，对生物制品严格管理，进一步避免了不合格药品流入市场。

GMP（2010年修订）第一百九十七条规定："生产过程中应当尽可能采取措施，防止污染和交叉污染，如：

（一）在分隔的区域内生产不同品种的药品。

（二）采用阶段性生产方式。

（三）设置必要的气锁间和排风；空气洁净度级别不同的区域应当有压差控制。

（四）应当降低未经处理或未经充分处理的空气再次进入生产区导致污染的风险。

（五）在易产生交叉污染的生产区内，操作人员应当穿戴该区域专用的防护服。

（六）采用经过验证或已知有效的清洁和去污染操作规程进行设备清洁；必要时，应当对与物料直接接触的设备表面的残留物进行检测。

（七）采用密闭系统生产。

（八）干燥设备的进风应当有空气过滤器，排风应当有防止空气倒流装置。

（九）生产和清洁过程中应当避免使用易碎、易脱屑、易发霉器具；使用筛网时，应当有防止因筛网断裂而造成污染的措施。

（十）液体制剂的配制、过滤、灌封、灭菌等工序应当在规定时间内完成。

（十一）软膏剂、乳膏剂、凝胶剂等半固体制剂以及栓剂的中间产品应当规定贮存期和贮存条件。"

第一百九十八条规定："应当定期检查防止污染和交叉污染的措施并评估其适用性和有效性。"

污染防护一般应依据生产工艺流程的设计，从建筑布局、建筑材料、空调系统、设备选型、材料等方面进行控制，在生产过程中应通过对生产管理系统的各个关键要素如人员操作、物料流转贮存管理、厂房和设备清洁操作控制、生产环境监控等方面进行控制，减少或避免污染、交叉污染、混淆和差错的发生。

（1）对于无菌制剂，应同时考虑是否满足GMP（2010年修订）无菌制剂附录中对应条款的要求。

1）生产的每个阶段（包括灭菌前的各阶段）应当采取措施降低污染。

2）应当采取措施保证验证不会对生产造成不良影响。

3)当无菌生产正在进行时,应当特别注意减少洁净区内的各种活动。应当减少人员走动,避免剧烈活动散发过多的微粒和微生物。由于所穿工作服的特性,环境的温湿度应当保证操作人员的舒适性。

4)应当尽可能减少物料的微生物污染程度。必要时,物料的质量标准中应当包括微生物限度、细菌内毒素或热原检查项目。

5)洁净区内应当避免使用易脱落纤维的容器和物料,在无菌生产的过程中,不得使用此类容器和物料。

6)应当采取各种措施减少最终产品的微粒污染。

7)最终清洗后包装材料、容器和设备的处理应当避免被再次污染。

8)应当尽可能缩短包装材料、容器和设备的清洗、干燥和灭菌的间隔时间以及灭菌至使用的间隔时间。应当建立规定贮存条件下的间隔时间控制标准。

9)应当尽可能缩短药液从开始配制到灭菌(或除菌过滤)的间隔时间。应当根据产品的特性及贮存条件建立相应的间隔时间控制标准。

10)应当有措施防止已灭菌产品或物品在冷却过程中被污染。除非能证明生产过程中可剔除任何渗漏的产品或物品。任何与产品或物品相接触的冷却用介质(液体或气体)应当经过灭菌或除菌处理。

11)除已密封的产品外,被灭菌物品应当用合适的材料适当包扎,包扎方式应当有利于空气排放、蒸汽穿透,并在灭菌后能防止污染。在规定的温度和时间内,被灭菌物品所有部位均应与灭菌介质充分接触。

12)干热灭菌时灭菌柜腔室内的空气应当循环并保持正压,阻止非无菌空气进入。进入腔室的空气应当经过高效过滤器过滤,高效过滤器应当经过完整性测试。

13)小瓶压塞后应当尽快完成轧盖,轧盖前离开无菌操作区或房间的,应当采取适当措施防止产品受到污染。

14)无菌药品包装容器的密封性应当经过验证,避免产品遭受污染,熔封的产品(如玻璃安瓿或塑料安瓿)应当做100%的检漏试验,其他包装容器的密封性应当根据操作规程进行抽样检查。

15)在抽真空状态下密封的产品包装容器,应当在预先确定的适当时间后,检查其真空度。

16)应当逐一对无菌药品的外部污染或其他缺陷进行检查,如采用灯检法,应当在符合要求的条件下进行检查,灯检人员连续灯检时间不宜过长,应当定期检查灯检人员的视力。如果采用其他检查方法,该方法应当经过验证,定期检查设备的性能并记录。

(2)对于原料药,应同时考虑是否满足GMP(2010年修订)原料药附录相关条款的要求。

1)病毒的去除或灭活:①应当按照经验证的操作规程进行病毒去除和灭活。②应当采取必要的措施,防止病毒去除和灭活操作后可能的病毒污染。敞口操作区应当与其他操作区分开,并设独立的空调净化系统。③同一设备通常不得用于不同产品或同一产品不同阶段的纯化操作。如果使用同一设备,应当采取适当的清洁和消毒措施,防止病毒通过设备或环境由前次纯化操作带入后续纯化操作。

2)污染的控制：①同一中间产品或原料药的残留物会带入后续数个批次中的,应当严格控制。带入的残留物不得引入降解物或微生物污染,也不得对原料药的杂质分布产生不利影响。②生产操作应当能够防止中间产品或原料药被其他物料污染。③原料药精制后的操作,应当特别注意防止污染。

(3)对于生物制品,应同时考虑是否满足 GMP(2010 年修订)生物制品附录项下相关条款的要求。

1)向发酵罐或其他容器中加料或从中取样时,应当检查并确保管路连接正确,并在严格控制的条件下进行,确保不发生污染和差错。

2)应当对产品的离心或混合操作采取隔离措施,防止操作规程中产生的悬浮微粒导致的活性微生物扩散。

3)培养基宜在线灭菌。向发酵罐或反应罐中通气以及添加培养基、酸、碱、消泡剂等成分所使用的过滤器宜在线灭菌。

4)应当采用经过验证的工艺进行病毒去除或灭活处理,操作过程中应当采取措施防止已处理的产品被再次污染。

5)使用第一类病原微生物、第二类病原微生物进行生产时,对产生的污物和可疑污染物品应当在原位消毒,完全灭活后方可移出工作区。

6)不同产品的纯化应当分别使用专用的层析分离柱。不同批次之间,应当对层析分离柱进行清洁或灭菌。不得将同一层析分离柱用于生产的不同阶段。应当明确规定层析分离柱的合格标准、清洁或灭菌方法及使用寿命。层析分离柱的保存和再生应当经过验证。

7)对用于试验取样、检测或日常监测(如空气采样器)的用具和设备,应当制订严格的清洁和消毒操作规程,避免交叉污染。应当根据生产的风险程度对用具或设备进行评估,必要时做到专物专区专用。

(4)对于中药制剂,应同时考虑是否满足 GMP(2010 年修订)中药制剂附录相关条款的要求。

1)在生产过程中应当采取以下措施防止微生物污染：①处理后的中药材不得直接接触地面,不得露天干燥,加工后的药材应使用洁净的容器存贮,放置专用仓库中,不得使用易造成污染的麻包等包装;毒性中药和贵细药材尤应如此。②应当使用流动的工艺用水洗涤拣选后的中药材,用过的水不得用于洗涤其他药材,不同的中药材不得同时在同一容器中洗涤。

2)毒性中药材和中药饮片的操作应当有防止污染和交叉污染的措施。

3)中药材洗涤、浸润、提取用水的质量标准不得低于饮用水标准,无菌制剂的提取用水应当采用纯化水。中药提取用溶剂需回收使用的,应当制订回收操作规程。

4)药材、饮片、中间体、成品等的灭菌可以采用现行的各种灭菌方法,如微波、环氧乙烷、^{60}Co 射线照射、蒸汽熏蒸等,但不论采用何种方法,均不应改变药品的药效、质量。

5)为保证中成药的质量,特别是卫生学指标能达到要求,直接入药的药材、中间体等在配料前,应检查微生物是否符合标准。这对于保证中成药的卫生学指标是很重要的。直接入药的药材、中间体等不得对产品造成交叉污染,也不得对产品的质量和安全性有不利影响。

3. 生产前检查 每品种或每批号生产开始前,应认真检查设备、器械、容器等是否洁净或灭菌,以及是否有前次生产的遗留物,否则不能进行新的生产操作。

4. 状态标志明确 每一个生产操作间、每一台生产设备、每一个盛物容器均应有能够指明正在加工的产品或物料、批号及数量等的状态标志。在生产中无状态标志是造成混药事故的主要原因之一。

> ## 案例分析
>
> **案例:**1987 年某药厂生产苯海索片剂后,剩下原料 15.83kg,与同为白色结晶性粉末、外包装一致的丙谷胺原料混放在车间。在生产丙谷胺片时,保管人员将苯海索原料当作丙谷胺原料发出配料,使生产的丙谷胺片中混入了苯海索,致使 30 多名患者服后出现精神异常、又笑又哭、视物模糊等中毒症状,造成了严重后果。
>
> **分析:**这是一起典型的状态标识不明确造成的严重混药事件。投料剩余的原料,应按照规定做好标识密封后,出车间退回原料库保管或做好标识密封后交由车间中间站登记保管。在生产中物料和工序无状态标志是造成混药事故的主要原因,必须坚决杜绝。

因此,GMP 要求生产过程中绝不允许不明状态的情况存在,以防止由于标志不明造成药物混淆。药品生产中状态标志有 4 种情况。

(1)生产状态标志:标明正在生产的情况,内容包括正在生产的品名、规格、批号等。

(2)生产设备状态标志:运行的设备应标明正在加工何种物料;停运的设备应标明其性能状况、能用与否、待修或维修;对已损坏报废的设施,应从生产线上清除。

(3)容器状态标志:标明容器内容物的情况,如品名、规格、批号、状态(半成品、中间体、回收料等)。

(4)卫生状态:生产前后,生产线、设备、容器等均应有卫生状态标志,标明其卫生状况,如已清洁、已消毒、已清场等。

5. 及时清洗设施 药品生产过程中,残留在设施中的物质有些是极好的微生物培养基,有些极易对其他物质造成污染。因此,生产用的设备、容器、输送药液的管道等用后应立即清洗。用于无菌生产的设施清洗后应灭菌。

6. 严格控制洁净室人员 洁净室内发尘量,来自建筑表面的很少,一般占 10% 以下(经空气净化),发尘主要来自人,约占 90% 左右。因此,进入 A 级、C 级洁净厂房的人数不得超过厂房设计时的限度。在服装材质的选择上,应以去静电纯尼龙为优,服装式样采用上下分装型或全罩型。操作人员的着装应符合卫生要求。在洁净室内减少幅度大的活动,以减少室内发尘量。

7. 建立洁净室监测制度 洁净室的效能不仅取决于设计和施工质量,还取决于维护和管理水平,因而必须建立严格的管理制度,定期做好洁净工程运行状态的各种性能测试,尤其是设备检修或更换后要及时检查和监测其滤效,使换气次数或层流风速符合要求,并做好各项记录。

第四节　生产过程的管理

生产出符合质量标准的产品取决于各项质量保证要素。保证顺利生产取决于各个环节都要满足 GMP 要求及质量标准,也就是说在符合各项标准要求下进行生产,从而使进行重复性生产成为可能。

传统的质量控制是通过中间产品或者最终产品的检测来达到控制质量的目标。随着近几年技术的发展,在线实时监测成为可能,人为因素造成的影响变得越来越小。先进的技术可以保证每批的加工过程控制及对加工过程中材料的适当样品进行检验或检查,以保证药品的一致性和完整性。

生产过程的管理控制建立在工艺设计的基础上,包括要掌握原辅料性质(须符合质量标准),生产过程取样、监控、物料传送、隔离及密闭技术,过程单元操作(配料、粉碎、过筛、混合、制粒、干燥、压片、包衣、胶囊灌装等)。剂型不同,所涉及的生产和过程控制的要求不同。但总的生产和过程控制原则是一致的,通常经过充分的设计和评估,应该考虑以下因素:①过程控制和设备首先要满足能够生产出符合质量标准的产品;②人员卫生及生产卫生;③防尘、防漏、避免污染和交叉污染;④设备便于操作、清洁及维护;⑤建立清洁卫生制度;⑥环境监测;⑦标识;⑧贴签;⑨偏差;⑩保持生产的连续性,尽量减少生产中断时间。

一、工艺管理、工序关键控制点的监控与定置管理

(一) 工艺管理

药品生产过程中出现问题或事故的主要因素有两个:一是没有标准的书面操作规程文件或指令,有的企业有这些文件和指令但不完善,或者是有文件和指令,但不执行或不严格执行;二是口头传达信息导致的信息传递失真。在生产操作中的主要规程和指令有生产工艺规程、操作规程,其合理性和可行性直接影响所生产药品的质量以及生产效率。

工艺规程和操作规程是药品生产和包装操作的依据,是确保产品质量的操作标准。

1. **工艺规程** 工艺规程是指为生产特定数量的成品而制订的一个或一套文件,包括生产处方、生产操作要求和包装操作要求,规定原辅料和包装材料的数量、工艺参数和条件、加工说明(包括中间控制)、注意事项等内容。

GMP(2010年修订)第一百六十八条规定:"每种药品的每个生产批量均应当有经企业批准的工艺规程,不同药品规格的每种包装形式均应当有各自的包装操作要求。工艺规程的制定应当以注册批准的工艺为依据。"

第一百六十九条规定:"工艺规程不得任意更改。如需更改,应当按照相关的操作规程修订、审核、批准。"

所有药品的生产、包装应有工艺规程和操作规程。工艺规程和操作规程应按照批准的生产工艺进行编制,应经过验证,应得到质量管理部门的审核确认,规程内容应符合GMP(2010年修订)文件管理章节第一百七十条要求。制订生产工艺规程的目的是为药品生产部门提供必须共同遵守的技术准则,以保证生产的批与批之间尽可能地与原设计吻合,保证每一药品在整个有效期内保持一定的质量。

对于无菌药品,必须严格按照精心设计并经验证的方法及规程进行,产品的无菌或其他质量特性决不能只依赖于任何形式的最终处理或成品检验(包括无菌检查),灭菌工艺必须与注册批准的要求相一致,且应当经过验证。对于原料药,生产的起点及工序应当与注册批准的要求相一致;对于生物制品,种子批或细胞库和成品之间的传代数目(倍增次数、传代次数)应当与已批准注册资料中的规定一致,不应随生产规模变化而改变;对于中药制剂、中药材前处理,中药提取和中药制剂的生产,应当保持中药材来源相对稳定,注射剂生产所用中药材的产地应当与注册申报资料中的产地一致,并尽可能采用规范化生产的中药。应当对中药材和饮片的质量以及中药材前处理、中药提取工艺严格控制。

工艺规程是对产品设计、处方、工艺、质量规格标准、质量监控以及生产和包装的全面规定和描述,是生产管理和质量管理监控的基准性文件,是制订批生产指令、批生产记录、批包装指令的重要依据。①工艺规程的制订应当以注册批准工艺为依据,并应经过验证确认,若有重大变更应符合注册法规要求并受控。②应制订有关于产品工艺规程的相关管理规程;明确起草、修订、审核、批准人员的职责;应按管理规程的规定制订或修订产品的工艺规程,并经审核、批准后执行。③工艺规程内容应涵盖规范的要求,与注册批准的工艺一致。④工艺规程应根据产品生产各种批量来编制和规定各自批量条件下工艺规程所规定的内容,应包含不同包装规格的操作要求。⑤工艺规程中关键的工艺参数应经过验证确认,与质量无关的参数(如与节能或设备使用相关控制的参数)无须列入工艺验证中。

2. **操作规程** 操作规程是指经批准用来指导设备操作、维护与清洁、验证、环境控制、取样和检验等药品生产活动的通用性文件,也称标准操作规程,操作规程应涵盖药品生产和质量全过程。

GMP(2010年修订)第一百八十一条规定:"操作规程的内容应当包括:题目、编号、版本号、颁发部门、生效日期、分发部门以及制定人、审核人、批准人的签名并注明日期,标题、正文及变更历史。"

第一百八十二条规定:"厂房、设备、物料、文件和记录应当有编号(或代码),并制定编制编号(或代码)的操作规程,确保编号(或代码)的唯一性。"

GMP 对确认和验证,设备的装配和校准,厂房和设备的维护、清洁和消毒,培训、更衣及卫生等与人员相关的事宜,环境监测,虫害控制,变更控制,偏差处理,投诉,药品召回,退货等活动也规定应当有相应的操作规程,其过程和结果应当有记录。

3. 典型的固体制剂药品生产企业生产管理规程 典型的固体制剂药品生产企业生产管理规程见表 8-1。

表 8-1 典型的固体制剂药品生产企业生产管理规程

序号	文件名称	序号	文件名称
1	工艺规程管理规程	15	药品包装拼箱管理规程
2	生产计划管理规程	16	生产车间不合格品管理规程
3	生产记录管理规程	17	领料标准操作规程
4	生产批号管理规程	18	粉碎过筛标准操作规程
5	生产过程的状态标志管理规程	19	称量配料标准操作规程
6	批生产指令管理规程	20	制粒干燥标准操作规程
7	批包装指令管理规程	21	整粒总混标准操作规程
8	批生产物料平衡管理规程	22	压片标准操作规程
9	生产过程偏差及异常情况处理管理规程	23	糖衣包衣标准操作规程
10	生产统计管理规程	24	胶囊填充标准操作规程
11	生产过程管理规程	25	内包装标准操作规程
12	生产安全管理规程	26	外包装标准操作规程
13	生产车间剩余物料管理规程	27	中间站标准操作规程
14	生产车间工序清场管理规程		

4. 生产操作规程和指令的管理 ①宣传学习:任何有关生产操作的规程和指令在正式下达实施之前,都必须由企业生产技术管理、质量管理、人力资源部门组织操作人员和管理人员进行学习和培训,尤其是新员工,必须经考核合格后方能上岗。②贯彻实施:生产操作中的有关规程和指令一经批准实施,各级操作人员和管理人员都应严格执行,对不符合生产工艺规程、岗位操作规程的指令,操作人员应拒绝执行,对无批准手续变更操作的指令,操作人员应拒绝执行。生产技术管理、质量管理等部门应经常进行追踪随访,了解其执行情况,并给予必要的指导、帮助和纠正。对非正常情况下不能按岗位操作规则操作时,操作人员应做紧急处理并记录,及时上报,由生产技术管理、质量管理部门提出处理方案,经批准后方可继续生产。

(二)工序关键控制点的监控

不同的制剂,因其生产工艺不同,具体的操作则不同,工序关键控制点也不同。比如固体制剂的单元操作分为配料、粉碎、过筛、混合、制粒、干燥、压片、包衣、胶囊填充与灌装等。剂型不同,所涉及的单元操作不同,但同一单元操作所遵循的基本规律是一样的。同一单元操作,也有不同的设备和方式可以选择,例如湿法制粒、干法制粒和粉末直接压片。

下面以固体制剂为例介绍工序关键控制点。

1. 配料 中央配料区域通常设置在靠近库房的区域,以减少装有物料的容器在 D 级洁净区域穿行。根据生产设施的产能,工厂可能需要一个或多个称量和配料单元。生产多种产品的工厂,可以设置不同产品专属的配料单元。

专属配料区应与生产区域相连接,使被配好的物料直接通过洁净走廊,供应生产使用。配料区域和其他后续工序的生产房间一样,也要按照 GMP 的要求建造和运行。由于在这个过程需要操作活性物质,所以密闭隔离、人员安全保护、员工暴露操作防护和可清洁性是配料设备和配料区域设计要考虑的关键因素。配料区所使用的密闭隔离装置和设备应根据物料的危险级别和配料方法设置。

虽然用于制备颗粒的黏合剂和包衣物料的干粉物料可以在配料区称量,但是溶液的配制过程不推荐在配料区进行。

2. 制粒 控制制粒黏合剂加入速度等以控制最终颗粒粒径的分布和最终颗粒的含量均匀度。

3. 干燥 检测颗粒水分,因为颗粒不同水分含量可能对下一步压片或者灌装有较大的影响,应取样检测进行控制。

4. 整粒 通过控制整粒筛网和速度得到适当的颗粒粒径分布,并进行取样检测。

5. 混合 主要考察颗粒的混合均匀度。

6. 压片 控制压片速度、压片压力、填料速度等得到目标产品,取样检测硬度、重量差异、崩解、脆碎度等,避免裂片、揭盖等现象发生。

7. 胶囊填充 控制填充速度,取样检测装量差异、崩解、脆碎度等,避免胶囊壳破裂、吸收水分等现象发生。

8. 包衣 规定好喷枪口径,调整好包衣液浓度等控制包衣增重,而且对于特殊功能性包衣要特别注意控制好包衣增重等。

(三) 定置管理

1. 定置管理的定义 定置管理是一种科学的现场管理方法和技术,是一个动态的整理、整顿体系,是在物流系统各工序实现人与物的最佳结合。

它以物料在存放区域的科学定置为前提,以完善的信息系统为媒介,以实现人和物的有效结合为目的,从而使生产现场管理科学化、规范化和标准化,从而优化企业物流系统,改善现场管理,建立起现场的文明秩序,使企业实现人尽其力,物尽其用,时尽其效,达到高效、优质、安全的生产效果。

2. 定置管理的目的 以定置管理为中心的现场管理是企业取得利润的源泉之一。它可以使物料产品、生产用工具、容器量具等现场物品按动作经济原则摆放,防止混杂、污染、损毁和丢失,以保证产品质量,提高作业效率。

3. 定置管理的特点 定置管理的特点为结合性、目的性、针对性、系统性、有效性、艰巨性。

人与物的结合是定置管理的本质与主体,物与场所的结合是定置管理的前提和基础。

4. 药品生产车间的定置管理　药品生产车间应做到：①设备应按工艺流程合理布局，使加工物料按工艺流程顺序流转，避免重复往返，并不遗漏任何工序。②设备周围应有足够的空间放置待加工和已加工的产品，并且定位，有定置图或定位画线。定位应恰当，使平均占用面积或空间优化合理，不拥挤，便于加速物料流动，便于按规定用途进行操作，并使操作者体能消耗减小；一些设备可按移动式或半固定安装，以便于清洗和维修。同一操作室内安装多台设备时，要考虑操作的方便和整体布局美观和合理。③每一生产操作间或生产用设备、容器应有标明物料或产品名称、批号和数量等的状态标志。④设备状态可有运行、已清洁、待清洁、停用和闲置等状态标志。⑤容器状态可有运行、已清洁和待清洁等状态标志。⑥生产操作间状态可有运行、清洁和待清洁等状态标志。⑦应有文件规定各状态标志的颜色、状态词、含义等，全企业统一。

二、批次、批号与记录的管理

（一）批次的管理

GMP（2010年修订）第一百八十五条规定："应当建立划分产品生产批次的操作规程，生产批次的划分应当能够确保同一批次产品质量和特性的均一性。"

批次管理是药品生产控制的一种方法，通过合理的批次设定，便于对某一数量或某一时间段生产产品过程和质量的均一性进行控制。企业应考虑自身品种、设备特点和法规要求合理划分批次。可能有必要将一批产品分成若干亚批，最终合并成为一个均一的批，也可能若干合格小批混合形成一个混合批。

（课堂活动框）
课堂活动
请同学想一下，袋装牛奶和药品是否有生产日期和生产批号？生产批号和生产日期的关系是怎样的？

批是指经一个或若干加工过程生产的、具有预期均一质量和特性的一定数量的原辅料、包装材料或成品。为完成某些生产操作步骤，可能有必要将一批产品分成若干亚批，最终合并成为一个均一的批。在连续生产情况下，批必须与生产中具有预期均一特性的确定数量产品相对应，批量可以是固定数量或固定时间段内生产的产品量。

企业应制订划分产品生产批次的操作规程，并规定批次划分原则。批次划分可以考虑上述批的定义，但不限于以下原则：口服或外用的固体、半固体制剂在成型或分装前使用同一台混合设备一次混合所生产的均质产品为一批；口服或外用的液体制剂以灌装（封）前经最后混合的药液所生产的均质产品为一批。

1. 无菌制剂批次划分原则　应同时满足GMP（2010年修订）无菌制剂附录项下相关规定要求。

（1）大（小）容量注射剂以同一配液罐最终一次配制的药液所生产的均质产品为一批；同一批产品如用不同的灭菌设备或同一灭菌设备分次灭菌的，应当可以追溯。

（2）粉针剂以一批无菌原料药在同一连续生产周期内生产的均质产品为一批。

（3）冻干产品以同一批配制的药液使用同一台冻干设备在同一生产周期内生产的均质产品为

一批。

（4）眼用制剂、软膏剂、乳剂和混悬剂等以同一配制罐最终一次配制所生产的均质产品为一批。

2. 原料药生产批次划分原则　应同时满足 GMP（2010 年修订）原料药附录项下相关规定要求。

（1）连续生产的原料药，在一定时间间隔内生产的在规定限度内的均质产品为一批。

（2）间歇生产的原料药，可由一定数量的产品经最后混合所得的在规定限度内的均质产品为一批。

3. 中药制剂生产批次划分原则　中药制剂生产一般包括中药前处理、中药提取、制剂生产 3 个环节。划分原则包括：

（1）根据本企业产品特点制订相应的中药前处理和中药提取批次划分原则。

（2）制剂生产环节批次划分，应满足但不限于 Gmp（2010 年修订）正文中规定的批次划分原则。

4. 生物制品生产批次划分原则　应同时满足 GMP（2010 年修订）生物制品附录项下相关规定要求。

（1）应按照现行版《中国药典》中"生物制品分包装及贮运管理"对生物制品分批并编制批号。

（2）成品批次划分原则应符合无菌制剂中批次划分原则（非同日或同次配制、混合、稀释、过滤的半成品不得作为一批）。

（3）制品的批及亚批编制应使整个工艺过程清晰并易于追溯，以最大限度保证每批制品被加工处理的过程是一致的。

（4）生物制品生产过程中单次收获物、原液半成品等批次划分应符合现行版《中国药典》中生物制品术语及名词解释项下相关要求及相应品种的注册标准，确保各工序产品的可追溯性。如"亚批"，单一批号的亚批编制应仅限于以下允许制订亚批的几种情况：①半成品配制后，在分装至终容器之前，如分装至中间容器，应按中间容器划分为不同批或亚批；②半成品配制后，如采用不同过滤器过滤，应按滤器划分为不同批或亚批；③半成品配制后直接分装至终容器时，如采用不同分装机进行分装，应按分装机划分为不同批或亚批；④半成品配制后经同一台分装机分装至终容器，采用不同冻干机进行冻干，应按冻干机划分为不同批或亚批。

对于"成品批"，成品批号应在半成品配制后确定，成品批次划分原则应符合无菌制剂中批次划分原则。非同日或同次配制、混合、稀释、过滤的半成品不得作为一批。

（二）批号的管理

GMP（2010 年修订）第一百八十六条规定："应当建立编制药品批号和确定生产日期的操作规程。每批药品均应当编制唯一的批号。除另有法定要求外，生产日期不得迟于产品成型或灌装（封）前经最后混合的操作开始日期，不得以产品包装日期作为生产日期。"

1. 批号的概念　批号是用于识别一个特定批的具有唯一性的数字和 / 或字母的组合。为便于追溯生产批次，企业应编制唯一、简单、易于识别的批号管理规程，明确各工序批号编制原则和管理记录要求。应根据剂型特点合理明确生产日期的确定原则。规程中应规范中间产品（包括细胞或病毒原液）、待包装产品或成品批号编制原则。产品批号一旦给定，必须严格按照给定的批号执行，不得任意修改。

药品的每一生产批次都有指定的永久、唯一的批号。药品的批号一旦确定,所有用于生产的原料、包装材料、中间品、待包装品及质量管理部的检验、放行都以此批号为准。根据产品批号,应能查明该批产品的生产时间及批生产记录,进而追溯该批药品的生产历史,批号应明显标于每份生产记录、标签和包装物上。

2. 批号编制方法

(1)按照全年生产批次的流水号作为该批产品的批号,产品批号为生产年份(后2位)+全年流水号。如:"1200001"表示2012年生产的第一批产品。

(2)按照每月生产批次的流水号作为该批产品的批号,产品批号为生产年份(后2位)+月份+月度流水号。如:"1203001"表示2012年3月生产的第一批产品。

3. 返工批号的编制原则
因故返工的产品,返工后原批号不变,只在原批号后加"R"以示区别。

4. 生产日期确定原则
①包装产品以最终制粒工序中总混的领料日期作为该批产品的生产日期;②对于回收处理后的产品按照回收处理中最早批次产品的生产日期确定为该批产品的生产日期;③液体产品以灌装(封)前经最后混合的操作开始日期,为该批产品的生产日期;④混合批次原料药的生产日期应为参与混合的最早批次产品的生产日期为该批产品的生产日期。

5. 生物制品批号制订和生产日期确定原则
按照《中国药典》(2025年版)三部的"生物制品分包装及贮运管理"要求:生物制品批号和亚批号的编制应符合相应的要求;同一批号的制品,应来源一致、质量均一;同一制品的批号不得重复;同一制品不同规格不应采用同一批号;成品批号应在半成品配制后确定,配制日期即为生产日期。生物制品原液的生产日期应按照经批准的制造检定规程或《中国药典》(2025年版)三部中要求执行。

(三)生产记录的管理

1. 批记录的概念
用于记述每批药品生产、质量检验和放行审核的所有文件和记录,可追溯所有与成品质量有关的历史信息。

批记录是每批药品生产各工序全过程的完整记录,可全面反映产品工艺规程的执行情况,具有生产数量及质量的可追溯性。

2. 批生产记录的管理
按照GMP(2010年修订)的要求,每批产品均应当有相应的批生产记录,可追溯该批产品的生产历史以及与质量有关的情况。批生产记录应当依据现行批准的工艺规程的相关内容制订。记录的设计应当避免填写差错。批生产记录的每一页应当标注产品的名称、规格和批号。原版空白的批生产记录应当经生产管理负责人和质量管理负责人审核和批准。批生产记录的复制和发放均应当按照操作规程进行控制并有记录,每批产品的生产只能发放一份原版空白批生产记录的复制件。在生产过程中,进行每项操作时应当及时记录,操作结束后,应当由生产操作人员确认并签注姓名和日期。

药品的生产过程直接决定药品的质量,因此药品生产记录只有完整准确,才能真实反映药品生产全过程的实际情况,使药品生产的各个环节有效地受到监督和控制。生产记录的完整准确,是药品生产企业客观记录生产实际情况,同时也是企业保证生产药品质量、保护自身合法利益不受损害的重要措施。批生产记录是包括产品制造过程中使用的所有物料和进行的所有操作的文件。每批药品均应有一份反映各个生产环节实际情况的生产记录。

3. 批生产记录的内容

(1)产品名称、规格、批号。

(2)生产以及中间工序开始、结束的日期和时间。

(3)每一生产工序的负责人签名。

(4)生产步骤操作人员的签名,必要时,还应当有操作(如称量)复核人员的签名。

(5)每一原辅料的批号以及实际称量的数量(包括投入的回收或返工处理产品的批号及数量)。

(6)相关生产操作或活动、工艺参数及控制范围,以及所用主要生产设备的编号。

(7)中间控制结果的记录以及操作人员的签名。

(8)不同生产工序所得产量及必要时的物料平衡计算。

(9)对特殊问题或异常事件的记录,包括对偏离工艺规程的偏差情况的详细说明或调查报告,并经签字批准。

4. 批生产记录填写要求

(1)记录填写要求:①空白记录应按要求设计好,其纸张应完整无缺,不得有污点、皱折。②所有记录应用蓝色或墨色钢笔、圆珠笔、签字笔按要求逐项填写,同一页记录不得有2种颜色相同的笔迹。③批生产记录应及时填写、字迹清晰、内容真实、数据完整。④有空格无内容填写时,用"-"表示,不能留空或填写其他符号。⑤批生产记录要保持整洁、不得撕毁和任意涂改。若发现填写错误,应按规定程序更改,用"-"将该项画去,填上正确的记录,并在其旁签上姓名和日期,并使原数据仍可辨认。⑥每一页记录最多只允许有3项经更改的错误,超过3项应重新更换填写。⑦在记录填写过程中应保持页面整洁,不得有油污、斑点或其他与记录无关的符号。⑧由操作人及复核人签名,签名时应写全名,字体端正可认,不能简写、潦草而不可辨;日期格式:××××年××月××日。⑨记录内容要真实可靠,填写及时;不能过后编造或写回忆录。⑩记录填写计量单位、符号等符合法定计量单位和国家标准的规定。

(2)记录中数据处理:①数据的计算处理过程应在记录中明确反映,不能只有结果而无过程。②数据的保留位数应以实际情况决定,有效数字最多只能保留1个不定数。③计算过程中数据的取舍采用"四舍六入五成双"规则。即当尾数≤4时则舍,尾数≥6则入,尾数等于5时,若5前面为偶数时则舍,为奇数时则入,当5后面还有不是零的任何数时,无论5前面是偶或是奇皆入。④计算过程的有效数据保留位数,比计算前小数点后有效数字位数最少的多一位;计算结果有效数据保留位数,与计算前小数点后有效数字位数最少的相同。

5. 批生产记录的编制与修订

(1)批生产记录根据产品生产工艺规程、标准操作规程和技术参数等内容设计。

(2)批生产记录须具有产品质量的可跟踪性,通过批生产记录能了解产品生产全过程的质量情况。

(3)批生产记录按产品生产先后顺序依次进行编制。

(4)批生产记录先由相关车间技术负责人制订初稿,然后交生产部负责人审核,生产技术负责人负责批准,质量保证部负责人批准后方可印刷、使用。

(5)批生产记录的版本号排版与其他文件编码位置相同。

(6)批生产记录设计时应有足够的填写空间,但尽量无空格。

(7)批生产记录根据工艺规程、生产条件及标准操作规程的变动情况随时进行修订。

(8)批生产记录的修订程序与其制订程序相同。

(9)批生产记录一经修订、执行,其以前批生产记录即时作废,不得再度使用或在生产过程中出现。

6. 批生产记录的发放

(1)批生产记录批准后,原件由 QA 人员存档。生产部保留 1 份复印件作为基准样张。

(2)生产部在制订生产指令的同时,做好批记录发放,注明所有记录的名称、编码、页数、份数等。

7. 批生产记录的整理与保管

(1)生产结束后,由车间工艺员负责收集该批次产品的批生产记录,初审合格后交车间主任复核。

(2)生产部部长审核后交 QA 人员进行审核。

(3)所有工序已完成的完整的批生产记录由 QA 人员存档。

(4)产品批生产记录至少保存至该产品有效期后 1 年。

(5)批生产记录借阅范围为本生产车间、生产部、质量保证部,其他任何部门及个人不得随意借阅、调用,若需借阅必须由质量保证部部长批准。

8. 批生产记录的销毁　批生产记录销毁时报 QA 部长批准后,进行销毁(焚烧或撕毁),销毁现场有 2 人以上在场并由 QA 人员监督,销毁后应填写销毁记录。

9. GMP 检查中常发现的问题

(1)记录的修改,没有注明原因、签名或日期。

(2)用涂改液修改记录。

(3)用铅笔做记录。

(4)总是在同一时间做记录,记录时间没有偏差、波动。

(5)每天使用的都是同一支笔或同一种笔迹。

(6)24 小时之内,都是同一个操作工的签名。

(7)记录下的温度、湿度等参数没有任何变化。

(8)生产现场没有发现记录。

(9)老的数据记录在看似非常新的纸上。

(10)有原始数据记录的纸、空白记录没有管理控制。

恪守职责，实事求是

案例：GMP记录是反映药品生产管理过程中执行标准情况的结果，也是生产企业运营留下来的证据，法规检查时具有可追溯性。2020年9月，某药业有限公司在生产化痰平喘片（批号：20200304）的压片过程中，出现片重差异不符合内控标准的情况，当事人挑出约50kg不符合标准的药片，重新粉碎、压片，并与该批次合格药片一同进行铝塑包装。该公司并未如实记录此过程。另外，同批次化痰平喘片在铝塑过程中，有177板因缺片、不规整而不符合要求，当事人现场进行了销毁。此过程同样未如实记录。该批次化痰平喘片的批生产记录中压片、内包装等岗位的记录是当事人固体制剂车间工艺员编造，工艺员用铅笔填写好，再让压片、内包装等相关岗位操作工人用中性笔描摹、签字。

分析：上述行为属于违法行为，该公司已被处以罚款人民币226万元左右。导致这种情况发生的原因除了部分制药岗位人员专业知识欠缺外，主要原因还是制药人员责任意识不强。药品的商品特殊性决定了药品生产过程的每一步骤都至关重要，每一步都容不得马虎。

作为职业院校的学生，未来的制药人员，让老百姓能用合格的药品是我们的职责。切记在未来医药企业工作时，不得为追求利润而生产劣药，伪造记录，不得危害人民的生命安全。我们应该树立正确的价值观，清醒认识到药品质量关系到人民群众的生命健康，不能为了利益而失去道德底线。同时，要有社会责任感，实事求是，努力成为一名有新思想、新担当、新作为的合格制药人。

10. **批包装记录**　批包装记录的内容至少应包括：

（1）待包装产品名称、批号、规格，对同一品种不同规格剂量的药品应严格分开，避免混淆。

（2）印有批号的标签和使用说明书以及产品合格证：包装材料名称、代号和性状描述应予以记录。必要时要附有印有批号的包装样本和标签，另外还要有使用说明书。

（3）待包装产品和包装材料的领取数量及发（领）用人，核对人应签名。

（4）已形成大小包装的产品，应记录数量，通过核对数量，可以发现是否漏装。

（5）前次包装操作的清场记录（副本）及本次包装清场记录（正本）。

（6）本次包装操作完成后的检验核对结果，核对人签名。

（7）生产操作负责人签名。批包装记录与批生产记录一起进行保管，保管时间应一致。

ER 8-5

批记录管理规程

三、药品包装的管理

（一）标签、说明书、包装盒、包装箱的设计

1. **设计依据**　国家药品监督管理局药品审评中心对该药的批准证书、申报资料。

2. **设计要求**

（1）文字内容要完全符合国家的批准证书与标准。

（2）文字的排列、字体、大小、颜色要取得本公司市场业务部门的认同。

（3）书写内容和格式要符合《药品说明书和标签管理规定》（局令第24号）、《中药饮片标签管理规定》的要求。

（4）产品的装量、性质、作用均与标签、说明书、包装和所标示的内容相符。

（5）凡规定有效期或使用期限的药品，包装盒和标签上必须注明该药品的有效期或使用期限，如有效期是 3 年的药品，生产日期：2002 年 2 月 23 日，写成"有效期至 2005 年 1 月"。

3. 文字内容

（1）标签

1）内包装标签可根据其尺寸的大小，尽可能包含药品名称、适应证或者功能主治、用法用量、规格、贮藏、生产日期、生产批号、有效期、生产企业等标示内容，但必须标注药品名称、规格及生产批号。

2）中包装标签应注明药品名称、主要成分、性状、适应证或者功能主治、用法用量、不良反应、禁忌证、规格、贮藏、生产日期、生产批号、有效期、批准文号、生产企业等内容。

3）大包装标签应注明药品名称、规格、贮藏、生产日期、生产批号、有效期、批准文号、生产企业以及使用说明书规定以外的必要内容，包括包装数量、运输等注意事项或其他标记等。

4）标签上有效期具体表述形式应为：有效期至 × 年 × 月。

5）由于尺寸原因，中包装标签不能全部注明不良反应、禁忌证、注意事项的，均应注明"详见说明书"字样。

（2）药品说明书

1）说明书格式：按照国家药品监督管理局下发的《关于印发非处方药说明书规范细则的通知》（国食药监注〔2006〕540 号）中"化学药品非处方药说明书规范细则""中成药非处方药说明书规范细则"和《关于印发化学药品和生物制品说明书规范细则的通知》（国食药监注〔2006〕202 号）中"化学药品和治疗用生物制品说明书规范细则"和"预防用生物制品说明书规范细则"，以及《总局关于发布中成药规格表述技术指导原则的通告》（2017 年第 219 号）中"中成药规格表述技术指导原则"的格式和要求。

2）尺寸：标签纸张与包装盒、箱的尺寸应根据容器的大小决定。

（二）标签、说明书、包装盒、包装箱的设计审批程序

标签、说明书、包装盒、包装箱的外观设计由开发人员承担，内容的制订由质量管理部负责标准的人员承担。

设计好的标签、纸盒、纸箱的底稿依次按照技术标准的拟制、审核、确认、批准程序进行审批，但在负责人批准前，应由质量保证部门负责审核文字内容和材质、版式是否符合国家相关规定，有 QA 部门的审核意见后，再交负责人签字。

标签、说明书、包装盒、包装箱的版本确定后，其制版和样本作为技术档案分别存于开发部门和质量部各一份。

已经废弃的版本必须收回并销毁，仅存底版由设计部门备案。

（三）标签、说明书、包装盒、包装箱的印制

标签、说明书、包装盒、包装箱等印字包装材料在印制前必须经过质量管理部对所印制的内容、样式、数量与向主管部门上报批准的样本——核对无误，并有 QA 人员的审核批准，否则不可印制。

经批准后的标签、说明书、包装盒、包装箱的设计底稿,由供应部门协助设计人员联系印制厂家,提供印制样品,样品由设计人员依据底样审核,QA 人员确认无误后,正式通知厂家印刷。

标签、说明书、包装盒、包装箱的印刷数量由供应部门依据不同品名、规格的药品的生产计划与厂家签订订单,分批分期印刷。

供应部门应与印制厂家签订合同,合同内容除了技术质量要求、印制数量、费用、盒交货期限、违约责任外,还须与厂家约定标签、说明书、包装盒、包装箱的照相制版不许转让其他企业与个人,一旦版本作废,厂家必须将照相制版交付本公司,不得复制。

(四) 标签、说明书、包装盒、包装箱的进厂验收

标签、说明书、包装盒、包装箱等印刷标示材料购入后,首先由仓库保管员对印制的标签、说明书、包装盒、包装箱品种规格数量进行确认和清点,然后按照物料入库、贮存、出库管理规程,将其放入待验区或贴待验标志,填写"请验单"。

质量管理部检验员接到物料"请验单"后,对标签、说明书、包装盒、包装箱等印刷标示材料进行抽样检验。

检验合格的标签、说明书、包装盒、包装箱等印刷标示材料,由质检部门发放合格证。仓库管理员接到检验合格报告后,办理入库单,即可将合格印刷标示材料放入包材库。

(五) 标签、说明书、包装盒、包装箱的贮存保管

标签、说明书要分类存放,专人专柜上锁保管。带有印字的内包装材料要和外包装材料分架或分库存放。

在贮存期间变质霉烂的印字包装材料要逐个清点数目,物料部门填写不合格品报损单。待质量管理部部长批准后,在 QA 人员的监督下销毁。

销毁印字包装材料必须通知 QA 人员参加,在 QA 人员的监督下销毁,并填写不合格品销毁记录,记录要有 QA 人员的签字。

(六) 标签、说明书、包装盒、包装箱的发放

标签、说明书、包装盒、包装箱的领料发放必须有生产部的包装指令,否则不予发放。

标签、说明书、包装盒、包装箱等印字包装材料领用发放时,领用人与发放人要依据包装指令逐一核对型号、规格、数量,双方确认无误后签字。

标签、包装盒的发放和领用要填写领用发放记录,保管员要按月统计标签、包装盒的发放数量,并汇总上报。

(七) 生产包装过程中印字包装材料的管理

生产部领用印刷标示材料时,须先将包装指令单交于仓库管理人员。领料后,印刷标示材料与包装命令单送至车间外包室。

负责人核对印刷标示材料后,依照包装指令单上注明的日期,即有效日期与制造批号,让专人印在印刷标示材料上。印好的第一张标签、外盒须由 QA 人员核对无误签章后才可继续印刷。印刷完成后,清点数量,在包装命令单上填写使用数量、报损数量、退回数量。

包装人员贴标签和防伪标签时,QA 检查员应检查其标贴的程序是否符合规定,并抽查外盒和

标签印刷是否正确。

包装完成后,清点剩余完好的印刷标示材料数量,并填写退料单,退回物料仓库管理人员。

损坏的印刷标示材料和印有批号的印刷标示材料不得退回仓库,必须清点数目,集中销毁。

标签等印刷标示材料的销毁应由物料部门填写不合格品报损单,待质量管理部部长批准后,在QA人员的监督下销毁,并做不合格品销毁记录。记录要有QA人员的签字。

总之,药品说明书的设计、印刷、接收、取样、检验、发放等都要严格按照规程办理。药品说明书与包装材料、标签一样,应由专人领取、计数发放、领发,并均应签字。包装和贴签后,应核对包装材料、标签、说明书的实用数量与领用数是否符合。

(八) 标签和说明书的管理

企业所用的标签和说明书,应符合《药品说明书和标签管理规定》的要求。

药品说明书和标签由国家药品监督管理局予以核准。

药品的标签应当以说明书为依据,其内容不得超出说明书的范围,不得印有暗示疗效、误导使用和不适当宣传产品的文字和标识。

药品包装必须按照规定印有或者贴有标签,不得夹带其他任何介绍或者宣传产品、企业的文字、音像及其他资料。

药品生产企业生产供上市销售的最小包装必须附有说明书。

药品说明书和标签的文字表述应当科学、规范、准确。非处方药说明书还应当使用容易理解的文字表述,以便患者自行判断、选择和使用。

药品说明书和标签中的文字应当清晰易辨,标识应当清楚醒目,不得有印字脱落或者粘贴不牢等现象,不得以粘贴、剪切、涂改等方式进行修改或者补充。

药品说明书和标签应当使用国家语言文字工作委员会公布的规范化汉字,增加其他文字对照的,应当以汉字表述为准。对标签与说明书的管理如下。

1. 标签、说明书印刷的包装材料的文字内容应与药品监督管理部门批准的内容相一致。

2. 标签、说明书等印刷包装材料进厂后,由库房保管员与质量管理部批准的样张标准核对后填写验收记录。

3. 保管员填写"请验单"交质量管理部检验员检验,将标签放入待验柜(区)内。

4. 检验合格的标签、说明书等印刷包装材料必须按规格分类,专库或专柜存放,并上锁专人管理。

5. 各种规格标签应按计划由车间专职人员领取,仓储管理员按生产管理部门发放的"生产指令单"限额发放,并填写标签发放记录,领发料人均应在"领料单"上签字。

6. 标签打印岗位人员根据"批生产指令单"打印标签。

7. 工段长依据"生产指令单"核对标签的品名、规格、数量、打印质量,交于车间物料员负责保管,做好"物料进出台账"。

8. 各种标签由车间物料员按批包装指令限额计数发放,领用人、核对人按批包装指令核对品名、规格、批号、数量无误后,发放人、领用人、QA人员分别在"标签发放记录"上签字。

9. 包装结束后,包装工序班长应做好"标签使用记录"并进行标签使用的物料平衡计算,做到标签使用数与残损数及剩余数之和与领用数量相一致。

10. 在生产过程中产生的不合格标签,包括残损标签或印有批号的剩余标签,由包装工清点数量,核对无误后,及时进行销毁,并做好记录,现场 QA 人员签字。

11. 标签不得改作他用或涂改后再用。

12. 车间或贴签工序剩余的印有批号的标签,不得退回仓库,应在现场 QA 人员的监督下销毁,并做好销毁记录。

13. 印有品名、商标等标识的包装材料,应视同标签,按标签管理执行。

14. 印刷药品标签的模板在未终止使用前,采购部门应采取严格防止标签外流的措施,如模板要淘汰,采购部门应收回后交质量管理部,由质量管理部保管或监销。

四、物料平衡及偏差处理

GMP(2010 年修订)第一百八十七条规定:"每批产品应当检查产量和物料平衡,确保物料平衡符合设定的限度。如有差异,必须查明原因,确认无潜在质量风险后,方可按照正常产品处理。"

进行物料平衡控制是避免或及时发现差错或混淆的有效手段,在每个品种的关键生产和包装工序中应明确规定物料平衡的计算方法和合格限度要求。出现异常情况时应按照偏差处理程序进行调查分析。

物料平衡:是产品或物料的理论产量或理论用量与实际产量或用量之间的比值,并适当考虑可允许的正常偏差。物料平衡必须在批生产记录中反映出来。

收率:是一种反映生产过程中投入物料的利用程度的技术经济指标。在药品生产过程的适当阶段,计算实际收率和理论收率的百分比,能够有效避免或及时发现药品混淆事故,每批待包装品的理论收率应与实际收率进行核对。

理论收率(计算收率):指假设实际生产过程没有任何损失或失误,根据所用各种成分的数量,在药品的制造、加工或包装的任何阶段,应该获得的产量。

实际收率:指在某种药品的制造、加工或包装的任何阶段实际获得产量。

生产中影响产品收率的因素很多,如生产中各种原因造成的损失,使生产的实际收率和理论收率之间存在一定的比值。药品生产企业根据生产实际情况、产品工艺验证、生产消耗确定适当的百分比范围。如生产中发现这一比值超出了合理的范围,有显著的差异,必须查明原因,再给出合理的解释,确认无潜在质量事故后,经批准方可按正常产品处理或继续下一步的生产。在计算总产量时,应考虑到生产过程中是否有回收的物料。药品生产过程中,计算收率的阶段往往由企业自行决定,但每批待包装品的收率必须进行实际值与理论值的比率计算。

各工序的物料平衡原则上不许超过规定的平衡范围,凡超过均按生产过程偏差处理管理规程进行处理,并将处理记录纳入批生产记录中。各关键工序都必须明确收率的计算方法,根据验证结果确定收率的合格范围。

产量是衡量工艺稳定性的一个重要手段,应根据验证结果明确产量范围,当超出设定范围时应进行偏差调查。根据所生产剂型的特点,计算成品率或收率,用以反映工艺的稳定性和控制成本。

在实际生产中应按照规定要求进行产量和物料平衡计算。每个品种工艺规程或批生产记录中应写明每个品种各关键生产工序物料平衡的计算方法及限度要求,物料平衡限度制订应合理并有依据(如源于工艺验证、产品质量回顾)。

对物料平衡的确认,应有质量管理部门或车间主管人员的审核。当物料平衡超出规定限度时应按照偏差处理程序对偏差情况进行处理、分析。

对于原料药、中药提取、生物制品原液制备等工序,一般以计算收率的方式对生产过程进行控制;对于原料药应当将生产过程中指定步骤的实际收率与预期收率比较。预期收率的范围应当根据以前的实验室、中试或生产的数据来确定。应当对关键工艺步骤收率的偏差进行调查,确定偏差对相关批次产品质量的影响或潜在影响。

所有工序都应有物料平衡的计算公式,并制订接收的限度。计算公式见式(8-1)。

$$物料平衡 \% = \frac{成品量 + 取样量 + 可收集的废弃量}{投料量} \times 100\% \qquad 式(8-1)$$

物料平衡计算中的成品量

根据物料平衡计算公式"(成品量 + 取样量 + 可收集的废弃量)/ 投料量"分析,物料中的成品量一般按实际称量重量进行计算。对于针剂、片剂、胶囊、栓剂等剂型可采用装量过程控制的整批次平均灌装量乘以成品数量的方式进行计算。

对于印有批号和生产日期及有效期的印字包材,在本批结束后必须做废品处理,并以撕毁或其他相当的方式保证不能被误用。离线打印批号和生产日期和有效期的印字包材需计数发放,数量平衡的限度应是100%。收率的计算公式见式(8-2):

$$收率 \% = \frac{实际产出数量}{理论产量} \times 100\% \qquad 式(8-2)$$

点滴积累

1. 生产出符合质量标准的产品取决于各项质量保证要素。保证顺利生产取决于各个环节都要满足 GMP 要求及质量标准,也就是说在符合各项标准要求下进行生产,从而使进行重复性生产成为可能。
2. 工艺规程和操作规程是药品生产和包装操作的依据,是确保产品质量的操作标准。
3. 企业应考虑自身品种、设备特点和法规要求合理划分批次。

第五节 清场管理

一、清场的基本要求

"清场"从字面上可以理解为清理场地和清洁场地,它不同于平常的清洁卫生,但又包括清洁卫生工作在内。这也是药品生产质量管理的一项重要内容。

为了防止药品生产中不同品种、规格、批号之间发生混淆和差错,更换品种、规格及批号前应彻底清理及检查工作场所和生产设备,清场的时间应安排在生产操作之后进行。

GMP(2010年修订)第二百零一条规定:"每批药品的每一生产阶段完成后必须由生产操作人员清场,并填写清场记录。清场记录内容包括:操作间编号、产品名称、批号、生产工序、清场日期、检查项目及结果、清场负责人及复核人签名。清场记录应当纳入批生产记录。"

第一百九十四条规定:"每次生产结束后应当进行清场,确保设备和工作场所没有遗留与本次生产有关的物料、产品和文件。下次生产开始前,应当对前次清场情况进行确认。"

清场分为大清场和小清场,更换生产品种或某一产品连续生产一定批次后应进行大清场,确保所有前一批次生产所用物料、产品、文件、废品等全部移出,设备房间按照清洁操作规程要求进行彻底清洁。同产品批间清场及生产完工当日的清场为小清场,小清场时应确保前一批次生产所用的物料、产品、文件、废品等全部移出,设备厂房表面粉尘被清除,确保目视清洁。应通过验证确认可连续生产的最大批次数,并有适当方式进行记录。

(一)清场概述

清场是指在药品生产过程中,每一个生产阶段完成之后,由生产人员按规定的程序和方法对生产过程中所涉及的设施、设备、仪器、物料等进行清理,以便下一阶段的生产。清场的目的是防止药品混淆、差错事故的发生,防止药品之间的交叉污染。

1. 清场的范围 应包括生产操作的所有区域和空间,包括生产区、辅助生产区,以及涉及的一切设施、设备、仪器和物料等。在药品生产过程中,就生产现场本身的清场工作一般不容易被忽视,但是和本场生产有关的辅助生产工作的清理,往往清理不彻底或者被忽视。

2. 清场的要求 ①频次或时间:各生产工序在当日生产结束后,更换品种、规格或换批号以及停产检修结束后;②生产结束后,填好清洁状态标志,取下生产状态标志,挂上未清洁的"清洁状态标志";③无生产残留物,包括原辅料、中间产品、包装材料、成品、剩余的材料、散装品、印刷的标识物等;④无生产指令、生产记录等书面文字材料;⑤无生产状态标志,清洁状态标志挂牌正确;⑥地面无积尘、无结垢,门窗、室内照明灯、风管、墙面、开关箱外壳无积尘,室内不得放与生产无关的物品;⑦使用的工具、容器清洁无异物,无前次产品的残留物;⑧设备内外无前次生产遗留的药品,无油垢;⑨非专用设备、管道、容器、工具应按规定进行清洗消毒或灭菌;⑩凡直接接触药品的机器、设备及管道、工具、容器应每天清洗。

3. 清场检查 清场结束后由质量保证部QA人员按上述要求检查,并在清场记录上注明检查结果,合格后发给"清场合格证"。此证作为下次生产(下一个班次、下一批产品、另一个品种或同一品种不同规格产品)的生产凭证,纳入生产记录。未领得"清场合格证"不得进行另一个品种或同一品种不同规格的生产。

4. 清场注意事项 ①清场范围应包括生产操作的整个区域、空间,包括生产线上、地面、辅助用房等。清场工作必须认真进行,清场彻底,不允许马马虎虎地走过场。②清场时,必须填写清场记录。清场记录内容应有:工序名称、产品名称、规格、生产批号、日期、清场人签名、清场结果、清场内容。③清场记录应纳入批生产记录保存。清场是对每批产品的每一个生产阶段完成以后的清理和小结工作,是药品生产和质量管理的一项重要工作内容。④清场工作不是随意的,必须按企业生产和质量管理部门根据企业生产的实际情况制订的清场工作规程进行。规程的主要内容包括:清场的目的、要求、时间、方法、检查、记录以及实施人、核对人和负责人签名等。这个规程应经过企业负责人批准,并形成正式文件下达,供生产操作和检查人员共同遵守。

(二) 清场记录

每批药品的每一生产阶段完成后应由生产操作人员清场,填写清场记录。清场记录内容应包括:工序、品名、生产批号、清场日期、检查项目及结果、清场负责人及复查人签名。清场记录应纳入批生产记录。为了便于填写,清场记录应根据清场规程设计成合适的表格供有关人员填写。

二、设备、管道、工器具与容器的清洁

新购置的及生产过程中使用的设备、管道、工器具与容器均应进行清洁。清洁应当按照详细规定的操作规程进行。

生产设备清洁的操作规程应当规定具体而完整的清洁方法:清洁用设备或工具使用方法、清洁剂的名称和配制方法、去除前一次标识的方法、保护已清洁设备在使用前免受污染的方法、已清洁设备最长的保存时限、使用前检查设备清洁状况的方法,使操作者能以可重现的、有效的方式对各类设备进行清洁。

如需拆装设备,还应当规定设备拆装的顺序和方法;如需对设备消毒或灭菌,还应当规定消毒或灭菌的具体方法、消毒剂的名称和配制方法。必要时,还应当规定设备生产结束至清洁前所允许的最长间隔时限。

已清洁的生产设备应当在清洁、干燥的条件下存放。

(一) 对于原料药应同时考虑的要求

1. 难以清洁的设备或部件应当专用。

2. 设备的清洁应当符合以下要求。

(1)同一设备连续生产同一原料药或阶段性生产连续数个批次时,宜间隔适当的时间对设备进行清洁,防止污染物(如降解产物、微生物)的累积。如有影响原料药质量的残留物,更换批次时,必须对设备进行彻底的清洁。

(2)非专用设备更换品种生产前,必须对设备(特别是从粗品精制开始的非专用设备)进行彻底

的清洁,防止交叉污染。

(3)对残留物的可接受标准、清洁操作规程和清洁剂的选择,应当有明确规定并说明理由。

(二)对生物制品应同时考虑的要求

1. 用于活生物体培养的设备应当能够防止培养物受到外源污染。

2. 管道系统、阀门和呼吸过滤器应当便于清洁和灭菌。宜采用在线清洁、在线灭菌系统。密闭容器(如发酵罐)的阀门应当能够用蒸汽灭菌。呼吸过滤器应为疏水性材质,且使用效期应当经验证。

3. 生产过程中被病原体污染的物品和设备应当与未使用的灭菌物品和设备分开,并有明显标志。

> **课 堂 活 动**
>
> 请同学们想一想:清场与打扫卫生的区别。

三、操作间的清洁

每天生产结束后,应立即对每道工序进行清场,主要是对操作间内地面、墙、顶棚、门窗、送风、回风、地漏等按照标准操作规程进行清洁。下面以固体制剂为例进行介绍。

(一)清洁方法、清洁工具及清洁剂、消毒剂

清洁方法、清洁工具及清洁剂、消毒剂的使用见表 8-2。

表 8-2　清洁方法、清洁工具及清洁剂、消毒剂

清洁对象	清洁方法	清洁工具及清洁剂、消毒剂
地面	湿拖	拖布加消毒剂(75% 乙醇溶液、0.1% 苯扎溴铵溶液)
	擦洗	洁净拖布
墙、顶棚、内窗	擦洗	抹布加消毒剂(75% 乙醇溶液、0.1% 苯扎溴铵溶液)
洗手盆、洗涤槽	擦洗	抹布加消毒剂(75% 乙醇溶液、0.1% 苯扎溴铵溶液)
地漏	液封消毒剂	75% 乙醇溶液、0.1% 苯扎溴铵溶液
照明灯头、送风口、回风口	擦洗	洁净抹布

(二)清洁区域及清洁频率

清洁区域及清洁频率见表 8-3。

表 8-3　清洁区域及清洁频率

级别	清洁区域	清洁频率	清洁对象
洁净区	备料间、称量配料间、制粒间、压片间、包衣间、胶囊填充间、合坨间、制丸间、内包装间、中间站等生产性房间	生产结束后	1. 废弃物贮器
			2. 门窗、地面、地漏
			3. 设备、工作台面
			4. 墙面污渍
			5. 顶棚、墙面、灯具
			6. 回送风口、管线、吸尘罩
		1 次 / 周	房间全面消毒(臭氧灭菌)

级别	清洁区域	清洁频率	清洁对象
洁净区	器具清洗、存放间,卫生工具洗存间,化验室	1次/d	1. 洗手盆、台面、清洗槽
			2. 工作台、工作架
			3. 地面、地漏、门窗
			4. 墙面
		1次/3d	1. 顶棚、墙面、灯具
			2. 回送风口、管线
		根据菌检情况	房间全面消毒(臭氧灭菌)
	更衣室、人员缓冲间、洁净走廊	1次/d	1. 门窗、地面、墙面污迹
			2. 手消毒器加满消毒液
		1次/d	1. 墙面、顶棚、灯具
			2. 回送风口、穿衣镜、衣柜
一般区	外包装间、炮制车间、提取车间、接发货区	1次/d	1. 废弃物贮器
			2. 门窗、地面、地漏
			3. 设备、工作台面
			4. 墙面污渍
		1次/3d	墙面、顶棚、照明
	更衣室、洗涤室、办公室、物料走廊、机修室、空调室	1次/d	地面、洗手槽、工作台、工作架
		1次/3d	顶棚、墙面、回送风口、管线
	大厅、人员走廊	1次/d	地面,台面,捕虫、捕鼠装置

清洁过程中需要注意以下几个问题:

1. 所用消毒剂每周日轮换1次。

2. 室内臭氧消毒也可根据室内菌检情况随时安排。

3. 每个区域清洁结束,及时填写清洁记录,经现场 QA 人员检查合格后,挂上清洁合格证。

(三) 一般生产区厂房设施的清洁

1. **清洁周期** 依生产品种情况而定,一般分为小清洁和大清洁,小清洁每班1次;大清洁每3天1次。

2. **清洁剂** 一般用饮用水。

3. **常用的清洁工具** 有吸尘器、抹布及拖把、专用毛刷、登高器材等。

4. **清洁方法** ①每班操作完毕,先按照清场标准操作规程进行遗留物的清场;②整理操作台面和地面,将废弃物收入废物贮器;③用饮用水湿润的白色抹布擦拭各操作台面和侧表面;④用专用拖把浸饮用水擦拭(必要时可先用饮用水冲洗,然后再擦拭)地板;⑤墙壁和门窗、顶棚用饮用水湿润蓝色抹布擦拭,自然干燥,必要时借助登高工具或用适宜工具擦拭;⑥地漏的清洁按照地漏清洁消毒 SOP 执行;⑦清洁完毕后,填写清洁记录。

5. 清洁标准 ①现场无任何废弃物、无上次生产遗留物。②废弃物贮器完好,外表清洁。③工作台面整洁,无肉眼可见污渍和尘埃。用净手触摸,无油污感,在工作光线下观察,手上不得染有油污和尘埃。④地面无杂物,无肉眼可见污渍,无积水。⑤墙面、捕虫装置无肉眼可见的尘埃、污渍和霉菌斑。墙角无蛛丝。用净手触摸,无油污感,在工作光线下观察,手上不得染有油污和尘埃,不得有肉眼可见的异物脱落。⑥天棚、门窗、照明器具等无肉眼可见的尘埃、污渍、霉菌斑和蛛丝,不得有肉眼可见异物脱落。

(四) 洁净区厂房设施的清洁

执行一般生产区厂房设施清洁流程,具体为:①清洁操作间使用纯化水清洁,清洁顺序为从上到下、从里到外;②使用洁净拖把呈之字形擦拭顶棚、墙壁、照明设施,无积灰,注意操作安全;③将各设备、容器、设施按照各自的相关操作规程清洁、消毒;④使用纯化水、洁净抹布擦拭地面,至地面无可见粉尘;⑤使用纯化水、洁净抹布擦拭门、门把手,至洁净;⑥使用纯化水、洁净抹布、刮水器清除玻璃窗上污渍至洁净;⑦清洁工具按照洁具清洁 SOP 清洁后,自然晾干,定置于洁具存放间待用;⑧清洁后,用 75% 的乙醇溶液或 0.1% 苯扎溴铵溶液进行消毒;⑨按照车间消毒灭菌操作程序进行消毒灭菌。

四、清场的评价与合格证的发放

清场结束后,由 QA 人员按上述要求对生产操作间、设备、管道、工器具及容器等逐项进行检查,在清场记录上注明检查结果,签字并进行评价。合格后发给"清场合格证"。

点滴积累

1. 为了防止药品生产中不同品种、规格、批号之间发生混淆和差错,更换品种、规格及批号前应彻底清理及检查工作场所和生产设备。
2. 每批药品的每一生产阶段完成后应由生产操作人员清场,填写清场记录。
3. 清场结束后,QA 人员按清场要求对生产操作间、设备、管道、工器具及容器等逐项进行检查,在清场记录上注明检查结果,签字并进行评价。合格后发给"清场合格证"。

实训项目十二　生产前准备与检查练习

一、实训目的

1. 熟练掌握开工准备与生产前检查的主要内容。

2. 熟悉开工准备与生产前检查要求。

3. 学会开工准备与生产前检查。

二、实训内容

参观药品生产企业不同剂型的生产线,熟练掌握开工准备与生产前检查主要内容,具体步骤如下。

1. 课前学生按照教师要求,搜集不同生产车间、不同剂型生产工序所必需的技术文件(工艺规程、操作规程、生产指令、批生产记录、批包装记录)、物料(原料、辅料、包装材料)、生产现场(车间、设备、工器具等)和相应状态标识(工序状态、物料状态、设备状态、清场合格证等)等资料,作为实训素材。

2. 布置实训素材到实训现场。

3. 熟悉开工准备与生产前检查的主要内容和要求。

4. 分成两组,一组作为生产操作人员进行开工前准备,一组作为 QA 人员进行生产前检查和确认。

5. 两组轮换,互做点评。

三、实训注意

熟练掌握开工准备与生产前检查的主要内容,是实训顺利进行的重要前提,教师务必在开工准备与生产前检查之前进行提醒,特别是细节的核对和提醒,如:领料单中物料名称、规格、数量、质量状态与生产指令一致性的核对,计量衡器量程、校验、有效期及清场合格证及其有效期的核对等。

四、实训检测

1. 对不同剂型生产工序开工前准备工作的主要内容进行检测。

2. 对不同剂型生产工序生产前检查的主要内容进行检测。

五、实训报告

学生能够正确地填写生产前检查记录。

六、实训评价

从以下几方面对实训进行评价:

1. 实训前资料搜集情况。

2. 独立操作、动手及填写能力。

3. 实训操作的正确性。

4. 实训的纪律性。

5. 实训报告。

实训项目十三　填写批记录练习

一、实训目的

1. 熟悉批记录的内容。

2. 了解批记录的填写要求。

3. 学会批记录的正确填写。

二、实训内容

参观药品生产企业不同剂型的生产线,了解其批记录的内容,填写批生产记录,具体步骤如下。

1. 课前学生按照教师要求,搜集不同剂型空白批记录至少 2~3 份,作为实训素材。

2. 走访参观企业不同的生产线,详细了解其生产过程及记录内容。

3. 按要求分别填写批生产记录。

4. 分组讨论批记录的符合性。

三、实训注意

掌握查找资料的技能,对不同剂型批记录的事前准备,是实训顺利进行的重要前提,教师务必在进行参观前要进行提醒。学生参观时应注意不同剂型批记录内容的不同。

四、实训检测

1. 对不同剂型批记录填写的不同内容进行检测。

2. 当填写出现错误时,如何进行修改?

五、实训报告

学生能够按照不同剂型正确填写批记录。

六、实训评价

从以下几方面对实训进行评价：

1. 实训前资料搜集情况。

2. 独立操作、动手及填写能力。

3. 实训操作的正确性。

4. 实训的纪律性。

5. 实训报告。

实训项目十四　清场的基本操作

一、实训目的

1. 熟悉清场的范围及内容。

2. 了解清场的目的与基本要求。

3. 学会清场的基本操作。

二、实训内容

参观药品生产企业，实地考察不同操作间清场的内容，学会清场的基本操作，具体步骤如下。

1. 课前学生应了解不同操作间清场所包含的内容与要求。

2. 参观企业不同的生产操作间，了解清场内容与步骤。

3. 分组按要求进行清场操作，不同组之间进行互检。

4. 教师进行点评与总结。

三、实训注意

在清场过程中，应重点提示清场的步骤，让学生知道清场合格的标准。

四、实训检测

1. 检查清场现场是否合格。
2. 查看清场过程。

五、实训报告

学生能够对不同操作间进行彻底清场。

六、实训评价

从以下几方面对实训进行评价：
1. 实训前资料搜集情况。
2. 独立操作及动手能力。
3. 实训操作的正确性。
4. 实训的纪律性。
5. 实训报告。

ER 8-6

清场检查
记录

目标检测

ER 8-7

习题

一、简答题

1. 生产中一般采取哪些措施来防止污染和交叉污染？
2. 简述无菌制剂批次划分原则。
3. 生产前检查的内容有哪些？

二、实例分析

1. 某厂在生产安瓿制剂时，灌装工段发现产量远远超过理论收率，因安瓿瓶是根据收率计算领取的，灌装时发现安瓿瓶全用完后仍有大量的药液未灌装，故立即向经理汇报并进行调查。调查发现，配制过程中，加水的阀门泄漏，加水量远远超过了处方量。

　　对上述事故有何感想？其根本原因是什么？能不能避免？如果可避免，应采取怎样的措施？

2. 某药厂生产使用的高压蒸汽消毒器，由于安装不当，致使灭菌柜上下温度不均匀（底层温度仅80℃左右），不能满足针剂灭菌的工艺要求，造成生产的门冬氨酸钾镁注射液、葡萄糖注射液、乳酸钠注射液等20个批号250 920支针剂灭菌不彻底，无菌试验不合格，全部销毁报废。经调查发现，由于安装不当，灭菌柜夹套、灭菌室的阻气器和上部排废管错误地合并成一根密封排液管,且有一段近似于 U 形的管道,导致柜内排气不畅。加上使用过程中发现远传式压力温度计升温缓慢时,未认真查找原因,而是违章地予以拆除。

对上述事故有何感想?其根本原因是什么?能不能避免?如果可避免,应采取怎样的措施?

(李桥莉)

第九章 质量控制岗位必备的知识与技能

ER 9-1

第九章
课件

导学情景

情景描述:

  2018 年 7 月,国家药品监督管理局组织检查组对某公司的生产现场进行了飞行检查,发现该公司在冻干人用狂犬病疫苗生产中存在严重记录造假,包括混入过期原液、虚标生产日期、未按规定工艺参数灭菌等。

学前导语:

  在此案例中,该公司违反了 GMP 的相关规定:记录系统失效,生产数据采用手工填写,存在事后补记、随意修改现象,质量追溯体系形同虚设;人员责任缺失,管理层默许造假,质量部门未履行监督职责,部分员工为完成生产指标参与数据篡改。质量控制是药品生产的重要环节,贯穿于整个药品生产过程。本章我们将带领同学们学习有关质量控制的基本知识和基本操作,把好药品生产的质量关。

  质量控制(quality control,QC)是质量管理的一部分,强调的是质量要求。具体是指通过科学的分析手段,依据建立的实验室管理和各项检验规程,对生产过程的原料、辅料、包装材料、工艺用水、洁净环境、中间产品、成品等进行分析测试,根据分析测试得出的准确、真实、可靠的试验数据,对生产过程的质量状态作出符合性的判断。质量控制结论是产品放行的依据之一。质量控制的职能一般包括 3 个方面:检验(化验)职能、报告职能和预防职能。

知识链接

质量控制和质量保证的关系

  质量控制和质量保证都是质量管理的重要组成部分,它们在质量管理体系中扮演着不同的角色,但彼此之间也存在一定的关联。

  质量控制主要是指在生产过程中对产品或服务的质量进行检验和监控,以确保其符合既定的质量标准。质量控制的焦点在于交付产品(包括阶段性产品)前的质量把关,它涉及技术评审、代码走查、测试等手段,以确保产品的成分、含量、纯度和其他性状符合质量标准。

质量保证是指在产品或服务开发的过程中,通过规范过程管理和进行过程审计来预防质量问题,从而提高过程质量和产品质量。质量保证的焦点在于过程,它通过定义和规划质量保证流程、记录质量保证流程、选择检查表等工具并对员工进行培训,来确保产品高质量的输出。

简而言之,质量控制是质量保证的基础,质量保证为质量控制提供了组织和程序上的保障。两者共同作用于一个完整的质量管理体系中,旨在提高产品和服务的质量,满足客户和其他相关方的需求和期望。

GMP(2010年修订)对药品质量控制的基本要求如下。

"(一)应当配备适当的设施、设备、仪器和经过培训的人员,有效、可靠地完成所有质量控制的相关活动。

(二)应当有批准的操作规程,用于原辅料、包装材料、中间产品、待包装产品和成品的取样、检查、检验以及产品的稳定性考察,必要时进行环境监测,以确保符合本规范的要求。

(三)由经授权的人员按照规定的方法对原辅料、包装材料、中间产品、待包装产品和成品取样。

(四)检验方法应当经过验证或确认。

(五)取样、检查、检验应当有记录,偏差应当经过调查并记录。

(六)物料、中间产品、待包装产品和成品必须按照质量标准进行检查和检验,并有记录。

(七)物料和最终包装的成品应当有足够的留样,以备必要的检查或检验;除最终包装容器过大的成品外,成品的留样包装应当与最终包装相同。"

第一节　GMP 对实验室、检验仪器设备的要求

质量控制实验室是质量控制活动的载体和核心。应当配备适当的设施、设备、仪器以及经过培训的人员,以保证有效、可靠地完成所有质量控制的相关活动。

一、质量控制实验室总体描述

(一) 质量控制实验室的布局要求

质量控制实验室通常应当与生产区分开。生物检定、微生物和放射性同位素的实验室还应当彼此分开,无菌检查实验室、微生物限度检查实验室、抗生素效价测定实验室、阳性菌实验室也应彼此分开。

实验室的设计应当确保其适用于预定的用途,并能够避免混淆和交叉污染,应当有足够的区域用于样品处置、留样和稳定性考察样品的存放以及记录的保存。

必要时,应当设置专门的仪器室,使灵敏度高的仪器免受静电、震动、潮湿或其他外界因素的

干扰。

处理生物或放射性样品等特殊物品的实验室应当符合国家的有关要求。

实验动物房应当与其他区域严格分开,其设计、建造应当符合国家有关规定,并设有独立的空气处理设施以及动物的专用通道。

用于微生物检验的实验室应符合无菌检查法和微生物限度检查法要求,可用于开展无菌检查、微生物限度检查等检测活动,需独立设置洁净区或隔离系统,并为上述检验配备相应的阳性菌实验室、培养室、试验结果观察区、培养基及试验用具准备区、标准菌种贮存区、污物处理区等。

(二)质量控制实验室的工作内容

质量控制实验室的具体工作包括但不限于以下内容。

1. 确保实验室安全运行,并符合 GMP 管理规范。

2. 根据药典、申报标准、各种法规及企业内部要求制订原辅料、包材、工艺用水、产品过程控制、中间体及成品的质量标准及分析方法。

3. 组织取样、检验、记录、报告等工作。

4. 对于检验过程中发现的异常现象应及时向质量保证部及相关生产负责人通报,并调查是否为实验室原因。如确认不是或无可查明的实验室原因,应协助查找其他原因。

5. 保留足够的起始物料和产品的样品(即留样),以便以后必要时对产品进行跟踪检测。

6. 根据需要制订稳定性试验方案,并确保其具体实施。

7. 确保用有效的体系来确认、维护、维修和校验实验室仪器设备。

8. 参加与质量有关的客户审计。

9. 参加与质量有关的投诉调查。

10. 根据需要参与和支持生产工艺验证、清洁验证和环境监测工作。

二、检验仪器与设备

药品检验实验室一般分为几个部分:常规理化实验室、天平室、常规仪器分析室、精密仪器分析室、高温室、试剂室、留样观察室、微生物检测室等。配置的仪器与检验的药品品种和剂型有关,仪器与设备可根据药品质量标准和现行版《中国药典》的要求进行选择。

仪器设备的种类、数量、各种参数,应能满足所承担的药品检验、复核、仲裁等的需要,有必要的备品、备件和附件。仪器的量程、精度与分辨度等能覆盖被测药品标准技术指标的要求。

仪器应有专人管理,定期校验检定,对不合格、待修、待检的仪器,要有明显的状态标识,并应及时进行相应的处理。仪器使用人经考核合格后方可操作仪器。

凡精密仪器设备应建立管理档案,其内容包括品名,型号,制造厂名,到货、验收及使用的日期,出厂合格证和检定合格证,操作维修说明书,使用情况,维修记录,附件情况等,进口仪器设备的主要使用说明部分应附有中文译文。

精密仪器的使用应有使用登记制度。常用的仪器设备见表 9-1。

表 9-1 常用的仪器设备

仪器设备	用途
分析天平	测定待测物质重量
酸度计	测 pH
电导率仪	测电解质溶液中电导率值
旋光仪	测待测物质旋光度,分析物质的浓度、纯度、含糖量
液相色谱仪	定性、定量分析
气相色谱仪	定性、定量分析
自动电位滴定仪	通过电位滴定法测定溶液中的化学成分浓度
崩解时限测试仪	测定药品崩解时限
药物溶出度仪	测定药品溶出度
脆碎度测定仪	测试片剂抗震耐磨能力
熔点仪	测量待测物质的熔点
澄明度检测仪	观察溶液澄清程度,有无颗粒物
紫外 - 可见分光光度计	测量待测物质对不同波长单色辐射的吸收程度,定量分析
可见分光光度计	测量待测物质对不同波长单色辐射的吸收程度,定量分析
微量进样器	液相、气相色谱分析中使用
阿贝折射仪	测定透明、半透明液体或固体的折射率和平均色散
原子吸收分光光度计	根据待测元素的基态原子对特征辐射的吸收程度进行定量分析
荧光分光光度计	定量分析
手持式糖度计	测定溶液中糖度、含糖量
超纯水器	制超纯水
尘埃粒子计数器	测量洁净环境中单位体积内尘埃粒子数和粒径分布
永停滴定仪	容量实验分析中确定终点,可用于测定药物中有效成分含量
卡尔费休水分测定仪	测待测物质的含水量
薄层色谱仪	定性分析
傅里叶变换红外光谱仪	定性、定量分析
生物显微镜	观察透明或者半透明物体以及粉末、细小颗粒等物体
反渗透纯水机	制备超纯水

分析天平见图 9-1。

崩解时限测试仪见图 9-2。

澄明度检测仪见图 9-3。

图 9-1　分析天平

图 9-2　崩解时限测试仪

图 9-3　澄明度检测仪

三、试剂、标准品 / 对照品

(一) 定义和应用范围

试剂又称生物化学试剂或试药,主要是实现化学反应、分析化验、研究试验、教学实验、化学配方使用的纯净化学品。

标准品系指含有单一成分或混合组分,用于生物检定,抗生素或生化药品中效价、毒性或含量测定的国家药品标准物质。其生物活性以国际单位(IU)、单位(U)或以重量单位(g、mg、μg)表示。对照品系指含有单一成分、组合成分或混合组分,用于化学药品、抗生素、部分生化药品、药用辅料、中药材(含饮片)、提取物、中成药、生物制品(理化测定)等检验及仪器校准用的国家药品标准物质。对照品除另有规定外,均按干燥品(或无水物)进行计算后使用。企业可以选择相应的活性物质,使用法定标准品 / 对照品进行标化,标化后的物质作为企业自制工作标准品。

(二) 分类

试剂一般按用途分为通用试剂、高纯试剂、分析试剂、仪器分析试剂、临床诊断试剂、生化试剂、无机离子显色剂试剂等。有 4 种常用规格:优级纯或一级品(guaranteed reagent,GR;精密分析和科学研究工作);分析纯或二级品(analytical reagent,AR;重要分析和一般研究工作);化学纯或三级品(chemically pure,CP;工矿及学校一般化学实验);实验试剂(laboratory reagent,LR)。

> **知识链接**
>
> #### 化学试剂的常见规格
>
> 化学试剂的常见规格可分为四种,分别为优级纯、分析纯、化学纯和实验试剂,定级的根据是试剂的纯度(即含量)、杂质含量、提纯的难易,以及各项物理性质。
>
> 1. 优级纯(GR,绿标签)(一级品):主成分含量很高、纯度很高,适用于精确分析和研究工作,有的可

作为基准物质。

2. 分析纯（AR，红标签）（二级品）：主成分含量很高、纯度较高，干扰杂质很低，适用于工业分析及化学实验。

3. 化学纯（CP，蓝标签）（三级品）：主成分含量高、纯度较高，存在干扰杂质，适用于化学实验和合成制备。

4. 实验试剂（LR，黄标签）：主成分含量高，纯度较差，杂质含量不做选择，只适用于一般化学实验和合成制备。

（三）采购、接收和标识

标准品、对照品可以从中国食品药品检定研究院或国外法定认可机构采购。质量控制部门应安排专人负责接收和管理标准品，并建立标准品接收记录。接收标准品时对于有贮存温度要求的标准品应该立即放到符合温度要求的环境中。标准品负责人在接收时应该检查标准品名称、批号、数量、有效期、说明书等信息，并将其记录在标准品接收记录中。

试剂应从经过资质机构认可的厂家或供应商采购，必要时对供应商进行评估。试剂、试液应有相应的标识（应包括品名、来源、批号、生产日期、有效期）。实验室在接收试剂、试药时，应有接发记录。

（四）贮存和使用

如果试剂瓶上有明确的贮存条件要求，必须遵照执行，如果没有特别的规定，默认为室温保存。

使用单位应有标准操作规程对标准品和对照品的使用、贮存、处置和分发等流程进行规定。规程中应规定有正确的处置方式、文件的处理，对于不在室温贮存的标准品还应规定从贮存区域取出后恢复至室温的时间。首次开启者应该在标签上注明首次开启日期，并签名和填写日期。

（五）试剂使用效期的管理

实验室用到的所有试剂和标准品、对照品，都应该有合理的有效期。对于采购的试剂，应该遵守生产厂家规定的有效期。对于生产厂家没有规定有效期的试剂，使用单位可以根据合理的科学依据规定试剂的有效期。一般来说，对于化学性质稳定的试剂自开瓶之日起最长推荐有效期不应超过 5 年（不得超过生产厂家规定的效期）。

（六）报废

试剂、标准品、对照品或对照品溶液应在有效期内使用，实验室应该制订相应的试剂、标准品、对照品报废处理流程，试剂、标准品、对照品或对照品溶液超过有效期按试剂、标准品、对照品报废处理流程进行报废处理。

点滴积累

1. 质量控制的职能一般包括 3 个方面：检验（化验）职能、报告职能、预防职能。
2. 质量控制实验室通常应当与生产区分开，实验室的设计必须与药品生产规模、品种、检验要求相适应，必要时应设置专门的仪器室。
3. 检验仪器应有专人管理，定期校验检定；精密仪器设备应建立管理档案和使用登记制度。

第二节　质量管理文件与检验记录

一、质量管理文件

质量控制实验室的所有文件应受控管理,包括起草、修订、发放、存档、销毁等。质量控制实验室的文件应符合 GMP(2010 年修订)第八章文件管理的要求。大体可分为以下几类文件。

1. 质量标准及分析方法。

2. 取样操作规程和记录。

3. 实验室样品的管理规程。

4. 检验操作规程和记录、原始数据、超标结果的处理。

5. 检验报告或证书。

6. 环境监测操作规程、记录和报告。

7. 生产用水的监测操作规程和记录。

8. 检验方法验证方案、报告及记录。

9. 实验室分析仪器的校准和设备使用、清洁、维护的操作规程及记录。

10. 实验室试剂的管理规程及配制、使用记录等。

11. 标准品的管理规程及标定、使用记录等。

12. 菌、毒种的管理规程及记录。

13. 实验室剧毒物品、易制毒物品的管理规程及记录。

检验数据、环境监测数据、制药用水的微生物监测数据等数据宜采用便于趋势分析的方法保存。

除与批记录相关的资料信息外,还应当保存其他原始资料或记录,以方便查阅。

二、检验记录

检验记录是反映检验结果的书面文件,是出具检验报告书的原始依据。药品检验应当有可追溯的记录,并应当复核,确保结果与记录一致。所有计算均应当严格核对。每批药品的检验记录应当包括中间产品、待包装产品和成品的质量检验记录,可追溯该批药品所有相关的质量检验情况。

(一) 检验记录内容

检验记录应当至少包括以下内容:

1. 产品或物料的名称、剂型、规格、批号或供货批号,必要时注明供应商和生产商(如不同)的名称或来源。

2. 依据的质量标准和检验操作规程。

3. 检验所用的仪器或设备的型号和编号。

4. 检验所用的试液和培养基的配制批号、对照品或标准品的来源和批号。

5. 检验所用动物的相关信息。

6. 检验过程,包括对照品溶液的配制、各项具体的检验操作、必要的环境温湿度。

7. 检验结果,包括观察情况、计算和图谱或曲线图,以及依据的检验报告编号。

8. 检验日期。

9. 检验人员的签名和日期。

10. 检验、计算复核人员的签名和日期。

(二) 检验记录的基本要求

1. 原始检验记录应采用专用检验记录表格,并用蓝黑墨水或碳素笔书写。用电脑打印的数据和图谱,应贴在记录上,并由操作者签名,记录原始数据真实、字迹清晰和资料完整。

2. 检验记录中,应写明检验的依据。按现行版《中国药典》、部颁标准、地方药品标准或国外药典检验者,应列出标准名称、版本和页数。

3. 检验过程中,可按检验顺序依次记录各检验项目,内容包括:项目名称、检验日期、操作方法、试验条件、观察到的现象、试验数据、计算和结果判断。记录应及时、完整,严禁事后补记或转抄。发现记录有误,可用单线画去并保持原有的字迹可辨,不得随意涂改,并应在修改处签名或盖章。检验结果,无论成败,均应详细记录并保存。

4. 检验中使用的标准品及对照品,应记录其来源、批号和使用前的处理;用于含量测定的,应注明其含量和干燥失重。

5. 检验记录中,可按试验的先后,依次记录各检验项目,不强求与标准上的顺序一致。项目名称应按药品标准规范书写,不得采用习惯用语,如将片剂的"重量差异"记成"片重差异",或将"崩解时限"写成"崩解度"等。最后应对该项目的检验结果给出明确的单项结论。

6. 原始检验记录应按页编号,按规定归档保存。

(三) 检验项目

1. **性状** 记载药品的外观、质地、断面、嗅、味、溶解度及物理常数等,在一定程度上反映药品的质量特性。其中,物理常数包括相对密度、馏程、熔点、凝点、比旋度、折光率、黏度、吸收系数、碘值、皂化值和酸值等,其测定结果不仅对药品具有鉴别意义,也可反映药品的纯度,是评价药品质量的主要指标之一。

2. **鉴别** 包括经验鉴别、显微鉴别和理化鉴别。显微鉴别中的横切面、表面观及粉末鉴别,均指经过一定方法制备后在显微镜下观察的特征。理化鉴别包括物理、化学、光谱、色谱等鉴别方法。

3. **检查** 系指药品或在加工、生产和贮藏过程中可能含有并需要控制的物质或其限度指标,包括安全性、有效性、均一性与纯度等方面的要求。具体包括结晶度、含氟量、含氮量、pH、溶液的澄清度与颜色、氯化物、硫酸盐、干燥失重、水分、炽灼残渣、重金属、硫化物、异常毒性、热原、无菌、乙醇含量、重量差异、崩解时限、含量均匀度、溶出度、澄明度、不溶性微粒、粒度、微生物限度。

4. **浸出物** 浸出物是指除蛋白质、盐类、维生素外能溶于水的浸出性物质,它主要包括含氮浸出物和无氮浸出物。浸出物测定系指用水或其他溶剂对药材中可溶性物质进行测定的方法。是对内在质量的要求。

5. 含量测定 包括容量分析法、重量分析法、紫外分光光度法、薄层扫描法、气相色谱法、高效液相色谱法、氨基酸分析、抗生素微生物检定法。

点滴积累

1. 每批药品的检验记录应当包括中间产品、待包装产品和成品的质量检验记录。
2. 药品检验应当有可追溯的记录,并应当复核,确保结果与记录一致。所有计算均应当严格核对。
3. 检验项目包括性状、鉴别、检查、浸出物和含量测定。

第三节 取样

为确定药品或物料的质量是否符合预先制订的质量标准,需要根据制订的取样方案对药品或物料进行取样送检验,取样方案中应明确取样的方法、所用的取样器具,确定取样点、取样频率以及样品的数量和每个样品的重量,盛装样品用的容器等。取样是整个质量控制过程中非常重要的一个环节,从一批产品中取出的样品,虽然数量很少,但是对整批产品的质量来说却是具有代表性的。因此有必要非常仔细地制订取样计划、执行取样程序。

药品生产的各个环节都有可能需要取样进行质量检查,但是工艺验证、清洁验证和环境监测相关的取样不会在此论述,取样操作主要服务于以下生产阶段的质量控制:原材料(辅料、活性成分和包装材料),中间产品,中间过程控制的取样、成品(包括留样的取样)。

一、取样的基本要求

1. 取样人员应该接受相应的培训,使其熟悉取样方案和取样流程,他们必须掌握取样技术和取样工具的使用,必须意识到在取样过程中样品被污染的风险并能采取相应的安全防范措施,同时应该在专业技术和个人领域得到持续的培训。

2. 应该根据要取的样品选择合适的取样器具,取样器具应该具有表面光滑、易于清洁和灭菌的特点。取样器具使用完后应该立即清洁,必须在清洁、干燥的状态下保存,再次使用前应进行消毒,用于微生物检验样品或无菌产品取样时必须先灭菌。

3. 取样间一般应在特殊房间或特别设计的房间(包括生产区间里的取样间),取样间的洁净级别应等同生产区域,并有足够的空间进行取样操作。取样间的人流通道和物料通道要分开,要配备相应的更衣室和取样操作间,同时要考虑取样间的清洁需要配备相应的功能区域。

4. 取样原则和取样数量 取样时可以遵循基于每个物料供应商级别而制订取样原则。如果未对物料供应商进行分级管理,至少需要按照物料件数来取样。

(1)中药材和中药饮片

按照现行版《中国药典》要求进行取样:

当总包件数不足 5 件时,逐件取样;

当 5~99 件时,随机抽 5 件取样;

当 100~1 000 件时,按 5% 比例取样;

当超过 1 000 件的,超过部分按 1% 比例取样;

贵重药材和饮片,不论包件多少均逐件取样;

每一包件应至少在 2~3 个不同部位各取样 1 份;包件大的应从 10cm 以下的深处不同部位分别抽取;对破碎的、粉末状的或大小在 1cm 以下的药材和饮片,可用采样器(探子)抽取样品;对包件较大或个体较大的药材,可根据实际情况抽取有代表性的样品。

每一包件的取样量:

一般药材和饮片抽取 100~500g;

粉末状药材和饮片抽取 25~50g;

贵重药材和饮片抽取 5~10g。

(2)原辅料、包装材料:按进货件数随机取样,设总数为 n。不同批号分别取样,相同批号不同时间到达也应分别取样。

当 $n \leqslant 3$ 时,逐件取样;

当 $3 < n \leqslant 300$ 时,按 $\sqrt{n}$ +1 取样;

当 $n > 300$ 时,按 $\sqrt{n}$ /2+1 取样。

(3)成品取样:成品通常在外包装工序进行取样,非无菌制剂按照原辅料、包装材料的取样计划进行取样,取样量通常根据取样目的来确定,通常为全检三倍量,其中包括检验、复验、留样量。

二、取样程序

下面以原辅料、包装材料取样为例进行叙述:

1. 原辅料、包装材料初检合格后,由仓库保管员填写"申请检验单"(简称"请验单"),中间产品、待包装品、成品、环境监测、水质监测、人员卫生监测由各部门授权人员按规定频次填写"请验单","请验单"一式两联,第一联通知取样员取样,第二联留存。

2. 取样员接到"请验单"后,根据"请验单"的品名、规格、数量计算取样样本数、取样量(取样量至少为一次全检量的 3 倍),准备取样器具,到规定的地点取样,贴上取样证并填写取样记录。

3. 取样一般按照国家药品监督管理部门制定的《药品抽样指导原则》进行,现行版《中国药典》和有关药品管理法规另有规定的,按相应规定抽样。

4. 取样器具的清洗、干燥、贮存按"取样器具的清洗"(编码)执行。

5. QA 人员取样完毕后,样品交 QC 负责人。

6. QC 负责人接到样品后及时安排检测。

7. 检验员按检验操作规程进行检验。

三、取样操作

下面以原辅料、包装材料取样为例进行介绍:

1. 取样前应先进行现场核对

(1)核对物料状态标志:物料应置待验区,有黄色待验标记。

(2)"请验单"内容与实物标记应相符,内容为品名、批号、数量、规格、产地、来源,标记须清楚完整。进口原辅料应有口岸药检所的检验报告单。

(3)核对外包装的完整性,无破损、污染,密闭。如有铅封,扎印必须清楚,无启动痕迹。

(4)现场核对如不符合要求应拒绝取样,向请验部门询问清楚有关情况,并将情况报质量管理部负责人。

2. 抽取样本　按取样原则随机抽取规定的样本件数,清洁外包装移至取样室内取样。

3. 取样　开外包装,根据待取样品的状态和检验项目不同采取不同的取样方法。

(1)固体样品用洁净的探子在每一包件的不同部位取样,放在有盖玻璃瓶或无毒塑料瓶内,封口,做好标记(品名、规格、批号等)。

(2)液体样品摇匀后(个别品种除外)用洁净玻璃管或油提抽取,放在洁净的玻璃瓶中,封口,做好标记。

(3)微生物限度检查样品用已灭过菌的取样器在每一包件的不同部位按无菌操作法取样,封口,做好标记。

4. 取样结束

(1)封好已打开的样品包件,每一包件上贴上取样证。

(2)填写取样记录。

(3)协助请验部门将样品包件送回库内待验区。

(4)按规定程序清洁取样室。

点滴积累

1. **取样程序**　申请检验、准备取样器具、取样、取样器具的清洗、样品交质量保障部、检验。

2. **取样操作**　取样前应先进行现场核对、抽取样本、取样、取样结束。

第四节　检验

每批物料和成品均需由质量控制部进行检验并出具检验报告书。检验报告书中的结论是物料和成品放行的依据之一。只有经质量管理部门批准放行并在有效期或复验期内的原辅料方可使用,成品只有在质量受权人批准放行后方可销售。

一、检验样品

根据相应的取样规程,对物料、中间产品或待包装产品、成品进行取样,并将检验样品在规定条件下贮存。

建立相应的检验书面操作规程,规定所用方法、仪器和设备,检验操作规程的内容应与经确认或验证的检验方法一致。

依据批准的质量标准和操作规程进行检验,检验过程中需关注人、机、料、法、环5个方面,并及时在检验记录和实验室日志上记录,并出具检验结果。

人,指检验人员,应当具有相关专业学历,并经过与所从事的检验操作相关的实践培训且通过考核。

机,指分析仪器,包括容量分析用玻璃仪器,只有通过验证和校验且在校验周期内的分析仪器方可使用。

料,包括检验样品、试剂、试液、对照品以及培养基。在试验过程中应严格遵守相应的规程。

法,指检验方法。检验方法必须是批准的现行版本。

环,指环境。在试验过程中应严格遵守相关要求。如在天平使用过程中,应关闭防风罩避免气流的影响。

检验人员出具检验结果后,与质量标准中规定的接收标准进行比对,并作出该检验项目合格或不合格的评定。试验结束后,检验记录交由有资质的第二个人进行复核,确保结果与记录一致。如检验结果超标,应进行超标结果的调查,然后出具检验报告书。

二、检验流程及关键点

1. 取样　取样申请→取样准备→取样→送样。

关键点:样品是否有代表性。

2. 样品接收　到达→检查来样→接受或拒绝→登记。

关键点:来样是否符合要求(样品、数量、标志均应正确)。

3. 测试准备　试验项目和方法→样品分配给合格检验员→确认试验文件→确认仪器、试液、标准品等适用。

关键点：文件、仪器、试液、标准品是否适用。

4. 样品测试 开始→按照 SOP 操作→记录数据及结果→数据处理和计算→场地仪器清洁、登记使用台账→试验结束。

关键点：是否准确及时记录数据（含计算过程）。

5. 数据审核、评估和报告 质检人员审核试验报告（包括数据、现象、计算过程）→实验室主任审核报告→输出数据、结论。

关键点：数据是否符合要求，OOS 是否经过调查。

6. 分析后样品处置 试验结论及相应文件→确认试验结束→决定对多余样品的处置（保留或报废）→样品处置。

关键点：试验完全结束（测试数据和文件完整）才能处置多余样品和试液。

三、检验报告书的内容要求

应建立检验报告书的相关操作规程，包括检验报告书的内容、格式、准备、审核与批准、发放的相关程序。

物料检验报告书一般包括：物料的品名、生产日期、复检日期、检验依据、物料号、来源、批号、分析号、批量、供应商的检验报告号、试验项目、试验结果、试验要求、结论。为便于追溯和管理，可增加报告书的版本号。

产品检验报告书一般包括：产品的品名、批号、规格、生产日期、产品编号、有效期、包装形式、检验依据、批量、分析号、试验项目、试验要求、试验结果、结论。为便于追溯和管理，可增加报告书的版本号。

物料和成品完成全项检验后，使用批准的报告书模板，依据检验记录和相关信息出具检验报告书；如委托外部实验室进行检验，应在检验报告中予以说明。

中间产品或待包装产品是否出具检验报告书可由企业根据自身管理模式确定，并应在相应规程中明确规定。

检验报告书只有经过质量控制部负责人或其授权人审核批准后方可发放。

1. 物料检验报告书 质量控制部可依据生产商的检验报告，物料包装完整性、密封性的检查情况和自己的检验结果出具检验报告书。在检验报告书上需标明符合要求或不符合要求的结论，经质量管理部负责人或质量控制部负责人及其授权人签名批准放行后，物料可被放行使用。物料检验报告书是物料放行的重要依据。

2. 产品检验报告书 检验报告书经过质量控制部负责人或其授权人审核批准后，交给负责放行的部门。产品检验报告书具有一定的法律效力，因此报告书中的数据必须正确。

质量控制实验室检验基本流程见图 9-4。

图 9-4　质量控制实验室检验基本流程示意图

四、质量控制实验室人员的基本要求

1. **组织架构**　设立独立的质量管理部门,履行质量保证和质量控制的职责。质量管理部门可以分别设立质量保证部门和质量控制部门。质量控制实验室可根据生产规模设立一个或几个实验室。

2. **资质要求**　质量控制部负责人是企业的构建人员,应当具有足够的管理实验室的资质和经验,熟悉法规和相应的药品标准。

质量控制实验室的检验人员应当具有相关专业中专或高中以上学历,并经过与所从事的检验操作相关的实践培训且通过考核。

质量控制实验室所有人员的职责应当书面规定。

3. **培训**　有经质量管理部负责人审核或批准的有关培训的 SOP、方案或计划,培训记录应保存。

应当由有资格的人员进行有计划的培训,内容至少包括员工所从事的特定操作及和其职能有关的 GMP 知识,并应对培训效果进行评估。进入洁净区域的人员需按规定进行相关培训。培训的分类如下。

(1)新化验员的培训:分配到实验室的新员工(包括转岗人员)应接受岗前培训,考核合格后方可进行独立操作。岗前培训的内容至少涵盖部门统一的 GMP 管理培训、指定岗位的岗位职责、指定岗位应知应会的标准操作规程、质量标准和分析方法等。

(2)在岗化验员的再培训:应定期组织化验员进行 GMP、其他法规要求,以及专业技术知识、标准操作规程等的培训;应组织化验员对新发布的标准操作规程的学习;质量控制部负责人可以根据工作需要安排化验员参加权威机构或仪器供应商组织的专业知识培训;如有必要,质量控制部负责人或其授权的人员可定期组织进行化验员知识及技能的考核。

五、岗位 SOP

可以把岗位 SOP 看作组成岗位操作法的基础单元,同属于岗位操作规则,是对某项具体操作所做的书面知识情况说明并经批准的文件,即是经批准用来指导药品生产活动的通用性文件,如设备操作、维护与清洁、验证、环境控制、取样和检验等。SOP 是企业活动和决策的基础,确保每个人正确、及时地执行质量相关的活动和流程。

(一) 岗位 SOP 的管理

1. 岗位 SOP 由检验技术人员组织编写,经检验技术主管批准,报企业质量管理部门备案后执行。岗位 SOP 应有检验技术人员、检验技术主管签字及批准执行日期。

2. 岗位 SOP 的修订不超过 2 年。修订稿的编写、审查、批准程序与制订时相同。

(二) 岗位 SOP 的内容

SOP 根据企业的规定应该有相应的模板和编写要求。一般情况下,应包括以下内容:题目、编号、版本号、颁发部门、生效日期、分发部门以及制订人、审核人、批准人的签名并注明日期、标题、正文及变更历史。

ER 9-2

检验标准操作规程

六、仪器 SOP

仪器 SOP 是对某检验仪器具体操作所做的书面知识情况说明并经批准的文件,即是经批准用来指导药品仪器检验活动的通用性文件,如仪器操作、维护与清洁等。

(一) 仪器 SOP 的管理

1. 仪器 SOP 由检验技术人员组织编写,经检验技术主管批准,报企业质量管理部门备案后执行。仪器标准操作规程应有检验技术人员、检验技术主管签字及批准执行日期。仪器标准操作规程编写、审查、批准程序同岗位 SOP。

2. 仪器 SOP 的修订不超过 2 年。修订稿的编写、审查、批准程序与制订时相同。

（二）仪器 SOP 的内容

SOP 根据企业的规定应该有相应的模板和编写要求。一般情况下,应包括以下内容:题目、编号、版本号、颁发部门、生效日期、分发部门以及制订人、审核人、批准人的签名并注明日期、标题、正文及变更历史。

课 堂 活 动
请制订一个仪器标准操作规程。

> **点滴积累**
>
> 1. **检验流程** 取样,样品接收,测试准备,样品测试,数据审核、评估和报告,分析后样品处置。
> 2. 质量控制实验室的检验人员应当具有相关专业中专或高中以上学历,并经过与所从事的检验操作相关的实践培训且通过考核。
> 3. SOP 根据企业的规定应该有相应的模板和编写要求。一般情况下,应包括以下内容:题目、编号、版本号、颁发部门、生效日期、分发部门以及制订人、审核人、批准人的签名并注明日期、标题、正文及变更历史。

JA1203 型电子天平标准操作规程

实训项目十五　取样

一、实训目的

1. 熟练掌握物料和产品取样程序和要点。
2. 熟悉物料和产品取样流程。
3. 学会物料和产品取样。

二、实训内容

学生利用网络或其他工具方法,收集物料和产品取样相关资料。

由学生分组,分别扮演物料和产品管理部门(仓储部门)及质量部门角色,模拟对物料和产品进行取样的整个流程。

具体步骤如下。

1. 课前学生按照教师要求,收集物料和产品取样相关资料。

2. 学生分成两组,一组扮演物料和产品管理部门(仓储部门)进行物料、产品分类布置摆放和取样申请的提出,以及取样后物料、产品的检查、归位。另一组扮演质量部门角色对物料、产品进行取样操作。

3. 两组交换角色,重新进行物料和产品取样操作。

4. 教师评判和总结。

三、实训注意

对物料和产品取样相关资料及物料、产品、"请验单"、取样证、取样器、样品盛装容器等物品的事前准备,是实训顺利进行的重要条件,教师在取样操作前务必对取样的注意点,如取样样品数量的计算、不同样品的取样方法、取样地点及取样证的贴放和物料及产品的密封等重点强调,并对物料、产品取样要点和技巧进行提醒和总结。

四、实训检测

1. 中药饮片样品分别是 5 件、50 件、100 件,取样数量分别为多少?
2. 对物料和产品取样前,应首先核对哪些信息?
3. 取样时如何防止对物料和产品造成污染?

五、实训报告

1. 提供准确数量的物料和产品的样品以及取样记录。
2. 提供物料和产品的取样流程。

六、实训评价

从以下几方面对实训进行评价:
1. 实训前资料搜集情况。
2. 独立操作及动手能力。
3. 实训操作的正确性。
4. 实训的纪律性。
5. 实训报告。

实训项目十六　样品检验

一、实训目的

1. 熟练掌握样品检验程序和要点。

2. 熟悉样品检验流程。

3. 学会样品检验。

二、实训内容

学生利用网络或其他工具方法,收集样品检验相关资料。

由学生模拟对样品进行检验的整个流程。

具体步骤如下。

1. 课前学生按照教师要求,收集样品称重检验相关资料。

2. 学生分成两组,一组扮演质量部门取样人员,另一组扮演质量部门检验人员,取样人员将样品交给检验人员,检验人员按照电子天平标准操作规程,对样品进行称量。称量后记录样品重量,填写检验报告单,并对样品进行处理。

3. 两组交换角色,重新进行样品检验操作。

4. 教师评判和总结。

三、实训注意

样品按照检验 SOP 进行检验操作。检验记录的记载、检验报告单的填写,以及样品最后的处理都是检验操作中的重点。

四、实训检测

1. 样品称量后,检验报告单应填写哪些内容?

2. 样品称量后,不同样品应怎样处理?

五、实训报告

1. 提供样品检验记录。

2. 提供样品检验流程。

六、实训评价

从以下几方面对实训进行评价:

1. 实训前资料搜集情况。

2. 独立操作及动手能力。

3. 实训操作的正确性。

4. 实训的纪律性。

5. 实训报告。

目标检测

习题

一、简答题

1. 质量控制实验室常用的检验仪器和设备有哪些？

2. 药品生产过程中取样的原则包括哪些？

3. 药品质量检验项目有哪些？

二、实例分析

某药品企业 A 输液生产出来以后，经成品检验判定为降压物质不合格。经调查该产品生产用原料、辅料检验合格，进一步调查发现该产品原料、辅料质量标准中均无降压物质的检验项目和要求，经对原料、辅料的检测发现某原料降压物质超标。

请运用本章知识对案件进行分析。

（陈彦蕊）

第十章　质量管理岗位必备的知识与技能

学习目标

1. **掌握**　药品质量过程检查的主要内容。
2. **熟悉**　放行的要求、偏差的处理方式、变更管理的要求、产品质量回顾的内容、稳定性考察的内容。
3. **了解**　CAPA 程序的内容、不良反应监测的方法、质量风险管理及自检的内容。

导学情景

情景描述：

　　某公司违反委托合同，涉嫌使用山银花的非药用部位投料生产维 C 银翘片干浸膏，伪造生产记录和有关单据以达到规避监督管理的目的，手段隐蔽、影响恶劣，给公众用药安全带来隐患。

　　鉴于该公司存在上述违法违规行为，违反了药品管理法律法规的规定，情节十分严重，吊销其"药品生产许可证"，并将本案及有关线索移交公安机关，严肃追究有关当事人的刑事责任。

学前导语：

　　本案件给中药生产企业违法违规使用提取物、委托生产及非药用部位投料等重大质量问题敲响了警钟。本章同学们将会认识到质量管理岗位的重要性，特别是放行审核、偏差调查（OOS 调查）、变更控制三大 QA 工作职能在实际工作中的应用。

　　质量管理是指在质量方面指挥和控制组织协调的活动。在质量方面的指挥和控制活动，通常包括制订质量方针和质量目标，以及质量策划、质量控制、质量保证和质量改进。

　　药品质量管理体系适用于整个产品生命周期，包括：产品开发、技术转移、商业生产、产品终止等阶段。产品生命周期的不同阶段具有其相应的目标，企业应根据各产品阶段的具体目标，建立适合自身特点的质量管理体系。各阶段所设计的技术活动如下。

　　1. 产品开发阶段　主要在原料药及制剂产品开发过程中，针对处方的选择、分析方法的确定及稳定性进行研究的过程。

　　2. 产品／技术转移　着重于产品转移过程中的工艺过程监控、方法转移等。一般涵盖新产品从开发至生产规模不同的生产厂或实验室之间的转移。

　　3. 商业生产　重点指对原辅料、包装材料、中间产品、待包装产品和成品进行取样、检查、检验及产品的稳定性考察，以及必要时的环境监测。

　　4. 产品贮存／运输过程　主要指根据产品的特性及稳定性研究数据确定不同的条件。

　　5. 产品在市期　包括持续的稳定性研究，监控在市产品的质量。

6. 产品的退市期 包含产品留样的考察及相关文件/样品的处理。

建立、实施并维护一个有效的质量管理体系能够持续稳定地生产出满足顾客、法律法规等方面所提出的质量要求如有效性、可靠性、安全性的产品,从而实现公众和个人的共同目标。具体应掌握以下内容。

1. 及时放行合格的生产物料用于药品制造,为生产出合格的药品提供必备的前提条件。

2. 有效的药品生产过程的中间控制保证了各个阶段生产产物的正确性和质量符合性,准确的终产品的检验数据为产品最终放行提供了重要的质量依据。

3. 有效的稳定性数据和趋势分析指导企业确定药品正确的有效期、包装材料、运输/贮存条件等,并确保在市产品处于有效的质量保证状态。

通过有效质量管理,使质量系统始终处于受控状态,例如,通过试验数据证明对工艺运行和产品质量的有效监控,为工艺能力及其稳定性提供保障。

第一节　质量检查

质量控制与质量保证的活动包括设置质量管理组织机构、建立文件系统和取样、检验、产品批准放行等。其工作内容包括专业技术和管理技术两个方面,围绕产品质量形成全过程的各个环节,对影响工作质量的人、机、料、法、环5大因素进行质量检查和控制,并对质量活动的成果进行分阶段验证,以便及时发现问题,采取相应措施,防止不合格现象重复发生,尽可能地减少损失。因此,质量检查应贯彻以预防为主与检验把关相结合的原则,必须对"干什么、为何干、怎么干、谁来干、何时干"等作出规定,并对实际质量活动进行监控。而且,因为产品质量要求是随时间的进展而在不断变化,为了满足新的质量要求,就要注意质量检查的动态性,要随工艺、技术、材料、设备的不断改进,研究新的检查方法。

一、质量过程的检查

质量检查涵盖药品生产、放行、市场质量反馈的全过程,负责原辅料、包装材料、工艺用水、中间体及成品的质量标准和分析方法的建立,取样和检验,以及产品的稳定性考察和市场不良反馈样品的复核工作。质量检查的职责也可涵盖产品过程控制。质量过程检查的具体工作包括但不限于以下内容。

1. 确保实验室安全运行,并符合 GMP 管理规范。

2. 根据现行版《中国药典》、申报标准、各种法规及企业内部要求制订原辅料、包装材料、工艺用水、产品过程控制、中间体及成品的质量标准及分析方法。

3. 组织取样、检验、记录、报告等工作。

4. 对于检验过程中发现的异常现象应及时向质量保障部及相关生产负责人通报,并调查是否为实验室原因。如确认不是或无可查明的实验室原因,应协助查找其他原因。

5. 保留足够的起始物料和产品的样品(即留样),以便以后必要时对产品进行跟踪检测。

6. 根据需要制订稳定性试验方案,并确保其具体实施。

7. 确保用有效的体系来确认、维护、维修和校验实验室仪器设备。

8. 参加与质量有关的客户审计。

9. 参加与质量有关的投诉调查。

10. 根据需要参与和支持生产工艺验证、清洁验证和环境监测工作。

二、物料和产品的放行

(一) 定义

放行指质量管理部门的质量受权人(物料可由指定人员)对一批物料或产品进行质量评价,作出批准使用或准予投放市场或其他决定的判断的操作。

物料和产品的放行是在物料和产品管理的基础上所实施的行为。物料和产品的管理包括供应商筛选、购入、贮存等环节上的过程管理,而物料和产品的放行是在以上基础上进行实质的质量评价后所进行的放行与否的管理,是关乎物料和产品质量最为关键的一环,因此,对物料和产品放行人员的素质能力要求极高。

(二) 审核与放行要求

1. 应分别建立物料和产品批准放行的操作规程,明确批准放行的标准、职责,并有相应的记录。

2. 物料的放行

(1)物料的质量评价内容应至少包括供应商和生产商(如不同)的检验报告,物料包装完整性、密封性的检查情况和检验结果。

(2)物料的质量评价应有明确的结论,如批准放行、不合格或其他决定。

(3)物料的放行应由指定人员(可不同于质量受权人)签名批准放行。

3. 产品的放行

(1)质量受权人在批准放行前,应对每批药品进行质量评价,保证药品及其生产应符合注册和GMP要求,并确认符合以下各项要求:①该批药品及其生产符合注册批准的要求和质量标准;②主要生产工艺和检验方法经过验证;③已完成所有必需的检查、检验,并综合考虑实际生产条件和生产记录;④任何变更或生产、质量控制方面的偏差已按照详细规定的报告系统告知质量受权人,需要经药品监督管理部门批准的变更已得到批准;⑤对变更或偏差已完成所有额外的取样、检查、检验和审核;⑥所有必需的生产和质量控制均已完成并经相关主管人员签名;⑦所有与该批产品有关的偏差均已有明确的解释或说明,或者已经过彻底调查和适当处理,如偏差还涉及其他批次产品,应一并处理。

(2)药品的质量评价应有明确的结论,如批准放行、不合格或其他决定。

(3)每批经批准放行的药品均应有质量受权人签名的放行证书。

(4)生物制品和血液制品的放行还应符合《生物制品批签发管理办法》的要求。

（三）工作流程

1. 物料放行的批准　在决定一个批次的物料是否放行之前,至少需要对6个方面的情况进行审查并作出评估。

(1)物料是否由有资质的供应商提供,关键物料的供应商是否经过企业现场审计合格。

(2)物料进库验收情况说明,包括品名、规格、批号、数量、有效期等内容与原厂检验报告单一致,包装完好且符合合同规定的内容。

(3)原厂检验报告单、送货单等随货凭证齐全,原厂检验报告单检验项目、检验结果符合本企业的内控采购标准。

(4)待检物料的贮存条件符合该物料贮存条件的要求。

(5)申请实验室入库检验程序正确,包括取样操作过程及取样环境符合取样SOP相关要求,取样的样品要求做到科学、合理且具有代表性(全批取样/部分取样);取样数量能满足全检及留样的要求。

(6)检验项目齐全,检验结果符合企业内部物料质量标准的规定。

2. 成品放行的批准　在批准放行一个批次成品之前,受权人必须检查与生产相关的主要方面是符合规定的,受权人对成品批放行的审核工作,是建立在前期批生产记录审核和批检验记录审核基础之上,即质量受权人对相关记录的再评估审核工作完成后作出审核结论,决定一批产品是否可放行。

(1)QA人员审核批生产记录、成品检验报告后,填写成品放行单,签名后,交给质量部经理(质量受权人)。

(2)质量部经理审核后,在成品放行单上签名并作出该批成品能否放行的结论。

(3)成品放行单盖上质量部"同意放行"专用章,复印一式3份,一份送交成品仓库作为该产品放行发货的依据,一份送交市场部,原件留在质量部档案室归入批记录。质量部根据装箱数,发"产品合格证",贴在外包装纸箱上。成品放行的流程见图10-1。

图 10-1　成品放行的流程

第二节　偏差管理

一、定义与分类

(一) 定义

偏差(deviation)是指与批准的指令(生产工艺规程、岗位操作法和标准操作规程等)或规定的标准的偏离。是指在产品检验、生产、包装或存放过程中发生的任何偏离标准的规程、处方、质量标准、趋势、设备或参数的非计划性差异。

偏差管理(deviation management)是指对生产或检验过程中出现的或怀疑存在的可能会影响产品质量的偏差的处理程序。

偏差管理作为一种发现问题、分析问题、解决问题并持续改进质量管理体系的有效手段,对提升质量管理理念、提高质量改进的意义重大。

偏差管理的目的:出现偏差并不一定意味着产品要报废或返工,而是要对偏差进行调查,查明原因,判断偏差严重程度、是否会影响产品质量、影响程度,然后作出产品的处理决定。同时应提出整改及预防措施,以防下次出现同样的错误。

(二) 偏差分类

1. 根据偏差管理的范围分类　根据偏差管理的范围可将偏差分为实验室偏差和生产偏差(非实验室偏差)2 类。

实验室偏差指任何与检验过程相关的因素所引起的检验结果偏差,包括取样、样品容器、存放条件、检验操作、计算过程等问题引起的偏差。实验室异常的检验结果包括超标结果(out of specification,OOS)和非期望结果(out of expectation,OOE)。而超趋势结果(out of trends,OOT)作为非期望结果(OOE)的一种,广泛应用于稳定性研究和产品年度质量回顾中。

知识链接

OOS、OOE 与 OOT

OOS(out of specification):超标结果,是指实验结果不符合法定质量标准或企业内控标准的结果,包括稳定性研究中产品在有效期内不符合质量标准的结果。

OOE(out of expectation):非期望结果,是指实验结果超过历史的、预期的或先前趋势的一个或一系列结果。这类结果并未超标。以下类别的结果均称为非期望结果。

(1)同一制备样品的重复检验结果或重复制备样品的检验结果显示不良的精密度。

(2)基于对检验仪器、检验样品或检验方法的认识,实验结果超出正常的范围。

OOT(out of trends):超趋势结果,是指随时间的变化,在质量标准限度内,但是超出历史的、预期的或先前的一系列结果(比如稳定性降解产物的增加),形成一定的趋势。

非实验室偏差指在排除实验室偏差以外的由于其他任何因素所引起的对产品质量产生实际或潜在影响的偏差。非实验室偏差又可分为:

(1)非生产工艺偏差:指因操作工未按程序操作、设备故障、生产环境或错误投料等原因所引起的对产品质量产生实际或潜在的影响的偏差。

(2)生产工艺偏差:指因工艺本身缺陷引起对产品质量产生实际或潜在的影响的偏差,即使人员操作、设备和物料完全正确也不可避免。

2. 根据偏差对药品质量影响程度的大小分类 根据偏差对药品质量影响程度的大小分为次要偏差、主要偏差、重大偏差。

(1)次要偏差:属细小的对法规或程序的偏离,不足以影响产品质量,无须进行深入的调查,但必须立刻采取纠正措施,并立即记录在批生产记录或其他 GMP 受控文件中。

(2)主要偏差:属较重大的偏差,该类偏差可能对产品的质量产生实际或潜在的影响。必须进行深入的调查,查明原因,采取纠正措施进行整改。

(3)重大偏差:该类偏差可能对产品的质量、安全性或有效性产生严重的后果,或可能导致产品的报废,必须按规定的程序进行深入的调查,查明原因。除必须建立纠正措施外,还必须建立长期的预防性措施。

ER 10-2

偏差处理标准操作规程

二、偏差处理流程

1. 超标结果(OOS)调查 超标结果(OOS)调查是偏差调查的一种类型。产生 OOS 可能是实验室原因导致的,也可能是生产过程中的差错等原因导致的,所以 OOS 调查时首先应进行实验室偏差调查,调查后如有必要应扩展到生产全过程的调查,产生质量控制实验室应建立超标调查的书面程序,任何超标结果都必须按照书面规程进行完整的调查,并有相应的记录。

OOS 的识别和评估根据调查的情况可以分为两个阶段:实验室调查阶段和全面调查阶段。

第一阶段实验室分析错误得到确证后,检验结果无效。纠正分析错误(如使用正确的计算公式重新计算并报告结果,或修复仪器故障),必要时进行重新检验(如确认供试溶液稀释倍数错误,重新配制供试溶液进行检验)。实验室的分析错误应该是相对罕见的。频繁的错误可能表明检验员缺乏必要培训,或工作粗心、设备维护不佳或校准失当等。一旦确认了实验室分析错误,企业应该寻找错误的根源,采取相应的纠正预防措施并记录在案。没有经过记录在案的调查,不得假定

OOS 调查记录表

OOS 是分析错误造成的。

如果实验室调查无法证明分析错误的存在,检验结果看起来是准确的,也就是无法证明检验结果是无效的,企业应该按事先确定的程序开展全面的 OOS 调查。

第二阶段全面调查的目的在于确认 OOS 产生的根本原因,采取相应的纠正预防措施。全面调查应该包括生产回顾、取样过程回顾,通常还会伴随着补充检验。这个阶段的调查还可能包括评估 OOS 对已放行销售批次的影响。

2. 超趋势结果(OOT)分析 OOT 分析应用于稳定性数据分析、验证数据分析、产品质量年度回顾和环境监测中。OOT 结果虽然在标准范围内,但是仍比较反常,与长期观察到的趋势或逾期结果不符,应先进行实验室调查,在排除实验室偏差后,可执行偏差处理流程。

3. 偏差管理流程 要坚持 3 个原则:一是发生偏差时应及时报告、调查并处理;二是要制订有效的预防措施;三是避免偏差的再次发生。最终目的是确保产品的质量与 GMP 要求符合,典型的偏差管理流程见图 10-2。

图 10-2 偏差管理流程图

4. 生产偏差处理程序 生产偏差处理程序适用于当实验室检验结果异常时,经上述偏差调查发现与实验室偏差相关性较低时,需要启动全面的偏差调查程序,主要涉及生产全过程的偏差调查。生产过程中发现的偏差,可能未引起检验结果的异常,但也需要报告、记录并开展相应的调查。

> **点滴积累**
>
> 1. **偏差** 是指对批准的指令(生产工艺规程、岗位操作法和标准操作规程等)或规定的标准的偏离。根据偏差管理的范围可将偏差分为实验室偏差和生产偏差(非实验室偏差)2类。
>
> 2. **超标结果(OOS)调查** OOS 的识别和评估根据调查的情况可以分为两个阶段:实验室调查阶段和全面调查阶段。
>
> 3. **偏差管理流程 3 个原则** 一是发生偏差时应及时报告、调查并处理;二是要制订有效的预防措施;三是避免偏差的再次发生。

第三节 变更管理

一、定义与分类

1. **定义** 变更管理,又称变更控制,指当药品生产、质量控制、使用条件等诸多方面发生变化时,对这些变化在药品质量可控性、有效性和安全性等方面可能产生的影响进行评估,并采取相应措施,从而确保药品的质量和法规的符合性。

2. **适用范围** 可能影响产品质量或重现性的变更都必须得到有效控制,变更的类型包括但不限于如下所列:①原辅料的变更;②标签和包装材料的变更;③处方的变更、生产工艺的变更;④生产环境(或场所)的变更;⑤质量标准的变更;⑥检验方法的变更;⑦有效期、复检日期、贮存条件或稳定性方案的变更;⑧验证的计算机系统的变更;⑨厂房、设备及公用系统的变更;⑩清洁和消毒方法的变更。

3. **分类** 根据变更的性质、范围和对产品质量潜在的影响程度以及变更是否影响注册、变更时限等,可以有不同的分类方法,变更分类包括但不限于如下所列。

(1)主要变更:对产品关键质量特性可能有潜在的重大影响,并需要主要的开发工作(如稳定性试验、对比试验和再验证等)以确定变更的合理性。

(2)次要变更:对产品的关键质量特性不大可能产生影响,亦不会使生产工艺发生漂移,因而无须主要的开发工作便可批准执行的变更。

(3)涉及注册的变更:超出目前注册文件的描述,需要报告或报送药品监督管理部门批准的变更。

(4)不涉及注册的内部变更:注册文件中无描述或在注册文件描述的范围内,无须报送药品监督管理部门批准的变更。

(5)永久变更：批准后将长期执行的变更。

(6)临时变更：因某种原因而作出的临时性的改变，但随后将恢复到现有状态。

二、变更管理流程

(一) Ⅰ级变更程序（不涉及注册的内部变更程序）

任何Ⅰ级变更都应该经过如下程序：变更申请→变更评估→变更批准→跟踪变更的执行→变更效果评估→变更关闭。

(二) Ⅱ级变更程序（涉及注册的变更程序）

涉及注册的变更除需经过内部审批外，还需通过相关的药品监督管理部门的批准。

任何影响产品质量或注册的变更应通过正式的变更程序加以控制。变更控制系统应包括从变更申请到执行和效果评估的全过程。所有涉及注册的变更还应通过药品监督管理部门的批准。

(三) 变更的管理

1. 企业应建立变更控制系统，对所有影响产品质量的变更进行评估和管理。需要经药品监督管理部门批准的变更应在得到批准后才可实施。

2. 应建立操作规程规定原辅料、包装材料、质量标准、检验方法、操作规程、厂房、设施、设备、仪器、生产工艺和计算机软件变更的申请、评估、审核、批准和实施。质量管理部门应指定专人负责变更控制。

3. 任何申请的变更都应该评价其对产品质量的潜在影响。企业可以根据变更的性质、范围对产品质量潜在的影响程度将变更进行分类（如主要、次要变更）。判断变更所需的验证、额外的检验以及稳定性考察应有科学依据。

4. 任何与产品质量有关的变更由申请部门提出后，应由质量管理部门评估、审核和批准，制订变更实施的计划，明确实施的职责分工，并监督实施。变更实施应有相应的完整记录。

5. 改变原辅料、与药品直接接触的包装材料、生产工艺、主要生产设备以及其他影响药品质量的主要因素时，还应对变更实施后最初至少3批次的药品质量进行评估。如果变更可能影响药品的有效期，则质量评估还应包括对变更实施后生产的药品进行稳定性考察。

6. 变更实施时，应确保与变更相关的文件均已修订。

7. 质量管理部门应保存所有变更的文件和记录。

(四) 典型的变更申请流程

典型的变更申请流程见图 10-3。

图 10-3　变更申请流程图

> **点滴积累**
>
> 变更管理,指当药品生产、质量控制、使用条件等诸多方面发生变化时,对这些变化在药品质量可控性、有效性和安全性等方面可能产生的影响进行评估,并采取相应措施,从而确保药品的质量和法规的符合性。

第四节　纠正措施和预防措施

一、术语与定义

纠正措施(corrective action):为了消除导致已发生的不符合或其他不良状况的原因所采取的行动。

预防措施(preventive action):为了消除可能导致潜在的不符合或其他不良状况的诱因所采取的行动。

纠正措施与预防措施的本质区别：纠正是用来防止事情的再发生，而预防是用来防止事情的发生。

纠正措施和预防措施（CAPA）主要包括对具体问题的补救性整改措施；通过对问题根本原因的分析，解决偏差发生的深层次原因，并将采取有效措施预防类似问题的发生；对预防措施进行跟踪，评估实施效果。

建立 CAPA 系统的意义就是，针对质量活动中发生或发现的不符合事项或具有潜在的不符合趋势（包括投诉、偏差、OOS、内外部审计发现的缺陷、趋势分析发现的潜在趋势等），不仅要纠正某一个体性的缺陷，而且要找到导致缺陷的根本原因，采取预防措施，防止同类缺陷的重复发生。并且要对各种途径发现的单一缺陷进行统计、分析评估、采取主动性预防措施、追踪管理等一系列管理活动，从而防止类似缺陷在其他方面、不同产品线的重复出现。

案例分析

案例：浙江省药品认证检查中心在 2017 年 4 月对某制药企业进行了飞行检查，检查范围为固体制剂（重点检查辅酶 Q10 胶囊生产和质量管理情况），发现一项主要缺陷：企业纠正措施和预防措施系统尚不能改进产品和工艺，如：2016 年 10 月 10 日因"辅酶 Q10 胶囊有关物质异常未及时发现"开启 CAPA 的行动计划，仅要求加强对 QC 人员培训和检查其他物料有关物质图谱；2016 年 10 月 25 日因"辅酶 Q10 胶囊有关物质异常趋势"开启 CAPA 的行动计划，仅要求更改处方（进行处方研究）和下一批生产时更换包装增加复合膜袋。

分析：该企业的做法违反了 GMP（2010 年修订）第二百五十二条规定："企业应当建立纠正措施和预防措施系统，对投诉、召回、偏差、自检或外部检查结果、工艺性能和质量监测趋势等进行调查并采取纠正和预防措施。调查的深度和形式应当与风险的级别相适应。纠正措施和预防措施系统应当能够增进对产品和工艺的理解，改进产品和工艺"。为了保证产品质量，应当对问题根本原因进行分析，解决偏差发生的深层次原因，并采取有效措施预防类似问题的发生，从而使质量系统始终处于受控状态。

> **课 堂 活 动**
>
> PDCA 循环是全面质量管理所应遵循的科学程序，请同学们回忆一下 PDCA 循环的内容，写出 PDCA 循环的 4 个阶段和 8 个步骤。

二、CAPA 程序的内容

1. **识别**　对来自投诉、产品缺陷、召回、偏差、自检或外部检查结果、工艺性能和产品质量监测趋势等的数据信息进行分析，确定已存在和潜在的质量问题，必要时运用适当的统计学方法。

2. **评估**　通过评估确定问题的严重程度及是否需要采取整改措施。若需要，根据风险评估等级确定措施级别。

3. **调查**　成立调查小组、制订完整的根本原因分析调查程序。

4. **原因分析**　对收集的数据资料进行分析，找出最有可能的原因。

5. **制订计划**　针对根本原因制订全面的、适当的 CAPA。

6. **执行**　根据批准的计划,CAPA整改小组和相关部门负责人共同确定行动计划的具体执行。

7. **CAPA 的跟踪**　跟踪 CAPA 系统,确保计划的执行。

8. **CAPA 的关闭**　CAPA 的完成不仅包括确认批准的整改措施已经全部完成,还包括评估和确认 CAPA 的合理性、有效性和充分性。

CAPA 程序图见图 10-4。

ER 10-4

纠正和预防
措施控制
程序

图 10-4　CAPA 程序图

知识链接

CAPA 的特点

1. **5S 审核的继续**　5S 是指整理(seiri)、整顿(seiton)、清扫(seiso)、清洁(seiketsu)和素养(shitsuke),是在生产现场对人员、机器、材料、方法等生产要素进行有效管理。5S 审核中出现的不合格现象都应该采取相应的 CAPA;所有的 CAPA 都须得到验证;CAPA 是实现 5S 内部审核目的的有效手段。

2. **目的**　①力求彻底纠正所发现的不合格现象;②重在落实以预防为主的原则,对不满意的方面采取预防措施。

3. **跟踪的范围**　跟踪的范围常因需要而扩大;对有效性的验证也因内部管理的需要而更为严格;在完成纠正措施并经验证以后,还可能对一些后续问题实施进一步的跟踪,从而延长跟踪的时间。

点滴积累

1. 纠正措施和预防措施(CAPA)主要包括对具体问题的补救性整改措施;通过对问题根本原因的分析,解决偏差发生的深层次原因,并将采取有效措施预防类似问题的发生;对预防措施进行跟踪,评估实施效果。
2. CAPA 程序的内容包括识别、评估、调查、原因分析、制订计划、执行、CAPA 的跟踪、CAPA 的关闭。

第五节　产品质量回顾

一、定义

产品质量回顾是指企业应按照操作规程,每年对所有生产的药品按品种进行产品质量回顾分析,以确认工艺稳定可靠,以及原辅料、成品现行质量标准的适用性,及时发现不良趋势,确定产品及工艺改进的方向。当有合理的科学依据时,可按产品的剂型分类进行质量回顾,如固体制剂、液体制剂和无菌制剂等。

GMP 基本要求中引入了"产品质量回顾分析"的概念,要求企业必须每年定期对上一年度生产的每一种或每一类产品进行质量回顾和分析,详细说明所有生产批次的质量情况,不合格产品的批次及其调查、变更和偏差情况,稳定性考察情况,生产厂房、设施或设备确认情况等内容。这种新方法的引入可以有力地推动企业长期、时刻重视产品质量,关注每一种产品的质量和变更情况,特别是与注册批准的内容或要求不一致的情况,并定期加以汇总和评估。这与实施 GMP 的目的,即"确保持续稳定地生产出适用于预定用途、符合注册批准要求和质量标准的药品"是一致的。

通常产品质量回顾的范围包括药品生产企业及附属机构生产的所有医药产品以及委托生产所有医药产品,包括由本公司生产或为本公司生产的所有上市的(国内销售或出口的)原料药、药品以及医疗器械,涉及隔离和暂存、拒收的所有批次。同时药品生产企业也要结合以前的质量回顾结果,确认药品生产的各种趋势,并最终形成一份书面的报告。

原则上,产品质量回顾应覆盖一年的时间,但不必与日历的一年相一致。但如果产品每年生产的批次少于 3 批,则质量回顾可以延期至有 2~3 批产品生产后再进行,除非法规部门对此有特殊要求。

通常企业的产品质量回顾应该在年度生产结束后 3 个月内全部完成,但企业应该在日常生产结束后即完成相关数据的采集、汇总,避免在年度生产结束后才统一进行数据的采集。

> **课 堂 活 动**
> 为什么要进行产品质量回顾?产品质量回顾和产品质量分析的关系是什么?

二、产品质量回顾的内容

产品年度质量回顾包括供应链的所有方面:原辅料、包装材料、工艺过程、工艺环境及成品等。按照 GMP 的要求,推荐产品年度质量回顾的内容如下:

1. **产品基本信息**　品名、编码、产品批号、包装规格、有效期等。

2. **回顾时间段**　通常为 1 年,例如:2024 年 5 月—2025 年 4 月。

3. **产品所用原辅料回顾**　包括原辅料的供应厂家,回顾周期中的到货批次,检验合格批次、不合格批次,不合格批次的项目、原因及物料的最终处理意见。

4. **回顾周期中每种产品所有生产批次的信息** 产品批号、生产日期、过程控制数据及趋势图、异常数据分析、成品收率统计及分析等。

5. **产品的成品检验结果回顾** 产品化学、微生物检验结果数据及趋势图，异常数据分析，OOS分析。

6. **产品的质量信息** 产品相关不符合事件统计及分析（包括内容、原因、措施及结果）、不合格产品及返工产品（仅指重新包装）的统计及分析（包括原因、数量及处理结果）、返回产品统计及分析（包括原因、数量及处理结果）、产品召回统计及分析（召回的批次、数量、原因、措施及有效性）、产品相关客户投诉及不良反应统计及分析（包括原因、数量及处理措施及有效性）。

7. **产品的变更情况** 产品相关变更统计及分析（包括内容、申请时间及执行情况），产品及其原辅料质量标准、内控标准及分析方法变更，产品相关的生产设施、设备、批量及工艺参数的变更，产品相关的原辅料、包装材料的变更。

8. **产品稳定性数据和趋势分析（回顾期间完成的稳定性试验数据）** 包括试验原因、含量趋势图、异常的分析、各检验项目趋势总结。

9. **验证情况回顾** 产品相关的工艺验证、清洁验证、分析方法验证，相关设备和设施，如空调净化系统、水系统、压缩空气等的确认状态。

10. **CAPA 的管理** 上年度回顾报告中的 CAPA 执行结果确认。

11. 已批准或备案的药品注册所有变更。

12. 新批准和有变更的药品，按照注册要求上市后应完成的工作情况。

13. 委托生产和检验的技术合同履行情况。

14. **回顾分析的结果评估** 提出是否需要采取 CAPA 或进行再确认或再验证的评估意见及理由，并及时、有效地完成整改。

三、产品质量回顾的流程

（一）制订产品质量回顾计划并分派任务

依据企业的具体情况，企业质量管理部门建立产品质量回顾的管理程序，制订年度产品质量回顾计划，并按计划实施。根据年度产品质量回顾管理程序所述的工作职责，质量保证部门负责按产品年度质量问题的计划将任务分派到各职能部门，并规定时限。

（二）信息收集与报告编制

各相关职能部门按要求收集产品相关信息／数据，并按时交至质量保证部门。产品质量回顾负责人收集产品相关信息／数据后，按一定的格式进行汇总及整理，并进行趋势分析。必要时，负责召集专门的会议，组织相关人员对产品的相关信息／数据进行分析、讨论和评价，并对重大事项进行风险评估。

（三）报告审批

质量保证部门负责记录汇总会议的分析讨论结果，并对产品本回顾年度的质量状况作出总结：

产品本回顾年度的质量状态是否稳定可控；对上一年度提出的建议的落实情况，或改进措施的实际情况及对改进效果进行总结；对本回顾年度出现的不良趋势提出建议（包括产品工艺改进、处方改进、分析方法改进、过程控制及成品质量标准改变、再验证需求、产品召回建议等），最终形成报告，并呈报企业药品质量受权人审批。

（四）报告分发

批准的年度回顾报告的复印件分发至相关部门，原件在质量部文件中心永久保存。

（五）CAPA 的实施与跟踪

各相关部门按照年度产品质量问题回顾报告中的改进措施及完成时间，进行改进措施的实施。质量保证部门跟踪改进措施的实施并将其执行情况汇总在年度回顾报告中。产品质量回顾流程图与产品质量回顾工作的流程图详见图 10-5、图 10-6。

图 10-5　产品质量回顾流程图

制订产品质量回顾计划	QA人员负责制订年度回顾计划，并分配任务至相关负责人，且规定时限
各部门数据汇总	各部门负责人在规定时间内完成数据汇总，并交给QA人员
趋势分析	QA人员对年度数据进行分析，必要时邀请相关部门负责人共同进行
形成总结报告	QA人员跟相关部门共同对产品年度回顾结果进行讨论，并形成最终总结报告
制订CAPA	QA人员跟相关部门共同针对发现的问题和不良趋势制订相关改进和预防行动计划
各部分负责人审批	各部门负责人对产品质量回顾报告进行审阅批准
总结报告分发	QA人员将产品年度回顾报告复印分发至各部门
改进和预防措施追踪	QA人员和相关部门负责人共同对指定的CAPA及其有效性进行追踪

图 10-6　产品质量回顾工作的流程图

> **点滴积累**
>
> 1. 产品质量回顾是指企业应按照操作规定，每年对所有生产的药品按品种进行产品质量回顾分析，以确认工艺稳定可靠，以及原辅料、成品现行质量标准的适用性，及时发现不良趋势，确定产品及

工艺改进的方向。

2. 企业必须每年定期对上一年度生产的每一种或每一类产品进行质量回顾和分析。

第六节　产品稳定性考察与不良反应监测

一、产品稳定性考察

(一) 定义

药品的稳定性是指原料药及其制剂保持其物理、化学、生物学和微生物学性质的能力。

稳定性试验的目的是考察原料药、中间产品或制剂的性质在温度、湿度、光线等条件的影响下随时间变化的规律,为药品的生产、包装、贮存、运输条件和有效期的确定提供科学依据,以保障临床用药的安全有效。通过持续稳定性考察可以监测在有效期内药品的质量,并确定药品可以或预期可以在标示的贮存条件下,符合质量标准的各项要求。

(二) 应用范围

稳定性试验是药品质量控制研究的主要内容之一,与药品质量研究和质量标准的建立紧密相关。其具有阶段性特点,贯穿原料药药物活性成分(active pharmaceutical ingredient, API)、制剂产品及中间产物的药品研究与开发的全过程,一般始于药品的临床前研究,在药品临床研究期间和上市后还应继续进行稳定性监测和研究。

(三) 原则

1. **研发阶段**　应进行全面的稳定性试验,以得到注册所需所有数据。此数据用于证明环境因素对产品特性的影响,以确定包装、贮存条件、复验周期(对 API 而言)和有效期。

2. **已上市阶段**　产品上市后,应进行适当的持续稳定性考察,监测已上市药品的稳定性,以发现市售包装药品与生产相关的任何稳定性问题(如杂质含量或溶出度特性的变化);也用于考察产品上市后因变更对产品稳定性的影响。

(四) 稳定性试验分类

按照现行版《中国药典》及相关法规要求,我国的稳定性研究可以分为影响因素试验、加速试验以及长期试验。

各公司根据需求及法规规定,还可以进行中间产品放置时间稳定性试验、批量放大及上市后变更(如生产设备变更、原辅料变更、工艺调整等)稳定性试验以及特殊目的稳定性试验,例如对偏差调查等的支持性试验。

(五) 技术要点

1. **基本要求**　稳定性试验应遵循具体问题具体分析的基本原则,其设计应根据不同的研究目的,结合原料药的理化性质的特点和具体的处方及工艺条件进行。参照现行版《中国药典》,一般性要求为影响因素试验用 1 批原料药或 1 批制剂进行;加速试验和长期试验用 3 批供试品进行。

原料药供试品应是一定规模生产的。供试品量相当于制剂稳定性试验所要求的批量,原料药合成工艺路线、方法、步骤应与大生产一致。药物制剂供试品应是放大试验的产品,其处方与工艺应与大生产一致。每批放大试验的规模,至少是中试规模。大体积包装的制剂,如静脉输液等,每批放大规模的数量通常应为各项试验所需总量的 10 倍。特殊品种、特殊剂型所需数量,根据情况另定。

供试品的质量标准应与临床前研究及临床试验和规模生产所使用的供试品质量标准一致。

加速试验与长期试验所用的供试品的包装与拟上市产品一致。

研究药物稳定性,要采用专属性强、准确、精密、灵敏的药物分析方法与有关物质(含降解产物及其他变化所生成的产物)的检查方法,并对方法进行验证,以保证药物稳定性结果的可靠性。在稳定性试验中,应重视降解产物的检查。

由于放大试验比规模生产的数量要小,故申报者应承诺在获得批准后,从放大试验转入规模生产时,对最初通过生产验证的 3 批规模生产的产品仍需进行加速试验和长期试验。

2. 样品贮存

(1)标准贮存条件:按照气候带不同区域有不同要求。

(2)包装:稳定性试验样品的包装应与拟上市产品的包装一致,应紧密、避光(如需要)。原料药可采用模拟小包装,所用材料和封装条件应与大包装一致。通常,对于原料药,水蒸气渗透性试验用于包材的分级,例如通过硅胶吸收水分的重量测定所得(试验条件为温度 23℃,相对湿度 75% 下贮存 14 天),可对原料药包装材料进行分类。

(3)样品的准备

1)取样:稳定性样品取样应按照规定和需求进行,需要科学、合理、具有代表性。

2)样品量:通常应贮存足够量的样品用于稳定性试验,如需要,应确保所有试验都可以重复进行。许多公司选择贮存 2~3 倍的全检样品量。即使选择简化试验方案设计(例如括弧法和矩阵)时,也必须按照全面设计的方案贮存所有的样品。

3)样品标识:贮存于每个条件下的样品应作适当标示,反映出产品的名称、批号、贮存条件和稳定性试验的初始时间等信息。

(4)设备要求:用于稳定性试验样品贮存的设备应按要求进行确认、校正及定期维护,保证处于稳定的状态。温度、湿度布点测定应建议与设备验证 / 再验证同步进行。

1)样品贮存设备(恒温恒湿箱)必须进行监控(计算机系统自动监控或者手工记录等),维持温度和湿度水平位于规定的范围内。此监控检查必须正确记录。计算机系统自动监控应实行访问控制,相关人员须接受适当培训。设备应有报警系统提示,如发生控制系统故障失控,必须于紧急计划中规定后续行动,并对异常情况有及时的记录和调查。同时应考虑备用设备或其他应急措施。如:委托有资质的第三方负责样品的贮存,委托应严格按照法规和委托合同执行。

2)改变贮存条件,如将温度 40℃相对湿度 75% 条件下样品逐步地转移至温度 30℃相对湿度

75%、温度 30℃相对湿度 65%、温度 30℃环境自然湿度、温度 25℃相对湿度 60%、温度 25℃环境自然湿度的条件下等。

（5）挑战性试验贮存条件

1）影响因素试验：按照现行版《中国药典》规定，当进行强度试验时，如产生过多降解产物，试验条件可以适当调整。根据药品的性质，必要时可以设计其他试验，如考察 pH、氧、低温、冻融等因素对药品稳定性的影响。

2）反复低温或冻融试验：对于易发生相分离、黏度减小、沉淀或聚集的药品须通过低温或冻融试验来验证其运输或使用过程中的稳定性，作为影响因素试验的一部分。具体方法如下：

低温试验应包括 3 次循环，每次循环应在 2~8℃条件下 2 天，然后在 40℃加速条件下考察 2 天，取样检测。

冻融试验应包括 3 次循环，每次应在 –10~–20℃条件下 2 天，然后在 40℃加速条件下考察 2 天，取样检测。

（6）特殊贮存条件：除 ICH（人用药品技术要求国际协调理事会）标准贮存条件以外，对于特定的产品，尚需测定进一步贮存条件下的质量稳定性。例如：半渗透包装产品的贮存条件（包装于聚乙烯安瓿或聚乙烯瓶中的洗液、大容量注射剂或大容量非肠道制剂袋、鼻喷剂、眼用制剂等）可以参照表 10-1。

如果药物制剂使用密闭容器（玻璃瓶、西林瓶、密封的玻璃安瓿）包装，环境湿度对此影响极小，则水分测定并不是必需的。在这种情况下，建议贮存条件可以参照表 10-2。一般来说，在这些试验中提供单独的设施进行考察并没有任何优势，相反，样品往往是贮存在正常气候箱中。

表 10-1　半渗透包装的标准贮存条件表

试验名称	温度	相对湿度
长期试验研究	25℃ ±2℃	40% ±5%
中间条件	30℃ ±2℃	35% ±5%
加速试验研究	40℃ ±2℃	25% ±5%

表 10-2　密闭包装贮存条件表

试验名称	温度	相对湿度
长期试验研究	25℃ ±2℃	试验环境
中间条件	30℃ ±2℃	试验环境
加速试验研究	40℃ ±2℃	试验环境

3. 样品提取

（1）原则：样品必须按照稳定性试验计划从恒温恒湿箱和其他贮存条件下按时取出。样品可以在一个允许的时间偏差范围内取出。例如对于试验点间隔至少为 1 年，则偏差为 1 个月是可以接受的。对于短期试验点，允许的时间偏差应适当减少，并有相应的 SOP 予以规定。例如，在长期稳定性试验的第 3 个月的试验点，早于或晚于 2 周的预设时间是可以接受的。

对于加速试验条件,样品一般不推荐早于计划取样时间取出。另外,对于有效期月试验点的样品必须取出并进行检验。

任何附加于计划外的试验间隔点取样,必须经由责任受权人签字批准,并登记在册,必须保证有足够的样品用于余下的稳定性研究。

从恒温恒湿箱取出的稳定性试验样品应存放于适宜的贮存条件等待检验,并有明显标示。

样品取出后,应做标记,并登记于相应的记录中,进行检验。

(2)文件

1)稳定性计划:按照要求,应准备每年的稳定性试验计划,并得到相应负责人的批准,以用于指导稳定性试验计划的实施。

2)稳定性试验样品记录:每次取出的样品数量必须记录。

(六) 文件

1. 标准操作规程　必须建立标准操作规程去描述稳定性试验的程序和要求、复检期/有效期声明以及推荐贮存条件和转运条件。

2. 稳定性试验草案　稳定性试验草案是稳定性研究的基本部分,应涵盖药品有效期,应至少包括以下内容:

(1)每种规格、每种生产批量药品的考察批次。

(2)相关的物理、化学、微生物和生物学检验方法,可考虑采用稳定性考察专属的检验方法。

(3)检验方法依据。

(4)合格标准。

(5)容器密封系统的描述。

(6)试验间隔时间(测试时间点)。

(7)贮存条件:应采用现行版《中国药典》规定的与药品标示贮存条件相对应的长期稳定性试验标准条件。

(8)检验项目,如检验项目少于成品质量标准所包含的项目,应说明理由。

所有的稳定性试验草案必须由责任受权人批准后执行,注册稳定性相关的试验草案须经注册部相关责任人复核并批准。稳定性试验草案必须在稳定性研究启动之前得到相关责任人的批准。

如果上市产品的持续稳定性程序不同于初始的长期稳定性试验,则必须提交书面证明,作为上市批准档案的一部分。

3. 计划　每年的年末必须准备下一年的"年度稳定性计划",一旦新的稳定性研究被启动,补充性的"年度稳定性计划"必须相应准备。如果需要,及时更新"年度稳定性计划",添加补充性的计划内容。必须按照"年度稳定性计划"进行稳定性试验管理。

4. 记录　样品必须根据稳定性试验计划按时取出,并及时记录于相应的记录中。同时,样品必须转移至相关实验室进行登记及随后的分析试验,分析记录应及时出具。

5. 报告　稳定性报告应包含稳定性研究中收集的所有相关的数据,也包括对正在进行的或已完成的稳定性研究所得结果的科学的数据评估和结论。一般情况下,稳定性试验报告要按时撰写和更新。

稳定性试验报告需包括但不限于以下所列条款:

(1)所选的批次。

(2)产品性能的汇总介绍。

(3)产品有效期。

(4)批生产信息。

(5)分析试验和质量标准。

(6)试验结果。

(7)与稳定性试验草案的偏差(若适用)。

(8)结论。

(9)数据表。

(10)适当的趋势分析和统计分析。

(11)适当的统计分析图表。

稳定性试验报告应由责任分析师撰写/更新,并经责任受权人批准。长期稳定性试验应定期报告汇总,建议每年至少以中期报告或数据汇总表的形式报告 1 次。所有稳定性研究完成后,应出具最终的稳定性试验报告。

6. 年度趋势分析与评估 在年度产品回顾的报告中,其回顾期限内从事的所有稳定性研究均需加以描述和评估,对于复验期/有效期的支持结论必须明确定义。

二、药品不良反应监测

几乎所有的药物都可引起不良反应,只是反应的程度和发生率不同。随着药品种类日益增多,药品不良反应/事件日益增多。虽然有些药物不良反应较难避免,但相当一部分是由于临床用药不合理所致,如阿司匹林是公认的比较安全的常用药物,但久服可引起胃肠道出血,诱发胃溃疡,使胃溃疡恶化,导致溃疡出血、穿孔,长期服用还可引起缺铁性贫血,少数患者可引起粒细胞及血小板减少。由于药物种类繁多,用药途径不同,体质又因人而异,因此,药物不良反应发生的原因是复杂的。

药品不良反应监测是指药品不良反应的发现、报告、评价和控制的过程。常用的药物不良反应监测方法如下。

1. 自愿报告系统 又称黄卡制度,这是一种自愿而有组织的报告制度,当医疗机构、药品生产和经营企业的相关人员发现可疑的药物不良反应时,应当填写药物不良反应报告表,逐级上报。

2. 义务性监测 是在自愿报告制度的基础上,要求医师报告所发生的每一例不良反应。

3. 重点医院监测 是指定有条件的医院,报告药物的不良反应和对药品不良反应进行系统监测研究。

4. 重点药物监测　主要是对一部分新药进行上市后监测,以便及时发现一些未知或非预期的不良反应,并作为这类药品的早期预警系统。

5. 速报制度　上市后的药品发生严重药物不良反应要在 15 日之内向药品安全性监测机构报告,如果属于临床试验之中的药品发生药物不良反应要在 7 日之内报告。

目前,国家药品监督管理部门主管全国药品不良反应监测工作,成立了国家药品不良反应监测中心以及辐射各省、市、自治区的药品不良反应监测中心,构成了以药品生产、经营和使用单位以及个人作为网底的监测网络。

三、产品投诉

理论上,产品质量可以通过生产过程的有效控制和放行前的产品质量检验来保证,但实际上并不能做到 100% 保证产品质量。一方面,由于生产过程中通常包含一些不确定因素,这些因素无法通过大量的验证、生产过程的中间检查和最终的检查来排除;另一方面,由于产品在放行和销售前,只会抽取有限的一定数量的样品进行质量检验。因此,企业在实际管理过程中会不可避免地收到来自市场的关于产品质量缺陷的投诉。

建立和运行一个有效的投诉管理系统,不仅是针对制药行业的强制性要求,也是每一个追求客户满意、追求长期商业成功的企业的自然选择。制药企业应建立投诉程序、标准(例如投诉分类标准等)和相应的记录表格。应充分培训并运行该系统,及时有效地接收、调查和处理投诉。调查导致质量缺陷的原因,并采取措施,防止再次发生类似的质量缺陷,生成和保存相应的记录和报告。通过进行投诉趋势分析,推动公司产品质量和质量管理体系的持续改进。

(一) 投诉的分类

客户提出的对任何已经放行产品的安全性、有效性和质量(包括稳定性、产品性能、均一性)、服务或产品性能不满的书面、电子或口头信息都视为投诉。根据投诉事件的性质可分为医学投诉、质量投诉和假药投诉。

(二) 职责

公司应当统一规定投诉处理中相关部门的职责,包括投诉的接收、投诉的调查和整改、CAPA 的批准和对客户的答复等。

(三) 投诉流程

1. 投诉信息的接收　客户以来访、来信、传真、电话或其他形式投诉到企业联系人处(通常为销售部门)。对于口头形式的投诉,如有可能,应要求客户用书面形式予以确认,以避免沟通中的误解和 / 或信息丢失。

由收到投诉的部门(通常为销售部门)填写客户投诉记录,如有必要连同其他相关信息(如传真件、邮件等)转交给投诉管理部门;或者在客户直接投诉到投诉管理部门而未到销售部门的情况下,由负责处理客户投诉的人员填写客户投诉记录;或者销售人员不在工厂(如出差)的情况下,他 / 她将投诉的信息通过传真件、邮件等转交给投诉管理部门后,投诉管理部门根据信息填写客户投诉记录；或者企业其他部门的所有员工在接到或了解到任何产品投诉后，在规定时间内将投诉转到投诉管理部门，投诉管理部门对投诉进行登记编号。企业应制订合理的投诉编号规则，以便于对投诉进行识别、沟通和统计分析。

企业在接收到投诉信息后，应尽快向客户提供初步反馈，内容应包括但不限于：确认收到投诉信息、调查正在进行中、预计多长时间内给予进一步的反馈。

2. 信息的收集和分类　投诉接收部门和/或投诉管理部门应判断收到的投诉信息是否完整、是否清晰、是否足以据此展开有效的调查。现实中确实存在这种情况，有时客户的投诉语焉不详，信息非常零碎，甚至无法知道发生问题的具体批次或具体发生了什么问题，这时需要让与客户直接联系的部门去跟客户沟通，获得基本的相关信息以便展开调查。假如需要更多的投诉相关信息，应尽量在初次反馈时向客户提出要求。应尽可能取得有用的信息，例如照片、图谱或其他检验数据。应由质量管理部门根据投诉的分类标准对具体投诉进行分类，投诉处理过程中如果需要对投诉的类型（例如医学投诉、质量投诉和假药投诉）进行重新判定，也应获得质量管理部门的批准。

3. 投诉调查和影响的评估　虽然并不总是适用，投诉调查的第一步常常是核实投诉信息，特别是针对贴签或检验问题时。核实投诉信息的常见方法包括检验留样，查看相关的生产、贴签、仓储记录等，也可能包括要求客户寄回样品供公司进行分析检测，或者派出专业技术人员到现场拜访客户等核实投诉事实的真实性。企业应根据投诉的具体情况决定是否需要核实投诉信息，或者采取何种手段核实投诉信息。

确认已收到适当的投诉信息后，投诉管理部门将客户投诉记录及/或有关信息转发给下一个或多个相关部门，启动投诉调查。

各部门的投诉调查应当及时，这也是及时答复客户的前提。投诉处理的快慢，直接影响客户对企业的满意度。

4. CAPA　在投诉调查部门的配合下（调查结果的评估，与客户投诉信息的对比），投诉管理部门对投诉进行评估，首先判定投诉是否合理。如果投诉判定为不合理的，由投诉管理部门书写答复报告，答复客户。如果投诉判定为合理的，投诉处理的负责部门将与其他相关部门合作，决定产品是否需从投诉的客户处退回，及是否需要启动产品召回程序，从相关客户处召回相关产品。

5. 答复客户　无论是合理还是不合理投诉，都应当将调查结果告知客户，通常书面的答复才是被认可的正式答复。

6. 投诉完成　通常需要得到客户对调查答复报告的满意答复后才能结束投诉（当然，CAPA 需要继续进行），但是对于一些不合理的投诉，或已经答复几次的合理投诉，客户不一定再会有反馈。这时，企业可以人为地确定一个时间，例如最终答复客户后 1 个月内无反馈则关闭投诉并将相关记录归档保存。

7. 文件和样品的保存　所有与投诉相关的必要的信息应当归档，一个投诉档案应当至少包括以下资料：客户的书面投诉通知（适用时）、投诉记录表、投诉调查报告及相应的附属资料、投诉的答复报告、客户对投诉最终答复报告的接受意见（适用时）、投诉样品等。

（四）时限规定

企业应根据其市场、业务和客户的具体情况设立合理的投诉处理时限。

（五）投诉的回顾和趋势分析

投诉应当定期进行回顾，以便及时发现需要引起注意的问题，以及可能需要从市场召回药品的特殊问题或重复出现的问题。回顾活动应总结同类型的投诉的发生频率和严重性，并对多次发生的投诉进行原因分析，提出 CAPA。

投诉回顾应作为产品质量回顾的一部分，结合产品质量回顾的其他内容共同进行，以便企业获得该品种质量情况的全面信息。

点滴积累

1. **产品稳定性考察** 通过持续稳定性考察可以监测在有效期内药品的质量，并确定药品可以或预期可以在标示的贮存条件下，符合质量标准的各项要求。稳定性研究可以分为影响因素试验、加速试验以及长期试验。
2. **药品不良反应报告和监测** 药品不良反应监测是指药品不良反应的发现、报告、评价和控制的过程。常用的药物不良反应监测方法包括：自愿报告系统、义务性监测、重点医院监测等。
3. **产品投诉** 为建立和运行一个有效的投诉管理系统，制药企业应建立投诉程序、标准（例如投诉分类标准等）和相应的记录表格。

第七节　质量风险管理

一、概述

1. **风险** "风险"是危害发生的可能性和该危害严重性的组合。
2. **质量风险管理** 质量风险管理（quality risk management，QRM）是在整个产品生命周期中采用前瞻或回顾的方式，对质量风险进行评估、控制、沟通和回顾的系统化过程。

知识链接

药品生命周期

药品生命周期是指从药品研发开始，到注册批准、生产批准、上市销售及通过后的监测和评价直到退市的整个过程，主要由研发阶段、生产阶段、流通阶段、使用阶段、上市后监测阶段组成。药品质量风险管理是指在以上的各个环节中都有各自的风险需要进行风险管理。

GMP（2010 年修订）提出了质量风险管理的基本要求，明确了质量风险管理的两个基本原则，

即企业必须对药品整个生命周期根据科学知识及经验,对质量风险进行评估,并最终与保护患者的目标相关联;质量风险管理过程中,企业所采用的方法、措施、形式及形成的文件应当与存在的风险的级别相适应。

质量风险管理贯穿药品质量和生产管理的各个方面,其管理流程大致分为风险评估(包括风险识别、风险分析和风险评价)、风险控制(把风险降低到可以接受的限度内)以及风险的定期审核。

基于风险的、科学的与产品质量有关的决策可以帮助企业保持受控状态和实现持续改进的目标。质量体系在医药工业中的重要性毋庸置疑,而质量风险管理显然正在成为一个有效的质量体系的重要组成部分。

二、质量风险管理的原则性要求

GMP(2010年修订)第十四条规定:"应当根据科学知识及经验对质量风险进行评估,以保证产品质量。"这一条明确了质量风险评估的原则性要求。GMP(2010年修订)引入质量风险管理的理念,并相应增加了一系列新制度,如:供应商的审计和批准、变更控制、偏差管理、超标结果(OOS)调查、纠正措施和预防措施(CAPA)、持续稳定性考察计划、产品质量回顾分析等,分别从原辅料采购、生产工艺变更、操作中的偏差处理、发现问题的调查和纠正、上市后药品质量的持续监控等方面,对各个环节可能出现的风险进行管理和控制,促使生产企业建立全链条的、相应的制度,及时发现影响药品质量的不安全因素,主动防范质量事故的发生,以最大限度保证产品和上市药品的质量。

三、质量风险管理的流程

1. **质量风险管理模式图** 质量风险管理的模式由风险评估(risk assessment)、风险控制(risk control)及风险审核(risk review)3部分组成,见图 10-7。

2. **质量风险管理步骤** 根据质量风险管理的模式图,质量风险管理流程可以概括为以下基本步骤:风险识别→风险分析→风险评价→风险控制(包括风险降低和风险接受)→风险沟通→风险回顾。

3. **质量风险管理步骤的详细说明**

(1)风险识别:①确定事件并启动质量风险管理;②确定风险评估的问题;③收集和组织信息。

在此阶段清楚地确定风险的问题或事件对 QRM 的结果有很重要的影响。通常需要考虑的风险包括对患者的风险、产品不符合标准要求的风险、法规不符合的风险等。在此阶段还需收集背景信息并确定 QRM 项目小组人员及资源配置等。用于识别风险的信息可以包括历史数据、理论分析、成形的意见以及影响决策的一些利害关系等。

(2)风险分析:进行风险分析时,应评估风险发生和重现的可能性,也可以考虑测定风险发生或重现的能力。针对不同的风险项目需选择应用不同的分析工具。

图 10-7 质量风险管理模式图

过程为：①选择风险评估的工具；②确定风险的因素，如发生的可能性、危害的严重性、可测量性，界定风险因素的范围；③界定风险的类型或确定风险的矩阵；④确定采取的行动。

（3）风险评价：利用风险评估的工具进行风险评价，风险评价可以确定风险的严重性，将已识别和分析的风险与预先确定的可接受标准比较。可以应用定性和定量的过程确定风险的严重性。风险评估的结果可以表示为总体的风险值，例如：定量的表示为具体的数字，如0~100（百分比），或定性的表示为风险的范围，如高、中、低。风险矩阵图见图 10-8。

图 10-8 风险矩阵图

（4）风险降低：指风险降低的方法。当风险超过可接受的水平时，风险降低将致力于减少或避免风险，包括采取行动降低风险的严重性或风险发生的可能性。企业应采取一些方法和程序提高鉴别风险的能力。需要注意的是，风险降低的一些方法可能会使系统引入新的风险或显著提高其他已存在的风险，因此风险评估必须重复进行以确定和评估风险可能的变化。

（5）风险接受：指确定可接受的风险的最低限度。设计理想的质量风险管理策略来降低风险至可接受的水平。这个可接受水平由许多参数决定，并应该视具体情况分别对待。

（6）风险沟通：指决策人与其他人员（行业人员、监督管理人员、相对人）之间分享有关风险和风险管理的信息。各方之间可以在任何风险管理过程阶段进行沟通，质量风险管理过程的输出／结果应进行适当的沟通和存档，沟通有可能包括药品监督管理与行业、行业与患者、公司内部、行业内部或药品监督管理系统内部等方面。沟通的信息一般包括质量风险的存在性、性质、形式、概率、严重性、可接受性、控制、处理、可检测及其他有关方面，并非每个风险接受都要进行风险沟通。在行业和药品监督管理系统之间，通过现有的规章或指南来进行质量风险沟通。

（7）风险回顾

文件和批准：相关的风险评估文件获得批准；更新设备校验规程并获得批准。

沟通：完成文件发放、培训。

新周期的风险审核：设备校验过程及使用过程中监控任何的偏差，如果出现偏差或增加设备校验的新条件或要求，则需要重新评估。

点滴积累

1. 质量风险管理是在整个产品生命周期中采用前瞻或回顾的方式，对质量风险进行评估、控制、沟通和回顾的系统化过程。
2. 质量风险管理流程大致分为风险评估（包括风险识别、风险分析和风险评价），风险控制（包括风险降低和风险接收），以及风险审核。

第八节　自检

质量管理部门应定期对企业进行自检，以监控 GMP 的实施情况，评估企业是否符合 GMP 要求，并提出必要的整改措施。

> **课堂活动**
> 请同学们比较一下药品生产企业自检和产品质量回顾的异同。

自检应按预定的计划，对人员、厂房、设备、文件、生产、质量控制、药品发放、投诉、药品召回等项目定期进行检查，以确认其符合质量保证的要求。

应由企业指定的主管人员独立、细致地进行自检，也可请外部人员或专家进行独立的质量审计。

自检应有记录。自检完成后应有自检报告,内容应包括自检过程中观察到的所有情况、评价的结论以及提出整改措施的建议。此外,后续的整改措施也应有相应的记录。

一、自检的主要内容

自检(质量内部审计)是企业自我发现缺陷并主动采取措施进行改进的一系列活动。企业通过组织自检,可以及时发现缺陷和隐患,主动防范质量风险的发生,确保产品质量稳定可靠,并避免违规事件的发生和发展。一个有效的自检系统,包括自检程序、自检计划、自检人员的资格确认、检查记录、自检报告、CAPA 等。

质量管理部门应定期组织对企业进行自检,以监控 GMP 的实施情况,评估企业是否符合 GMP要求,并提出必要的纠正和预防措施。

自检范围:自检应有计划,对机构与人员、厂房与设施、设备、物料与产品、确认与验证、文件管理、生产管理、质量控制与质量保证、委托生产与委托检验、产品发运与召回等项目定期进行检查,以确认其符合 GMP 的要求。

频率:企业应根据风险管理的原则,考虑实际情况,设定自检的频率。GMP 相关的部门和区域,至少每年进行 1 次自检。

另外,必要时,可进行特定的自检,特别是出现下列情况时:

(1)质量投诉后,如有必要。

(2)质量管理相关事故或事件证实质量管理体系出现重大偏离。

(3)重大法规环境变化(例如新版 GMP 实施)。

(4)重大生产质量条件变化(例如新项目、新车间投入使用)。

(5)重大经营环境变化(例如企业所有权转移)等。

自检小组:自检人员可由企业指定人员组成,能够独立、细致地进行自检,也可请外部人员或专家进行独立的质量审计。

二、自检的实施与整改

1. 自检年度计划的制订 应在每年年底(或其他规定的时限内)会同其他部门,建立年度自检计划,规划第 2 年进行自检的次数、内容、方式和时间表。

2. 检查明细的制订 在每次自检活动之前,需要建立检查明细,为自检提供检查依据。检查明细的制订可以参考 GMP 检查细则或其他的法律法规,也可以依据本公司标准操作规程。

3. 自检的实施 包括自检人员及分工,确认自检方案,展开现场检查和文件检查,收集检查证据,记录必要的信息来确认缺陷项目。

4. 缺陷的评估 所有在自检过程中发现的缺陷与实际情况,进行初步评估缺陷的分级。

5. CAPA 的制订和执行 根据缺陷的严重程度制订相应的 CAPA,指定责任人、计划完成时限等。建立一个有效的追踪程序,追踪 CAPA 的执行情况。

6. **自检报告**　自检完成后应有自检报告,内容应包括自检过程中观察到的所有情况、评价的结论以及提出 CAPA 的建议。此外,CAPA 的执行也应有相应的记录。

自检基本流程见图 10-9。

图 10-9　自检基本流程图

点滴积累

1. 自检是企业自我发现缺陷并主动采取措施进行改进的一系列活动,企业通过组织自检,可以及时发现缺陷和隐患,主动防范质量风险的发生,确保产品质量稳定可靠,并避免违规事件的发生和

2. 一个有效的自检系统,包括自检程序、自检计划、自检人员的资格确认、检查记录、自检报告、CAPA 等。

3. 药品生产企业应定期组织对企业进行自检,以监控 GMP 的实施情况,评估企业是否符合 GMP 要求,并提出必要的纠正和预防措施。

实训项目十七　按 QA 岗位职能设计 SMP、SOP 及记录表格

一、实训目的

1. 熟练掌握药品质量标准以及实验室检验操作的基本内容。

2. 熟悉 QA 岗位职能。

3. 学会质量管理文件的编写与特点。

二、实训内容

学生分组,根据所学知识和实训参观 GMP 质量部门的情况,设计 SMP、SOP 及记录表格。

学生利用网络或其他工具方法,收集质量管理 QA 岗位资料。

具体步骤如下。

1. 课前学生按照教师要求,收集质量管理相关资料。

2. 学生分成两组,一组对实验室检验操作进行调查、分析;另一组对一批物料或产品进行质量评价,掌握相关质量标准。

3. 两组交换,进行 SMP、SOP 及记录表格的设计。

4. 教师评判和总结。

三、实训注意

对药品质量标准以及实验室检验操作相关资料的事前准备,是实训顺利进行的重要条件。教师需在实训参观 GMP 质量部门等环节进行提醒和总结。

四、实训检测

1. QA 岗位的主要职能是什么?

2. 如何对一个产品进行质量评价(举例说明)？

五、实训报告

1. 提供针对实验室检验操作设计的 SMP、SOP 及记录表格。
2. 提供对一批物料或产品进行质量评价所需的质量标准文件。

六、实训评价

从以下几方面对实训进行评价：

1. 实训前资料搜集情况。
2. 独立操作及动手能力。
3. 实训操作的正确性。
4. 实训的纪律性。
5. 实训报告。

目标检测

ER 10-5

习题

一、简答题

1. 纠正措施与预防措施的概念是什么？
2. 物料的放行应当至少符合哪些要求？
3. 为什么要进行偏差管理？
4. 产品质量回顾分析的目的是什么？

二、实例分析

某制药企业"车间生产环境管理规定"中规定："车间温度应保持在 20~30 ℃，相对湿度 40%~65%。"但是审核员在检查 4 月份的环境记录时发现：4 月 10—13 日的湿度均为 70%。审核员问车间主任："相对湿度 70% 符合规定要求吗？"主任回答："我们已经更改了规定，把相对湿度改为 70%。"审核员要求出示文件更改记录，车间主任说只是口头通知更改的。审核员注意到，车间没有加湿或除湿的设备，便问车间主任："有什么手段可以根据需要加湿或除湿？"车间主任说："没有。"审核员在翻阅有关产品的行业标准时看到，车间环境湿度要求规定最高为 65%。该制药企业生产车间的一系列操作符合要求吗？

请用 GMP 标准进行分析。

(王丽杰)

第十一章　物料与产品管理岗位必备的知识与技能

学习目标

1. **掌握**　物料与产品的管理要求；物料采购管理要求及仓储管理内容。
2. **熟悉**　物料采购管理原则和质量依据。
3. **了解**　物料与产品的发放与运输要求。

导学情景

情景描述：

　　2006年4月下旬以来，广东省发生因使用了某制药企业生产的"亮菌甲素注射液"导致多名患者肾衰竭的事件。经查是该制药企业违反物料供应商审计与物料的采购等相关规定，采购物料前没有对供货方进行实地考察，也未要求供货方提供原料、辅料样品进行检验，购进了假冒"丙二醇"的"二甘醇"，导致此事件的发生。

学前导语：

　　物料供应商审计、物料的采购及物料的贮存与放行是药品生产的第一关，是药品生产前最重要的控制环节。本章我们将带领同学们学习有关供应商审计、物料的采购及物料的贮存与放行的基本知识和基本操作，把好药品生产的第一关。

　　GMP中明确了物料与产品的概念，其中物料包括药品生产用原料、辅料，包装材料和其他辅助生产物料。就药品制剂而言，原料指原料药与中药饮片，它们是生产高质量产品的一个关键、先决条件。产品包括中间产品、待包装产品和成品。中间产品指完成部分加工步骤的产品，尚需进一步加工方可成为待包装产品。成品指已完成所有生产操作步骤和最终包装的产品。

　　物料管理涵盖了药品生产所需物料的购入、贮存和发放，以及不合格物料处理等环节。药品生产是物料流转的过程，是将物料加工转换成产品的一系列实践活动。没有质量合格的物料就不可能生产出符合质量标准的产品，而物料管理的不规范则会引起物料混淆、差错、污染与交叉污染。所以物料是药品生产的物质基础，物料的良好管理确保了物料质量能够持续稳定地满足药品生产要求，是产品质量保障的重要基础。产品质量基于物料质量，形成于药品生产的全过程。药品生产的全过程是指从物料供应商的选择、采购，到物料的验收、贮存、发放、使用（生产）、销售，直到用户使用的过程。因此，只有建立规范的物料管理系统，才能使物料流向清晰并具有可追溯性，同时应制订物料管理制度，使物料的采购、接收、取样、检验、贮存、发放与使用有章可循，以保障物料质量。药品生产全过程见图11-1。

图 11-1 药品生产全过程示意图

产品管理指中间产品和待包装产品的转运、贮存和放行,成品的接收入库、贮存、发运和退回,以及不合格产品处理等环节。对产品的良好管理,目的在于使产品在生产过程中形成的质量特性得到可靠的维护,使药品能够在整个有效期内满足预定用途。

GMP 对物料与产品管理的基本要求是:

(1)应确保药品生产所用的原辅料、与药品直接接触的包装材料符合相应的药品注册的质量标准,并不得对药品质量有不利影响。

(2)应建立明确的物料和产品的操作规程,确保物料和产品的正确接收、贮存、发放、使用和发运,应采取措施防止污染、交叉污染、混淆和差错。

(3)所有物料和产品的处理,如接收、请验、取样、放行/拒收、贮存、发放及发运等均应按照操作规程或工艺规程执行,并有记录。

第一节 供应商的审计

物料购买是物流供应链上的源头,是药品生产企业对物流管理的一个非常重要的环节。采购物料的基本任务是:保证正常供应,支持生产经营活动,建立供应商审核、认可、评估体系,控制、减少所有与采购相关的成本。

一、供应商的批准和撤销

企业应当按照法规要求建立物料供应商的评估、批准、撤销等方面的操作规程,明确供应商的资质、分级标准、各级别供应商的选择原则、质量评估方式、评估标准、批准及撤销程序。如质量评估需采用现场质量审计方式的,还应当明确审计内容、周期、审计人员的组成及资质。需采用样品小批量试生产的,还应当明确生产批量、生产工艺、管理产品质量标准、稳定性考察方案。

供应商的批准需注意以下几个关键点。

(1)供应商必须是经过质量部门批准的,建立批准的供应商清单并定期更新。

(2)供应商的资质证明文件应齐全并符合法规要求,并应定期对其进行回顾和更新。

原料药供应商应持有"药品生产许可证"或"药品经营许可证"及"营业执照",所购原料药应在其经营许可范围内,产品应有批准文号。

药用辅料实行分类管理,对新的药用辅料和安全风险较高的药用辅料生产企业应取得"药品生产许可证",品种必须获得注册许可,应有药用辅料批准文号;其他辅料生产企业及其产品应在药品监督管理部门备案,应有备案文件。进口原辅料供应商应有国家药品监督管理局核发的注册证书。

直接接触药品的包装材料和容器供应商,应有药包材批准证明文件("药包材注册证""进口药包材注册证"及"药包材补充申请批件"等);印刷包装材料企业应具有合法资质。

(3)通过现场质量审计或调查问卷进行评估:现场质量审计应当核实供应商资质证明文件和检验报告的真实性,核实是否具备检验条件。应当对其人员机构,厂房设施和设备,物料管理,生产工艺流程和生产管理,质量控制实验室的设备、仪器、文件管理等进行检查,以全面评估其质量保证系统。现场质量审计应当有报告。

(4)对新增供应商应进行样品的检测,如果需要还应进行样品小批量的试生产,进行工艺验证或稳定性考察。

(5)与批准的主要物料的供应商签订质量协议。质量协议的内容包括但不限于对厂房、生产设备、工艺要求、取样方法、包装、标识方法、运输条件和变更的规定及每个检验项目的检验方法和限度。在给供应商发放第一个正式订单前,质量标准应经供需双方批准,否则,应有书面的合理的解释。

(6)当对不同类别物料的供应商进行批准时,其质量评估方式和评估标准可以有所区别。

(7)从经过批准的供应商处购买的物料可以直接用于上市销售产品和医学研究产品的生产。如果从未经批准的供应商处购买原料药,该原料药将不能用于上市销售的产品的生产(但可以用于其他目的的产品生产,例如医学研究的产品或注册用稳定性研究产品)。

(8)物料管理部门应根据批准的供应商清单中所列的供应商的信息对来料进行核对。

二、供应商的选择与审计

(一)供应商的选择

选择、认可物料供应商时,重点对直接影响产品质量的主要物料供应商进行审查。由采购部门选择合法的供应商,由质量管理部门指定专人负责物料供应商质量评估和现场质量审计,分发经批准的合格供应商名单,作为物料购进、验收依据。

知识链接

供应商选择原则

1. 已获得各种官方要求的相关许可证照。
2. 药品原料药供应商应具备"药品生产/经营企业许可证"及"原料药生产批文"。
3. 药品内包材供应商必须具备"药品包装用材料和容器注册证"及"营业执照"。
4. 行业知名度、信誉、服务、价格等。
5. 资料评估确认。

(二)供应商的评估

审计活动的主要目的是确定供应商与相关质量要求的符合性,以确保供应商根据必要的质量标准持续提供服务,对于供应商的审计(包括现场审计和书面审计)是评估供应商本身的质量保证能力的方式。企业应建立相关的供应商审计活动的流程,包括对审计人员的要求和任命,对审计原因、频次的规定,对审计内容和流程的规定。供应商的审计应注意并不是需要对每一种物料的供应商都进行现场审计,一般要求关键的对产品质量有影响的或主要的(包括关键的和用量较大的)供应商需要考虑进行现场的审计,如有特殊原因不能执行现场审计,可以通过书面审计的形式来代替现场的审计。

课 堂 活 动
如何对供应商进行审计?

根据以上审核、认可情况,建立完整的可实时更新的供应商档案。变更主要物料供应商等对产品影响较大的情况时,要进行必要的工艺验证,并经质量管理部门认可(报药品注册部门批准)。

对于现场审计所发现的问题,应要求供应商限期整改并提供书面的整改报告,在确认整改报告符合要求后,才可结束此次审计。每年根据供应商的常规审计频次、相关部门的审计需求以及供应商的表现来制订下一年的供应商审计计划,并定期回顾审计计划的执行情况。

(三)供应商的质量回顾

供应商对于物料风险的影响是明显的。从一个长期合作的供应商采购的物料,和从新供应商采购的物料,其风险程度是不一样的;而同样是长期合作的供应商,经过现场审计的供应商和未经过现场审计的供应商,其风险程度也是不一样的。所以评估供应商的质量风险,是构成物料管理的重要组成部分。

供应商的质量评估除了如上所述的供应商审计外,还需定期对供应商的供货质量情况进行评估,主要包括对所供物料的质量投诉情况、生产过程中造成的偏差情况、检验结果超标、不合格率、审计结果等方面进行评估。

除了质量方面的评估,还可增加对于供应商运输服务情况、到货情况、售后服务情况等方面的评估。对于供应商的资质,也应定期进行回顾和更新。

企业应建立供应商质量评估的标准,对于超出标准的供应商或出现重大质量问题的供应商,应考虑对其采取相应的纠正和预防措施。也可根据供应商质量回顾的结果,来决定下一年供应商的分级情况。

(四)供应商变更的管理

供应商的变更通常包含两个方面:一方面是企业主动的变更,如开发新的供应商、撤销供应商、包装材料的变更等;另一方面是供应商采取的变更,如新的生产场地、起始物料的变更、生产工艺的变更、质量标准和检验方法的变更等。

企业应根据变更管理及相关法律法规的要求,对不同类型的变更提起变更申请,进行相关研究工作(如样品检验、工艺验证或稳定性考察等)及在政府部门进行再注册或备案。

案例分析

案例:2015年5月,国家食品药品监督管理总局在对银杏叶制剂原料药也就是银杏叶提取物生产企业的飞行检查中,发现个别银杏叶提取物生产企业存在严重违法行为。在"银杏叶提取物"事件中,涉案购买不合格原料进行制剂生产的企业达43家,连累了众多知名药品制剂生产企业,在行业内引起巨大连锁反应。

分析:个别银杏叶提取物生产企业擅自改变银杏叶提取生产工艺,非法添加相关物资,从不具备资质企业购进银杏叶提取物销售给下游银杏制剂生产企业,而制剂企业对上游供应商的现场考察流于形式是众多制剂企业受害的主要原因。

(五)供应商档案

企业应当对每家物料供应商建立质量档案,档案内容应当包括供应商的资质证明文件、质量协议、质量标准、样品检验数据和报告、供应商的检验报告、现场质量审计报告、产品稳定性考察报告、定期的质量回顾分析报告等。由专人负责管理,如供应商资料发生变化,应当及时收集整理,保证各项文件及时归档。

三、供应商的批准流程

企业为保证所用物料的质量稳定,实行定点采购。定点采购的对象及范围应依据质量管理部门批准建立的合格供应商目录,并对采购计划进行评估,根据采购计划与供应商签订采购合同并确认采购计划是否可达成,实施采购并将采购合同归档备查。对于新增物料及供应商须经评估批准后才能实行购进和验收。采购合同内容包括:物料名称、物料代码、规格/标准、数量、价格、付款方式、交货期、交货地点、质量标准和质量协议、包装运输要求(危险品运输、避光、冷藏等)及违约责任等。原料药供应商的批准流程见图 11-2。

图 11-2　原料药供应商的批准流程图

第二节　GMP 对物料仓储区厂房、设施设备的要求

物料进入仓库后,必须按照其理化性质和生物学特性进行科学的贮存和养护,并对仓库进行合理规划,以防止物料性质发生变化,防止出现污染、交叉污染、混淆和差错。

仓储区的布局设计应体现规范性、先进性、技术性、经济性、合理性,应与贮运流程相适应,避免人流、物流的路线交叉。

仓储区应有足够的面积和空间,以便于布置设备、放置物料和进行人员操作活动,应与生产规模相适应,设计时应考虑满足长期规划和发展需求。

仓储区内应设置与生产区空气洁净度级别相一致的取样区(室)或采样车。

仓储区应合理配置、安装排风扇、加湿器、除湿机、空调、照明灯(防爆)等设施、设备,以满足物料和产品贮存条件的要求,保持清洁和干燥。仓储区可根据实际情况采用自动温湿度调控设备或自动温湿度监测系统(自动温湿度记录仪),实现自动调节、监控、记录功能。

一、按 GMP 要求分类的仓库

可分为仓储区域和辅助区域。仓储区域通常分为一般仓储区、不合格品区、退货区、特殊仓储区,辅助区域通常分为接收区、发货区、取样区、办公 / 休息区。按 GMP 要求分类的仓库见图 11-3。

二、按贮存条件分类的仓库

可分为一般库、常温库、阴凉库、冷库、有特殊贮存条件的其他库,以及化学危险品库和特殊药品库等。仓库按贮存条件分类见图 11-4。

1. **一般库**　指没有温度、湿度要求的仓库。通常用于贮存没有温度、湿度要求或贮存条件低的物料或产品。一般库通常保持清洁、干燥和基础安全等基本条件和要求即可,无须设置温度监测装置进行温度监测和记录。

2. **常温库**　指温度要求在 0~30℃,相对湿度一般为 35%~75% 的仓库。常温库应有温度记录,可采用手工记录或自动温度监测仪记录。常温库可能需要采取相应措施确保仓库温度在要求范围内,例如使用空调或空调机组调控。

图 11-3　按 GMP 要求分类的仓库示意图

图 11-4　仓库按贮存条件分类示意图

3. **阴凉库**　指温度要求在 20℃以下的仓库。阴凉库应有温度监控设施或系统确保库内温度控制在 20℃以下,并对温度进行监测和调控,该温度监控设施或系统应经过适当的确认。

4. **冷库**　指温度要求在 2~10℃的仓库。冷库应有温度监控设施或系统,能够确保库内温度控制在要求的范围内,并对温度进行实时监测和调控,该温度监控设施或系统应经过适当的确认。

5. **化学危险品库** 指用于贮存爆炸物、易燃气体、易燃气溶胶、氧化性气体、压力下气体、易燃固体、自反应物质或混合物、自燃液体、自燃固体、自热物质和混合物等化学危险品的一类库的总称。对于危险化学品，必须设专库贮存，实行专人管理，符合《危险化学品安全管理条例》等相关法律法规的要求。

6. **特殊药品库** 是指用于贮存"麻、精、毒、放"类特殊管理药品的仓库。毒性药品应做到划定仓间或仓位，专柜加锁并由专人保管。对于麻醉药品和精神药品，应设专库或专柜贮存，并根据麻醉药品和精神药品的分类实行双人、双锁管理及专人管理，符合《麻醉药品和精神药品管理条例》等相关法律法规的要求。放射性药品应存放在规定材料（如铅质）制作的容器内，置于特制储源柜内，标识醒目、专人管理。

7. **其他库** 此处所述"其他库"指用于贮存有特殊的温度、湿度或避光要求的物料或产品，库房的功能名称由企业根据实际情况自行命名。该库应配置与贮存条件要求相适应的温湿度监控、避光设施或设备。例如，对于有避光要求的物料和产品，通常库房的窗户需要有效的遮光；对于挥发性物料和污染性物料或产品应设专库进行贮存；生产用种子批和细胞库，也应设专库贮存；对于高活性的物料和产品以及印刷包装材料，一般设专库进行贮存。

点滴积累

仓库按贮存条件可分为：一般库、常温库、阴凉库、冷库、化学危险品库、特殊药品库和其他库等。

第三节 物料的管理

物料的管理环节涉及购入、贮存、发放及使用的通用管理，内容涉及供应商评估、物料购进、验收、取样检验、物料贮存、物料代码与批号等，归纳起来可以要求为：规范购入、合理贮存与养护、控制放行与发放接收、可追溯。

一、物料信息标识和状态标识

(一) 物料信息标识

药品生产是物料加工转换成成品的过程，药品的质量基于物料，形成于生产全过程。要保障和追溯药品质量就必须使整个物料管理系统有效追溯，必须制订物料名称和企业内部的物料代码。

物料信息标识的 3 个基本组成部分为名称、代码和批号。物料、中间产品、成品均要建立系统唯一的编码，能区别于其他所有种类和批次。企业的物料编码系统包括物料名称、物料代码和批号，编码系统的使用能有效防止混淆、差错，并使可追溯，因此，企业必须建立物料的编码系统。

物料名称与物料代码

1. **物料名称**　对于在现行版《中国药典》中收载的物料和产品,通常使用现行版《中国药典》规定的中文名称,如果一个物料有不同的物理形式,可考虑在原中文名称的前部或后部添加附加名称以达到区分名称的目的。

2. **物料代码**　企业对每一种物料编制唯一的代码,即使用同一物料,规格不同其代码也不同,物料代码是物料在企业内部的"身份证",在企业内部统一使用。通过物料代码能有效识别物料的种类、具体名称、规格及其标准,根据物料代码领取物料,能有效防止混淆和差错。

3. **批号**　批号是用于识别一个特定批的具有唯一性的数字和/或字母的组合。

（二）物料状态标识

GMP 对物料的质量状态提出了明确要求,其根本目的在于防止处于待验、不合格等状态的未经放行的物料和未经放行的产品被误用和误发,从而对产品质量问题以及对生命健康造成不良影响和危害。

1. **物料状态标识分类**　通常应根据 GMP 要求将物料的质量状态标识分为:①待验标识;②不合格标识;③合格标识;④其他状态标识(如已取样,限制性放行标识)。

2. **物料状态标识的标示方式、使用和控制**

(1)待验标识:通常为黄色标识,该标识表明所指示的物料和产品处于待验状态,不可用于正式产品的生产或发运销售。

(2)合格标识:通常以绿色标识,该标识表明所指示的物料和产品为合格的物料或产品,可用于正式产品的生产使用或发运销售。

(3)不合格标识:通常为红色标识,该标识表明所指示的物料和产品为不合格品,不得用于正式产品的生产或发运销售;需要进行销毁或返工、再加工。

(4)抽检样品标志:白色,其中印有"取样"的字样。

ER 11-2

中药物料管
理通则

二、物料的验收

1. **来料检查**　企业来料包括原料、辅料、包装材料及非生产物料等,通过来料检查尽可能地防止伪劣物料进入企业物料流转链。物料管理员在接收时对物料的外包装进行目测可以有效地把好防止污染物料进入企业的第一关。

对于来料的检查,大致分以下几个方面:①包装容器的外观检查,主要包括包装容器的完整性、密闭性;②包装容器的标示信息核对,核对主要内容包括批号、物料名称和数量;③相关文件检查和核对。

2. **物料接收**　物料在满足接收条件后,物料管理员将物料信息填写在物料收货台账或其他形式的文件上,物料台账内容包括:物料名称、物料编码、企业内部编号、规格、厂家批号、数量、件数、生产厂家、收货人、存放位置等。

接收的物料在放入存储区指定的位置时,要求按品种、批号码放整齐,由仓库管理员填写货位卡,内容包括:物料名称、物料编码、货位号、企业内部编号、规格、供应商、入库数量和入库时间、发出数量、结存数量、收货人和日期等。

三、物料的贮存与养护

物料的合理贮存需要按其性质提供规定的贮存条件,并在规定使用期限内使用。归纳为 4 个方面:分类贮存码放、规定条件下贮存、规定期限内使用、定期养护。

1. 分类贮存码放　物料须按其类别、性质、贮存条件分类贮存,避免相互影响和交叉污染。通常分类原则:常温、阴凉、冷藏应分开;固体、液体原料分开贮存;挥发性及易串味原料避免污染其他物料;原料药与净药材应严格分开;特殊管理物料按照相应规定贮存和管理,并有明显标识。

物料码放基本原则:仓库管理员合理安排仓库货位,按物料的品种、规格、批号分区码放。一个货位上,只能存放同一品种、同一规格、同一批号、同一状态的物料。物料码放要安全、整齐、牢固。

平面库的物料贮存一般遵循以下原则:物料应离地离墙存放,要整齐、稳固地码放在托盘上,托盘须保持清洁,底部要通风、防潮、易清洁。

> **课堂活动**
> 仓库内物料码放通常有哪些规定?

同一仓库内的不同物料应有明显标识,除了要求的距离外,最好还应有物理的隔离,以防止误用。

2. 规定条件下贮存　物料贮存必须确保在与其相适宜的贮存条件下来维持物料已形成的质量,此条件下物料相对稳定。

GMP 规定的贮存条件:

(1)温度:冷藏 2~10℃;阴凉 20℃以下;常温 0~30℃。

(2)相对湿度:一般为 35%~75%,特殊要求按规定贮存,如空心胶囊。

(3)贮存要求:遮光、干燥、密闭、密封、通风等。

不正确贮存会导致物料变质分解和有效期缩短,甚至造成报废。

3. 规定期限内使用　物料的使用期限:物料经过考察,在规定贮存条件下一定时间内质量能保持相对稳定,当接近或超过这个期限时物料趋于不稳定,甚至变质。这个期限为物料的使用期限。

4. 定期养护　物料的贮存要避免影响物料原有质量,同时还要避免污染和交叉污染。对仓储设施环境进行维护和清洁,目的是保证物料的贮存条件不对物料产生不良影响。

仓储区应有与生产规模相适应的面积和空间,用以存放物料、中间产品、待检品和成品,应最大限度地减少差错和交叉污染。

仓库"五防"设施:防蝇、防虫、防鼠、防霉、防潮;"五距":垛距、墙距、行距、顶距、灯距(热源)。

根据物料性质定期检查养护,采取必要的措施预防或延缓其受潮、变质、分解等,对已发生变化的物料要及时处理避免污染其他物料。

四、物料的放行与发放

物料管理的主要目的是防止不合格物料投入使用,因此企业需要对物料是否可以发放和使用进行控制。并使用指令控制发放接收的物料种类和数量,降低混淆、差错的可能。

通常物料发放按照"先进先出(first-in first-out,FIFO)/近效期先出(first-expired first-out,FEFO)"的原则。无论是生产物料还是非生产物料,其发放遵循基本原则是相同的。至于具体是执行 FIFO 还是 FEFO,由企业自行决定。但为了防止执行过程中,由于发放原则制订不明确而导致物料发放混乱,采用其中一种原则即可。如果两种原则同时采用,应在企业制订的物料发放管理程序中明确定义两种原则并行使用的方法。此外,物料发放的实际操作过程中还在遵循 FIFO 或 FEFO 原则基础上采用"零头先发、整包发放"原则。

一般来说,每批生产物料在经过取样、检验合格和放行使用后才能被使用。经检验合格的生产物料,由质量管理部门发放检验合格报告书、合格标签和物料放行单。指定人员将物料状态由待检变为合格。对检验不合格的生产物料,按品种、批号移入不合格区内,物料状态由待检变为不合格,按不合格品处理规程进行处理。

GMP(2010 年修订)第一百三十一条规定:"不合格的物料、中间产品、待包装产品和成品的每个包装容器上均应当有清晰醒目的标识,并在隔离区内妥善保存。"

1. **物料状态与控制**　物料的质量状态有 3 种,分别为待验、合格、不合格,分别使用黄、绿、红 3 种不同的颜色来明显区分,避免物料在贮存发放和使用时发生混淆和差错。

待验——黄色,标识处于搁置,等待状态。

合格——绿色,标识被允许使用或被批准放行。

不合格——红色,标识不能使用或不准放行。

2. **物料的发放和使用**　质量管理部门依据物料的购进情况及检验结果确定物料是否可被放行。物料的发放应凭批生产指令或批包装指令限额领用并记录。物料的发放和使用过程中必须复核品名、规格、批号、数量、合格状态、包装完整等,复核无误后方可发放和使用。

3. **账、卡、物相符**　账是物料账、卡是货位卡、物是实物。

(1)物料账:是指同一物料的相关信息登记,包括来源去向及结存数量。用于统一物料的使用情况。

(2)货位卡:用于表示一种货位的单批物料的产品品名、规格、型号、数量和来源去向的卡,识别货垛的依据,并能记载和追溯该货位的来源和去向。

账、卡、物和相应信息必须保持一致,物料发放的同时应在卡上进行记录。卡建立了账与实物之间的联系,通过账、卡、物核对,能及时有效地发现混淆和差错。卡不仅是货物的标识,还是追溯的重要凭证,物料去向的记载须注明将用于生产的产品名称和批号。

五、需特殊管理的物料

1. "麻、精、毒、放"类药品　GMP(2010年修订)第一百三十条规定:"麻醉药品、精神药品、医疗用毒性药品(包括药材)、放射性药品、药品类易制毒化学品及易燃、易爆和其他危险品的验收、贮存、管理应当执行国家有关的规定。"强调安全意识,杜绝非法生产、经营活动。

2. 印刷包装材料　GMP(2010年修订)将说明书、标签等概念纳入印刷包装材料中。所谓印刷包装材料是指具有规定样式和印刷内容的包装材料,如印字铝箔、标签、说明书、纸盒等。

GMP(2010年修订)第五十九条规定:"高活性的物料或产品以及印刷包装材料应当贮存于安全的区域。"

第一百二十条规定:"与药品直接接触的包装材料和印刷包装材料的管理和控制要求与原辅料相同。"

第一百二十四条规定:"印刷包装材料应当设置专门区域妥善存放,未经批准人员不得进入。"

根据GMP(2010年修订)要求需要注意:

(1)是否设专柜(库)按品种、规格存放标签、说明书等印刷包装材料。

(2)是否设专人管理,负责保管、发放。

(3)印刷包装材料的发放、使用、销毁应有记录。

印刷包装材料的管理应主要注意以下几方面工作:①根据药品监督管理部门有关规定和批件,建立标签、说明书、印字包材等标准,式样、实样等存档备查(包括文字内容、颜色装饰性内容、纸质、规格、核对用编码或计算机条码);②管理文件中应规定印刷版本的管理和对印刷厂商的特殊要求,防止或尽可能减少印刷中发生的混淆和差错;③起草、校对、复核、批准等手续齐全;④入库后抽样检验;⑤标签、说明书专人保管,领用(质量部、库管、外包车间),防止流入非法渠道;⑥分品种、规格专柜(库)存放;⑦凭批包装指令发放,按实际需要量领取,计数发放,退库要记录;⑧印有批号的残损或剩余标签专人销毁,记录。

点滴积累

1. 物料的管理应按照物料分类原则和库房、库区分类原则,合理分类分库分区贮存物料和产品,做到规范购入、合理贮存与养护、控制放行与发放接收、可追溯。
2. 物料、中间产品、成品均要建立系统唯一的编码,能区别于其他所有种类和批次。
3. 物料状态标识可分为:①待验标识(黄色);②不合格标识(红色);③合格标识(绿色);④其他状态标识(如已取样,限制性放行标识)。
4. 通常物料发放的基本原则:先进先出(FIFO)/近效期先出(FEFO)原则。

第四节　产品的管理

GMP（2010年修订）中对于产品的定义包括中间产品、待包装产品和成品。产品管理的概念和程序与物料管理基本相同,对产品的管理主要集中在4个方面:中间产品质量保证、产品合理贮存、控制放行、可追溯。

GMP（2010年修订）第一百一十八条规定:"中间产品和待包装产品应当在适当的条件下贮存。"

一、中间产品和成品的管理

质量管理部门应根据工序生产过程及结果评价中间产品是否正常,是否符合企业内控标准,并决定是否流转和使用。

(一) 中间产品的质量控制

中间产品的质量取决于生产过程的质量控制,包括产品是否按批准的生产工艺生产、人员培训是否到位、机器设备是否对中间产品产生影响、厂房环境尘粒微生物是否达标等,企业质量管理人员应在生产过程中采取合理措施确保中间产品符合企业内控标准。

(二) 信息传递

信息传递过程中出现偏差可能是记录或标识不清或错误,给人错误的信息;也可能是在接收时未认真复核,产生记录、标识、实物不相符。所以操作人员应依法操作,标识清楚,发放、接收认真复核与记录。

(三) 运输过程

中间产品在运输过程中有可能受到污染,其原因主要是中间产品在运输转运的过程中受到尘粒或微生物的污染。因此,质量管理人员应依据中间产品的特性确保包装容器的清洁度和密封性,保证中间产品在运输途中不受污染。

(四) 产品合理贮存与控制放行

1. 产品合理贮存　药品GMP规定仓储区要有足够的空间保证中间产品、待包装产品和成品的存放,标注醒目的标识,避免污染与混淆。

产品的合理贮存同物料贮存基本相同,主要包含4个方面:分类贮存码放、规定条件下贮存、规定期限内销售、定期养护。具体内容详见上文"物料的贮存与养护"。

2. 产品控制放行　物料和产品的放行是在以上基础上进行实质的质量评价后所进行的放行与否的管理,是关乎物料和产品质量最为关键的一环,因此,对物料和产品放行人员的素质能力要求极高。GMP增加了质量受权人的概念,规定了质量受权人的资质及主要职责,其主要目的就是保证产品的质量能最终保证患者的用药安全与有效。

产品的控制放行有固定的工作流程,具体详见上文"物料的放行与发放"内容,本节不再详述。

3. 可追溯 产品同物料一样,应具有可追溯性,对于产品来说,批号在药品的可追溯性中发挥着重要作用。用于识别一个特定批的具有唯一性的数字和/或字母的组合即为批号。

在生产过程中,药品批号主要起标识作用,它在药品生产计划阶段产生,并可随着生产流程的推进而增加详细的内容,同时形成与之相应的生产记录。根据生产批号和相应的生产记录,可追溯该产品的原料来源(如原料批号、制造者等)、药品形成过程的历史(如片剂的制粒、压片、分装等);在药品形成成品后,根据销售记录,可追溯药品的市场去向、药品进入市场后的质量状况,在需要的时候可以控制或回收该批药品。

二、退货的管理

企业在生产经营活动过程中,可能会产生退货行为,退货管理程序的制订和实施对企业而言是相当重要的,退货应严格管理,以避免在退货处理过程中可能产生的差错、混淆;同时为降低退货过程中带来的质量风险和假药风险提供必要的保障。

企业应根据 GMP(2010 年修订)的相关规定和要求建立退货管理的书面操作规程,内容包括退货申请、接收、贮存、调查和评估、处理(返工、重新加工、降级使用、重新包装、重新销售等),并有相关记录。

三、不合格品与废品的管理

不合格品管理的目的是对不合格品作出及时的处置,如销毁、退回供应商等,但作为生产企业也需要及时了解生产过程中产生不合格品的系统因素,对症下药,使生产过程持续保持受控状态。因此,不合格品管理工作建议做到 3 个“不放过”,即没找到责任和原因“不放过”、没找到防患措施“不放过”、责任人或责任方没受到教育“不放过”。只有坚持这种思想和理念,药品生产企业才能持续、稳定地生产出合格的产品。

1. 不合格物料、产品的处理流程 无论是不合格物料还是不合格产品,其处理的流程通常见图 11-5。

不合格品必须存放在有明确标识的隔离区域,且人员进出需受控,不合格物料的出库应严格遵循相应的流程规范操作。一般企业均设有固定专用的不合格品区域。

> **课 堂 活 动**
> 不合格品怎样做标识存放?

2. 不合格品的处置 企业内所有不合格物料、产品的处理均应经质量管理负责人的批准,方可进行不合格品的处理。产生不合格物料、产品的原因众多,因此处理方式也存在着差别。对于由供应商/生产商原因引起的不合格物料(包括原辅料、包装材料),在质量部作出不合格的判定和拒收处理后,一般通过投诉流程,投诉相应的供应商或生产商,要求生产商/供应商进行根本原因的调查,并采取适当的整改和预防措施避免物料不合格情况的再次发生。对于本企业产生的不合格产品,多数是因为生产过程中偏差所致。因此不合格产品的处置方式,是依据偏差的根本原因调查及风险评估而确定的。

图 11-5　不合格物料、产品的处理流程示意图

3. 不合格品、废品的销毁程序　不合格品、废品的销毁程序见图 11-6。

图 11-6　不合格品、废品的销毁程序示意图

对于任何需销毁的不合格品和废品,首先需提起销毁申请,销毁申请通常可由以下部门批准:物料管理部门、质量部门或其余相关部门。

对于不合格品、废品的处理,企业一般会选择有资质的销毁公司进行专业的销毁。不合格品、废品销毁时,需确保安全、有效的销毁,企业一般会采取现场监督的方式,对不合格品、废品处理的销毁过程进行监督和管理,并需有合适的人员对相关的销毁记录进行审核。

> **点滴积累**
>
> 中间产品、成品、退货以及不合格品与废品的管理应按照相关法规的要求严格管理,特别是要按照规定程序做好退库产品的调查、评估、处理及不合格品的处置和销毁工作。

第五节　物料和产品的发放与运输

一、物料和产品的发放

物料和产品的发放是在以上基础上进行实质的质量评价后进行的放行与否的管理,是物料和产品质量最为关键的一环,因此 GMP(2010 年修订)增加了质量受权人的概念,规定了质量受权人的资质及主要职责,目的就是要保证产品的质量能最终保证患者的用药安全有效。

物料的发放应凭物料放行单和生产指令或包装指令限额领用并记录。物料的发放和使用过程中必须复核品名、规格、批号、数量、合格状态、包装完整性等,无误后方可发放和使用。

产品的发放,只有在接到交货单时,才能发放。交货单的接收和货物的发放必须应有文件记录,仓库管理人员应根据交货单认真核对出库成品的物料名称、批号、数量后才能发货。发放的成品必须有已由质量部下达的成品放行的通知单,外包装必须完好无损。

1. 物料发放的原则

(1)"三查六对"原则:首先要对有关凭证进行"三查",即查核生产或领用部门、领料凭证或批生产指令、领用器具是否符合要求;然后将凭证与实物进行"六对",即核对货号、品名、规格、单位、数量、包装是否相符。

(2)"四先出"原则:即先产先出、先进先出、易变先出、近有效期先出。

(3)按批号发货原则:应按物料的批,尽可能把同一批完整发出,这样便于进行质量追踪,也可防止包装拆除过多、尾料过多,影响在库物料的质量。

(4)特殊管理的物料发放:车间领料员将领料单交仓库保管员核对其项目是否填写完全,是否经车间主任审核、生产部部长签字。细、贵、毒、麻药品领发均由双人执行并复核签字。

发放细、贵料,毒剧药(包括危险品)及辅料的备料必须在与洁净级别相适应的区域进行,用天平称量,精确称量至 0.1g。细、贵料要在使用前由质量保障部联系药品监督管理部门有关人员与仓库保管员共同开锁,计量发放,监督投料,并填写记录。

毒、麻药品及精神药品由质量保障部部长与仓库保管员共同开锁,复核计量发放,由质监员监督投料。

标签、说明书要凭包装指令按实际需要量计数发放,领用人核对签名。

易燃易爆危险品按使用量计量发放,领用容器应密封,严防泄漏。

发放的所有物料都应有记录。

2. 物料发放的管理

(1)生产部门按生产指令填写领料单,交仓库进行备料。仓库审核其品名、规格、包装与库存实物是否符合,库存数量是否足够等,无问题则开出出库凭证,并进行复核。

(2)审核出库凭证:仓管员和领料员要根据领料单核对所发放物料的品名、规格、物料编号、数量,检查有无合格证、检验报告单等;仓库所发物料包装要完好,附有合格证和检验报告单,用于盛放物料的容器应易于清洗或一次性使用,并加盖密封,容器须贴有配料标识。发料、领料时人均应在收发料凭证上签字。

(3)登记入账:物料发放后,仓库管理人员应及时凭单记账,核销存货,并在库存货位卡和台账上注明货料去向、结存情况,做到账、卡、物一致。

(4)双人复核:物料发放的所有工作要求做到双人备料、双人发料、双人收料、双人复核。

二、物料和产品的运输

物料和产品的运输应控制于指定的温度或湿度条件下,确保运输条件满足物料和产品的贮存。当运输温度高于或低于规定的温度时,应立即采取措施,确保物料和产品的贮存和运输。

用于发放物料和产品的设备和运输工具应适合其使用,应确保其包装的完整性和稳定性,防止任何形式的污染。

物料和产品的运输工作应根据"及时、准确、安全、经济"的原则,遵照国家有关商品运输的各项规定,合理地组织运输工具和力量,把药品安全及时地运达目的地。

1. 运输条件的控制 无论是企业自行运输,还是其他运输管理机构承办运输,运输机构或人员必须具备一定的资质,运输人员应当经过相应的有关药品以及药品监督管理法律法规知识的培训。运输人员应按照规定的程序和管理制度运输药品。

运输车辆应具备与维护药品质量相匹配的条件,比如防光照、防雨、防高温高湿、防冷冻严寒、防干燥、防颠簸、防偷盗等装置。

2. 运输过程控制 运输时,要事先确定好运输线路和运输时间,应针对运送物料和产品的包装条件及道路状况,采取相应的措施,防止药品的破损、混淆和其他损伤。

发运前必须检查物料和产品的名称、规格、单位、数量是否与随货同行发票相符,有无液体药品与固体药品合并装箱的情况,包装是否牢固和有无破漏,衬垫是否妥实,包装大小重量等是否符合相应的要求。

填制运输单据,应做到字迹清楚、项目齐全。发运物料和产品应按每个到站(港)和每个收货单位分别填写运输交接单,也可用发货票的随货同行联代替。拼装整车必须分别给各收货单位填写运输交接单,在包装上应添加明显的区别标志。

物料和产品在装车前须按照发运单核对:发送标志和产品标志有无错漏、件数有无差错、运输标志选用是否正确。然后办好运输交接手续,作出详细记录,并向运输部门有关人员讲清该批药品的搬运装卸的注意事项。

搬运、装卸应轻拿轻放,严格按照外包装图示标志要求堆放和采取保护措施。一般说来,产品包装多系玻璃容器,易碎,怕撞击、重压,故搬运装卸时必须轻拿轻放,防止重摔,液体药品不得倒置。如发现包装破损、污染或影响运输安全时,不得发运。

点滴积累

企业应该有适当的程序对物料和产品的发放进行控制,保证只有符合要求的物料和产品才能发放或发运;物料和成品的运输应当满足其保证质量的要求。

实训项目十八　物料供应商审计

一、实训目的

1. 熟练掌握对物料供应商的审计内容和要点。

2. 熟悉物料供应商的审计流程。

3. 学会如何管理供应商档案。

二、实训内容

学生利用网络或其他工具方法,收集供应商信息资料。

学生分组,分别扮演物料供应商、药品生产企业质量部门和采购部门等相关部门角色,模拟对物料供应商及其资料进行评估和审计的整个流程。

具体步骤如下。

1. 课前学生按照教师要求,搜集至少一家医药原料、辅料和包装材料生产供应商信息资料。

2. 学生分成三组分别扮演供应商、药品生产企业质量部门和采购部门角色,进行供应商的资料提供、审计和现场审计问答。

3. 三组两两交换角色，重新进行供应商的资料提供、审计和现场审计问答。

4. 教师评判和总结。

三、实训注意

对物料供应商信息资料、审核流程和审核要点的事前准备，是实训顺利进行的重要条件，教师务必在进行角色分配时重点强调，并对供应商信息资料中的审计要点和技巧进行提醒和总结。

四、实训检测

1. 对哪些物料供应商必须进行实地现场审计？

2. 物料供应商在进行资料审计、实地现场审计后，还要进行哪方面的审计？

五、实训报告

1. 提供物流供应商审计目录资料。

2. 熟悉审核环节和要点，并正确完成审计流程。

六、实训评价

从以下几方面对实训进行评价：

1. 实训前资料搜集情况。

2. 独立操作、动手及编写能力。

3. 实训操作的正确性。

4. 实训的纪律性。

5. 实训报告。

ER 11-3
习题

目标检测

一、简答题

1. 质量管理部门对物料供应商的评估应至少包括哪些内容？

2. 企业应当如何建立物料供应商质量档案，档案内容包括哪些？

3. 物料的在库养护的主要内容是什么？

4. 如何处置退货和不合格品？

二、实例分析

1. 2007年,广东某制药企业生产的静注用人免疫球蛋白产品在采购、生产过程中存在严重的违规行为,在临床应用中导致用药者出现丙肝抗体阳性,产生严重后果,造成了社会上轰动一时的"佰易事件"。

   事件发生后,卫生部、国家食品药品监督管理局联合派出专项调查组赶赴广东对此事件的原因进行调查,结果表明:该公司从非法渠道购进被污染的血浆原料从事血液制品生产,没有按照规程进行血液原料和成品的检验和生产过程中的灭活工艺操作,是造成其血液制品携带丙肝抗体的直接原因。

   请运用所学过的物料管理方面的知识对案件进行分析。

2. 2016年3月,山东警方查获重大非法疫苗案,违法犯罪人员非法购进25种二类疫苗,未采取冷链物流贮运,其有效性大打折扣甚至完全报废,给接种者健康带来威胁。涉案疫苗销往全国24个省、自治区、直辖市,金额达5.7亿元。

   该案件暴露出疫苗生产经营及冷藏药品冷链贮运的自律和监督管理问题。

   讨论:(1)冷链物流设施、设备包括哪些?

   (2)疫苗冷链物流贮运如何操作?

(牛小花)

参考文献

［1］国家药品监督管理局食品药品审核查验中心. 药品 GMP 指南 [M]. 2 版. 北京: 中国医药科技出版社, 2023.

［2］马丽虹, 单松波. GMP 实务 [M]. 北京: 中国医药科技出版社, 2021.

［3］李洪. 药品生产质量管理 [M]. 3 版. 北京: 人民卫生出版社, 2018.

［4］卫生部. 药品生产质量管理规范 (2010 年修订)[R/OL].(2011-01-17)[2025-05-18]. https://www. nhc. gov. cn/fzs/c100048/201102/b69efe6f9f854aacbe942a193f2bef46. shtml.

［5］全国人民代表大会常务委员会. 中华人民共和国药品管理法 [R/OL].(2019-08-26)[2025-05-18]. https://www. nmpa. gov. cn/xxgk/fgwj/flxzhfg/20190827083801685. html.

［6］国家市场监督管理总局. 药品生产监督管理办法 [R/OL].(2020-01-22)[2025-05-18]. https://www. samr. gov. cn/zw/zfxxgk/fdzdgknr/fgs/art/2023/art_65070d0ee03a4109ac831ee7b3cee51c. html.

［7］李永辉, 李晓鹏. 药品 GMP 厂房设施设备现场检查指南 [M]. 北京: 化学工业出版社, 2024.

［8］郭永学. 药品 GMP 车间实训教程 [M]. 北京: 化学工业出版社, 2022.

［9］陈永法, 蒋蓉. 中国药事管理与法规 [M]. 南京: 东南大学出版社, 2021.

［10］赵丽. 制药企业管理与 GMP 实施 [M]. 重庆: 重庆大学出版社, 2025.

目标检测参考答案

课程标准